高级财务会计
第四版

Advanced
Financial
Accounting

裴淑红 编著

中国市场出版社
China Market Press
·北京·

图书在版编目（CIP）数据

高级财务会计 / 裴淑红编著. —4 版. —北京：中国市场出版社，2020.1
ISBN 978-7-5092-1896-9

Ⅰ．①高… Ⅱ．①裴… Ⅲ．①财务会计 Ⅳ．①F234.4

中国版本图书馆 CIP 数据核字（2019）第 244636 号

高级财务会计（第四版）

GAOJI CAIWU KUAIJI

作　　者	裴淑红	
出版发行	中国市场出版社	
社　　址	北京月坛北小街 2 号院 3 号楼	邮政编码　100837
电　　话	编 辑 部（010）68032104　读者服务部（010）68022950	
	发 行 部（010）68021338　68020340　68053489	
	68024335　68033577　68033539	
	总 编 室（010）68020336	
	盗版举报（010）68020336	
邮　　箱	474885818@qq.com	
经　　销	新华书店	
印　　刷	河北鑫兆源印刷有限公司	
规　　格	170 mm×240 mm　16 开本	版　　次　2020 年 1 月第 4 版
印　　张	16.75	印　　次　2020 年 1 月第 1 次印刷
字　　数	290 000	定　　价　45.00 元
书　　号	ISBN 978-7-5092-1896-9	

前　言

2016 年至 2019 年，国家立法机关及政府职能部门颁布的财税相关法律法规，对于规范会计实务操作具有重要意义。为了保持书与税收、会计法规的一致性，有必要对 2016 年 5 月出版的《高级财务会计（第三版）》进行修订。3 年多以来，《高级财务会计（第三版）》因其实务性强、解析清楚翔实等特点受到了广大读者的关注和喜爱，同时也收到了一些宝贵的建议。为了更好地满足读者的需求，在修订过程中，笔者重新对内容进行了全面梳理，对于教学案例和实务练习根据新的解释和规定作了更新和补充，进一步完善了综合案例分析，修订了第三版中个别不恰当的表述。希望本书能够反映企业会计准则及相关财税法规的最新变化，体现为保持并不断提高专业胜任能力对新知识、新实务的要求。

修订后的第四版保留和突出了以下主要特点：

1. 内容更加系统、实用

本书对核算复杂的部分内容根据准则的最新规定和解释作了精练的表述，使教材内容更加系统、实用。全书分为八章，包括：（1）非货币性资产交换；（2）债务重组；（3）或有事项；（4）借款费用；（5）所得税；（6）外币折算；（7）会计政策、会计估计变更和差错更正；（8）资产负债表日后事项。

2. 进一步完善了综合案例分析，案例更加典型、实用

针对会计实务中常用的会计学知识、会计学疑点和难点问题，笔者对已有教

学案例和实务练习作了重新整理和更新，使案例更加典型、实用，解析更加清楚翔实，帮助读者更透彻地理解会计准则，也可以为企业会计人员解决许多会计实务中的疑难问题。

3. 自测题内容丰富并附参考答案，为读者提供方便

为便于读者掌握书中的基本概念、基本方法和基本原理，本书参考注册会计师会计考试真题和权威模拟试题，结合初学者的实际情况，在每章都编写了内容丰富的自测题，并在本书最后附上了客观题及核算题参考答案，为读者系统训练提供了大量素材，便于读者自测自查。

本书定位准确、难易适中、内容实用、案例典型，可作为普通高校、职业教育、成人教育等各类本专科会计教学用教材，也可作为企业会计人员的工作参考用书。

本书的编写参考了注册会计师全国统一考试辅导教材《会计》的部分内容，借鉴、吸收了国内外会计理论研究、实务操作和教学的优秀成果，在此谨向相关作者深表感谢。

虽细心著书，但疏漏之处在所难免，诚望广大读者、师生及学界同仁批评指正。

裴淑红

2019 年 12 月于北京

CONTENTS **目 录**

第一章 非货币性资产交换 /1

第一节 非货币性资产交换概述/1

一、货币性资产、非货币性资产的概念/1

二、非货币性资产交换的概念/2

三、非货币性资产交换的认定/2

四、非货币性资产交换不涉及的交易和事项/3

第二节 非货币性资产交换的确认和计量/4

一、换入资产入账价值的确认和计量原则/4

二、商业实质的判断/4

三、换入资产或换出资产的公允价值能够可靠计量的情形/7

第三节 非货币性资产交换的会计处理/8

一、以公允价值计量的会计处理/8

二、以换出资产账面价值计量的会计处理/13

三、涉及多项非货币性资产交换的会计处理/15

第四节 综合案例分析/16

自测题/20

第二章 债务重组 /27

第一节 债务重组概述/27

一、债务重组的定义/27

二、债务重组的方式/28

三、债务重组日简介/29

第二节　债务重组的会计处理/29

一、以资产清偿债务 /29

二、以债务转为资本方式清偿债务/37

三、以修改其他债务条件方式清偿债务 /38

四、以上述三种方式的组合方式清偿债务/43

第三节　综合案例分析/44

自测题/47

第三章　或有事项 /55

第一节　或有事项概述/55

一、或有事项的概念/55

二、或有事项的特征/55

三、或有负债和或有资产/57

第二节　或有事项的确认和计量/58

一、或有事项的确认/58

二、预计负债的计量/60

三、对预计负债账面价值的复核/63

第三节　或有事项会计的具体应用/63

一、未决诉讼或未决仲裁/64

二、债务担保/65

三、产品质量保证/65

四、亏损合同/66

五、重组义务/68

第四节　或有事项的列报或披露/69

一、预计负债的列报/69

二、或有负债的披露/71

三、或有资产的披露/72

第五节　综合案例分析/74

自测题/75

第四章　借款费用 /83

第一节　借款费用概述/83

　　　　一、借款费用的范围/83

　　　　二、借款的范围/85

　　　　三、符合资本化条件的资产/85

　　第二节　借款费用的确认/86

　　　　一、借款费用开始资本化的时点/86

　　　　二、借款费用暂停资本化的时点/88

　　　　三、借款费用停止资本化的时点/89

　　第三节　借款费用的计量/90

　　　　一、借款费用资本化金额的确定/90

　　　　二、外币专门借款汇兑差额资本化金额的确定/97

　　第四节　综合案例分析/98

　　自测题/101

第五章　所得税 /108

　　第一节　所得税核算的基本原理/108

　　　　一、资产负债表债务法/108

　　　　二、所得税核算的一般程序/109

　　第二节　资产、负债的计税基础/110

　　　　一、资产的计税基础/110

　　　　二、负债的计税基础/115

　　　　三、特殊交易或事项中产生的资产、负债计税基础的确定/119

　　第三节　暂时性差异/119

　　　　一、应纳税暂时性差异/120

　　　　二、可抵扣暂时性差异/120

　　　　三、特殊项目产生的暂时性差异 /121

　　第四节　递延所得税负债及递延所得税资产的确认和计量/123

　　　　一、递延所得税负债的确认和计量/123

　　　　二、递延所得税资产的确认和计量/125

　　　　三、适用所得税税率变化对已确认递延所得税资产和递延
　　　　　　所得税负债的影响/126

　　第五节　所得税费用的确认和计量/127

　　　　一、当期所得税/127

　　　　二、递延所得税/128

　　　　三、所得税费用/128

　　第六节　所得税的列报/128

　　第七节　综合案例分析/129

　　自测题/136

第六章　外币折算 /143

　　第一节　记账本位币的确定和变更/143

　　　　一、记账本位币的定义/143

　　　　二、记账本位币的确定/143

　　　　三、境外经营记账本位币的确定/144

　　　　四、记账本位币变更的会计处理/145

　　第二节　外币交易的会计处理/145

　　　　一、汇　率/145

　　　　二、外币交易的记账方法/146

　　　　三、外币交易的核算程序/147

　　　　四、外币交易的主要内容/147

　　　　五、外币交易的会计处理/148

　　第三节　外币财务报表折算/154

　　　　一、境外经营财务报表的折算/155

　　　　二、境外经营的处置/156

　　第四节　综合案例分析/156

　　自测题/162

第七章　会计政策、会计估计变更和差错更正 /168

　　第一节　会计政策及其变更/168

　　　　一、会计政策概述/168

　　　　二、会计政策变更/170

　　　　三、会计政策变更的会计处理/172

　　　　四、会计政策变更的披露/178

　　第二节　会计估计及其变更/179

　　　　一、会计估计概述/179

　　　　　　二、会计估计变更/181

　　　　　　三、会计政策变更与会计估计变更的划分/181

　　　　　　四、会计估计变更的会计处理/183

　　　　　　五、会计估计变更的披露 /184

　　　第三节　前期差错及其更正/185

　　　　　　一、前期差错概述/185

　　　　　　二、前期差错更正的会计处理/186

　　　　　　三、前期差错更正的披露/190

　　　自测题/191

第八章　资产负债表日后事项 /198

　　　第一节　资产负债表日后事项概述/198

　　　　　　一、资产负债表日后事项的定义/198

　　　　　　二、资产负债表日后事项涵盖的期间/199

　　　　　　三、资产负债表日后事项的内容/200

　　　第二节　资产负债表日后调整事项的会计处理/202

　　　　　　一、资产负债表日后调整事项的处理原则/202

　　　　　　二、资产负债表日后调整事项的具体会计处理方法/203

　　　第三节　资产负债表日后非调整事项的会计处理/220

　　　　　　一、资产负债表日后非调整事项的处理原则/220

　　　　　　二、资产负债表日后非调整事项的具体会计处理办法/220

　　　自测题/222

附录　自测题参考答案 /231

参考文献/257

1
CHAPTER

第一章
非货币性资产交换

■ 第一节　非货币性资产交换概述

一、货币性资产、非货币性资产的概念

资产按未来经济利益流入（表现形式是货币金额）是否固定或可确定，分为货币性资产和非货币性资产。非货币性资产是相对于货币性资产而言的。

货币性资产是指企业持有的货币资金和将以固定或可确定的金额收取的资产，包括现金、银行存款、应收账款和应收票据以及准备持有至到期的债券投资等。

非货币性资产是指货币性资产以外的资产，包括存货（原材料、包装物、低值易耗品、库存商品、委托加工物资、委托代销商品等）、固定资产、无形资产、股权投资、投资性房地产、在建工程、工程物资以及不准备持有至到期的债券投资等。

非货币性资产有别于货币性资产的最基本特征是，其在将来为企业带来的经济利益（即货币金额）是不固定的或不可确定的。

货币性资产与非货币性资产是相对应的两个概念，一项资产或者属于货币性资产，或者属于非货币性资产，非此即彼。两者区分的主要依据是资产在将来为企业带来的经济利益，也就是货币金额，是否是固定的或可确定的。如果资产在将来为企业带来的经济利益（即货币金额）是固定的或可确定的，则该资产属于货币性资产；反之，如果资产在将来为企业带来的经济利益（即货币金额）是不固定的或不可确定的，则该资产属于非货币性资产。

例如，企业持有固定资产的主要目的是用于生产经营，通过折旧方式将其

磨损价值转移到产品成本中，然后通过产品销售获利，固定资产在将来为企业带来的经济利益（即货币金额），可能受到内部、外部主客观因素的影响，是不固定的或不确定的，不符合货币性资产的定义，所以，固定资产属于非货币性资产。

二、非货币性资产交换的概念

非货币性资产交换是指交易双方主要以存货、固定资产、无形资产和长期股权投资等非货币性资产进行的交换。该交换一般不涉及货币性资产，或只涉及少量货币性资产即补价。

从非货币性资产交换的定义可以看出，非货币性资产交换具有如下特征：

1. 非货币性资产交换的交易对象主要是非货币性资产

企业用货币性资产（如现金、银行存款）来交换非货币性资产（如存货、固定资产等）的交易最为普通，如以现金购入固定资产，以现金偿还借款等；但是在有些情况下，企业为了满足各自生产经营的需要，同时减少货币性资产的流入和流出，而进行非货币性资产交换交易。

例如，A 企业需要 B 企业闲置的生产设备，B 企业需要 A 企业生产的产品，双方在货币性资产短缺的情况下，可能会出现非货币性资产交换的交易行为。

2. 非货币性资产交换是一种互惠转让的交换行为

非货币性资产交换是以非货币性资产进行交换的行为。交换通常是指一个企业和另一个企业之间的互惠转让，通过转让，企业以让渡其他资产或劳务或者承担其他义务而取得资产或劳务（或偿还负债）。非互惠的非货币性资产转让不属于本章所述的非货币性资产交换，如企业捐赠非货币性资产等。

3. 非货币性资产交换可能涉及少量的货币性资产

企业之间发生非货币性资产交换一般不涉及货币性资产，但有时也可能涉及少量的货币性资产。

三、非货币性资产交换的认定

非货币性资产变换准则规定，认定涉及少量货币性资产的交换为非货币性资产交换，通常以补价占整个资产交换金额的比例是否低于 25% 作为参考比例。具体来说，从支付补价的企业来看，支付的货币性资产占换入资产公允价值（或占换出资产公允价值与支付的货币性资产之和）的比例低于 25% 的，视为非货币性资产交换；从收到补价的企业来看，收到的货币性资产占换出资产公允价值（或占换入资产公允价值和收到的货币性资产之和）的比例低于 25% 的，视为非货币性资产交换；如果上述比例高于 25%（含 25%），则视为货币性资产交换，适用《企业会计准则第 14 号——收入》等相关准则的规定。

四、非货币性资产交换不涉及的交易和事项

本章所指非货币性资产交换不涉及以下交易和事项：

1. 与所有者或所有者以外方面的非货币性资产非互惠转让

非互惠转让是指企业将其拥有的非货币性资产无代价地转让给其所有者或其他企业，或由其所有者或其他企业将非货币性资产无代价地转让给企业。本章所述的非货币性资产交换是企业之间主要以非货币性资产形式的互惠转让，即企业取得一项非货币性资产，必须以付出自己拥有的非货币性资产作为代价，而不是单方向的非互惠转让。实务中，与所有者的非互惠转让，如以非货币性资产作为股利发放给股东等，属于资本性交易，适用《企业会计准则第 37 号——金融工具列报》。企业与所有者以外方面发生的非互惠转让，如政府无偿提供非货币性资产给企业建造固定资产，属于政府以非互惠方式提供非货币性资产，适用《企业会计准则第 16 号——政府补助》。

2. 在企业合并、债务重组中和发行股票取得的非货币性资产

在企业合并、债务重组中取得的非货币性资产，其成本确定分别适用《企业会计准则第 20 号——企业合并》和《企业会计准则第 12 号——债务重组》；企业以发行股票形式取得的非货币性资产，相当于以权益工具换入非货币性资产，其成本确定适用《企业会计准则第 37 号——金融工具列报》。

3. 换出资产为存货的非货币性资产交换

企业以存货换取其他企业固定资产、无形资产等的，换出存货的企业适用《企业会计准则第 14 号——收入》的规定进行会计处理。

4. 交换的资产包括非货币性资产的金融资产

交换的资产包括属于非货币性资产的金融资产的，金融资产的确认、终止确认和计量适用《企业会计准则第 22 号——金融工具确认和计量》和《企业会计准则第 23 号——金融资产转移》。

第二节　非货币性资产交换的确认和计量

一、换入资产入账价值的确认和计量原则

在非货币性资产交换的情况下，不论是一项资产换入一项资产、一项资产换入多项资产、多项资产换入一项资产，还是多项资产换入多项资产，换入资产的成本都有两种计量基础。

（一）公允价值

非货币性资产交换同时满足下列两个条件，应当以公允价值和应支付的相关税费作为换入资产的成本，公允价值与换出资产账面价值的差额计入当期损益：（1）该项交换具有商业实质；（2）换入资产或换出资产的公允价值能够可靠地计量。

换入资产和换出资产公允价值均能够可靠计量的，应当以换出资产公允价值作为确定换入资产成本的基础。一般来说，取得资产的成本应当按照所放弃资产的对价来确定，在非货币性资产交换中，换出资产就是放弃的对价，如果其公允价值能够可靠确定，应当优先考虑按照换出资产的公允价值作为确定换入资产成本的基础；如果有确凿证据表明换入资产的公允价值更加可靠的，应当以换入资产公允价值为基础确定换入资产的成本，这种情况多发生在非货币性资产交换存在补价的情形，因为存在补价表明换入资产和换出资产公允价值不相等，一般不能直接以换出资产的公允价值作为换入资产的成本。

（二）账面价值

不具有商业实质或交换涉及资产的公允价值均不能可靠计量的非货币性资产交换，应当按照换出资产的账面价值和应支付的相关税费，作为换入资产的成本，无论是否支付补价，均不确认损益；收到或支付的补价作为确定换入资产成本的调整因素，其中，收到补价的企业应当以换出资产的账面价值减去补价作为换入资产的成本；支付补价的企业应当以换出资产的账面价值加上补价作为换入资产的成本。

二、商业实质的判断

非货币性资产交换具有商业实质，是换入资产能够采用公允价值计量的重要

条件之一。在确定资产交换是否具有商业实质时，企业应当重点考虑由于发生了该项资产交换预期使企业未来现金流量发生变动的程度，通过比较换出资产和换入资产预计产生的未来现金流量或其现值，确定非货币性资产交换是否具有商业实质。只有当换出资产和换入资产预计未来现金流量或其现值两者之间的差额较大时，才能表明交易的发生使企业经济状况发生了明显改变，非货币性资产交换因而具有商业实质。

（一）判断条件

企业发生的非货币性资产交换，符合下列条件之一的，视为具有商业实质。

1. 换入资产的未来现金流量在风险、时间和金额方面与换出资产显著不同

换入资产的未来现金流量在风险、时间和金额方面与换出资产显著不同，通常包括但不仅限于以下几种情况：

（1）未来现金流量的风险、金额相同，时间不同。此种情形是指换入资产和换出资产产生的未来现金流量总额相同，获得这些现金流量的风险相同，但现金流量流入企业的时间明显不同。例如，甲公司以一批存货换入一项设备，因存货流动性强，能够在较短的时间内产生现金流量，设备作为固定资产要在较长的时间内为企业带来现金流量，两者产生现金流量的时间相差较大，则可以判断上述存货与固定资产产生的未来现金流量显著不同，因而该两项资产的交换具有商业实质。

（2）未来现金流量的时间、金额相同，风险不同。此种情形是指换入资产和换出资产产生的未来现金流量时间和金额相同，但企业获得现金流量的不确定性程度存在明显差异。例如，甲公司以其不准备持有至到期的国库券换入一幢房屋以备出租，该企业预计未来每年收到的国库券利息与房屋租金在金额上和流入时间上相同，但取得国库券利息通常风险很小，而房屋租金的取得则取决于承租人的财务及信用情况等，两者现金流入的风险或不确定性程度存在明显差异，则两者的未来现金流量显著不同，进而可判断两项资产的交换具有商业实质。

（3）未来现金流量的风险、时间相同，金额不同。此种情形是指换入资产和换出资产产生的未来现金流量总额相同，预计为企业带来现金流量的时间跨度相同，风险也相同，但各年产生的现金流量金额存在明显差异。例如，某企业以其一项商标权换入另一企业的一项专利技术，预计两项无形资产的使用寿命相同，在使用寿命内预计为企业带来的各期未折现现金流量总额相同，但是换入的专利技术是新开发的，预计在使用该专利技术初期产生的现金流量明显少于后期，而

该企业拥有的商标每年产生的现金流量比较均衡，两者产生未折现的现金流量在各期分布差额明显，则上述商标权与专利技术的未来现金流量显著不同，因而该两项资产的交换具有商业实质。

2. 换入资产与换出资产的预计未来现金流量现值不同，且其差额与换入资产和换出资产的公允价值相比是重大的

企业如按照上述第一个条件难以判断某项非货币性资产交换是否具有商业实质，即可根据第二个条件，通过计算换入资产和换出资产的预计未来现金流量现值，进行比较后判断。资产预计未来现金流量现值，应当按照资产在持续使用过程和最终处置时预计产生的税后未来现金流量，根据企业自身而不是市场参与者对资产特定风险的评价，选择恰当的折现率对预计未来现金流量折现后的金额加以确定。

从市场参与者的角度分析，换入资产和换出资产预计未来现金流量的风险、时间和金额方面可能相同或相似，但是，鉴于换入资产的性质和换入企业经营活动的特征等因素，换入资产与换入企业其他现有资产相结合，能够比换出资产产生更大的作用，使换入企业受该换入资产影响的经营活动部分产生的现金流量，与换出资产明显不同，即换入资产对换入企业的使用价值与换出资产对该企业的使用价值明显不同，使换入资产预计未来现金流量现值与换出资产产生明显差异，因而表明该两项资产的交换具有商业实质。

例如，甲公司以一项专利权换入乙公司拥有的长期股权投资，假定从市场参与者角度来看，该项专利权与该项长期股权投资的公允价值相同，两项资产未来现金流量的风险、时间和金额亦相同，但是，对换入企业而言，换入该项长期股权投资使该企业对被投资方由重大影响变为控制关系，从而对换入企业产生的预计未来现金流量现值与换出的专利权有较大差异；乙公司换入的专利权能够解决生产中的技术难题，从而对换入企业产生的预计未来现金流量现值与换出的长期股权投资有明显差异，因而两项资产的交换具有商业实质。

（二）交换涉及的资产类别与商业实质的关系

企业在判断非货币性资产交换是否具有商业实质时，还可以从资产是否属于同一类别进行分析，因为不同类非货币性资产因其产生经济利益的方式不同，一般来说其产生的未来现金流量风险、时间和金额也不相同，因而不同类非货币性资产之间的交换是否具有商业实质，通常较易判断。不同类非货币性资产是指在资产负债表中列示的不同大类的非货币性资产，比如存货、固定资产、投资性房

地产、生物资产、长期股权投资、无形资产等都是不同类别的资产。例如，企业以一项用于出租的投资性房地产交换一项固定资产自用，属于不同类非货币性资产交换，在这种情况下，企业就将未来现金流量由每期产生的租金流，转化为该项资产独立产生、或包括该项资产的资产组协同产生的现金流。通常情况下，由定期租金带来的现金流量与用于生产经营的固定资产产生的现金流量在风险、时间和金额方面有所差异，因此，该两项资产的交换应当视为具有商业实质。

同类非货币性资产交换是否具有商业实质，通常较难判断。企业应当重点关注的是换入资产和换出资产为同类资产的情况，同类资产产生的未来现金流量既可能相同，也可能显著不同，其之间的交换因而可能具有商业实质，也可能不具有商业实质。比如，A 企业将自己拥有的一幢建筑物，与 B 企业拥有的在同一地点的另一幢建筑物相交换，两幢建筑物的建造时间、建造成本等均相同，但两者未来现金流量的风险、时间和金额可能不同。

通常情况下，商品用于交换具有类似性质和相等价值的商品，这种非货币性资产交换不产生损益，这种情况通常发生在某些特定商品上，比如石油或牛奶，供应商为满足特定地区对这类商品的即时需要，在不同的地区交换各自的商品（存货）。比如 A 石油销售公司有部分客户在 B 石油销售公司的所在地，B 公司有部分客户在 A 公司所在地，为了满足两地客户的即时需求，A 公司将其相同型号、容量和价值的石油供应给 B 公司在 A 公司所在地的客户，同样，B 公司也将相同型号、容量和价值的石油供应给 A 公司在 B 公司所在地的客户，这样的非货币性资产交换不具有商业实质，因此不能确认损益。

（三）关联方之间交换资产与商业实质的关系

在确定非货币性资产交换是否具有商业实质时，企业应当关注交易各方之间是否存在关联方关系。关联方关系的存在可能导致发生的非货币性资产交换不具有商业实质。

三、换入资产或换出资产的公允价值能够可靠计量的情形

资产存在活跃市场，是资产公允价值能够可靠计量的明显证据，但不是唯一要求。属于以下三种情形之一的，公允价值视为能够可靠计量：

（1）换入资产或换出资产存在活跃市场。

（2）换入资产或换出资产不存在活跃市场，但同类或类似资产存在活跃市场。

（3）换入资产或换出资产不存在同类或类似资产可比市场交易、采用估值技

术确定的公允价值满足一定的条件。采用估值技术确定的公允价值估计数的变动区间很小，或者在公允价值估计数变动区间内，各种用于确定公允价值估计数的概率能够合理确定的，视为公允价值能够可靠计量。

第三节 非货币性资产交换的会计处理

一、以公允价值计量的会计处理

非货币性资产交换具有商业实质且公允价值能够可靠计量的，应当以换出资产公允价值和应支付的相关税费作为换入资产的成本，除非有确凿证据表明换入资产的公允价值比换出资产公允价值更加可靠。

在以公允价值计量的情况下，不论是否涉及补价，只要换出资产的公允价值与其账面价值不相同，就一定会涉及损益的确认，因为非货币性资产交换损益通常是换出资产公允价值与换出资产账面价值的差额，通过非货币性资产交换予以实现。

非货币性资产交换的会计处理，视换出资产的类别不同而有所区别，应当分情况处理。

（1）换出资产为存货、投资性房地产的，应当视同销售处理，根据《企业会计准则第 14 号——收入》的规定确定交易价格，确认销售收入，同时结转销售成本，确认的收入和结转的成本之间的差额在利润表中作为营业利润的构成部分予以列示。

（2）换出资产为固定资产、无形资产的，换出资产公允价值和换出资产账面价值的差额，计入资产处置损益。

（3）换出资产为长期股权投资、其他权益工具投资等的，换出资产公允价值和换出资产账面价值的差额，计入投资收益。

换入资产与换出资产涉及相关税费的，如换出存货视同销售计算的销项税额，换入资产作为存货应当确认的可抵扣增值税进项税额等，按照相关税收规定计算确定。

（一）不涉及补价的情况

【例 1-1】 2019 年 12 月 16 日，甲公司以其生产的产品与乙公司作为固定资产的货运汽车交换。甲公司产品售价为 1 020 000 元，生产成本为 750 000 元。乙公司换出的货运汽车账面原值为 1 400 000 元，累计折旧 400 000 元，公允价值为 1 020 000 元。乙公司换入甲公司产品的目的是用于企业主要产品的生产。假定两公司间不存在关联方关系。

分析：甲公司以其生产的产品与乙公司生产经营用的货运汽车进行交换，该项交易中不涉及货币性资产即补价，属于非货币性资产交换。两项资产交换后对换入企业的特定价值显著不同，两项资产的交换具有商业实质，同时，换出与换入资产的公允价值均能可靠计量，因此，该项非货币性资产交换可以以换出资产公允价值为基础计量换入资产的成本，并确认产生的损益。

1. 根据上述资料，甲公司的会计处理如下：

(1) 计算换入资产的成本和交换损益。

$$\frac{\text{换入资产}}{\text{入账价值}}=\frac{\text{换出资产}}{\text{公允价值}}+\frac{\text{应支付的}}{\text{相关税费}}-\frac{\text{准予抵扣的}}{\text{增值税进项税额}}$$

$$=1\,020\,000+1\,020\,000\times13\%-1\,020\,000\times13\%$$

$$=1\,020\,000+132\,600-132\,600=1\,020\,000(\text{元})$$

$$\frac{\text{该项非货币性资产}}{\text{交换确认的损益}}=\text{换出资产公允价值}-\text{换出资产账面价值}$$

$$=1\,020\,000-750\,000=270\,000(\text{元})$$

(2) 会计分录。

借：固定资产		1 020 000
应交税费——应交增值税（进项税额）		132 600
贷：主营业务收入		1 020 000
应交税费——应交增值税（销项税额）		132 600
借：主营业务成本		750 000
贷：库存商品		750 000

2. 根据上述资料，乙公司的会计处理如下：

(1) 计算换入资产的成本和交换损益。

$$\frac{\text{换入资产}}{\text{入账价值}}=\frac{\text{换出资产}}{\text{公允价值}}+\frac{\text{应支付的}}{\text{相关税费}}-\frac{\text{准予抵扣的}}{\text{增值税进项税额}}$$

$$=1\,020\,000+1\,020\,000\times13\%-1\,020\,000\times13\%$$

$$=1\,020\,000+132\,600-132\,600=1\,020\,000（\text{元}）$$

$$\text{该项非货币性资产} \atop \text{交换确认的损益} = 1\,020\,000 - (1\,400\,000 - 400\,000)$$

$$= 20\,000\,（元）$$

（2）会计分录。

借：固定资产清理		1 000 000
累计折旧		400 000
贷：固定资产		1 400 000
借：原材料		1 020 000
应交税费——应交增值税（进项税额）		132 600
贷：固定资产清理		1 000 000
资产处置损益		20 000
应交税费——应交增值税（销项税额）		132 600

【例 1-2】 2019 年 12 月 18 日，甲公司以其不用的设备与乙公司持有的丙公司 10 万股股票进行交换。甲公司换出设备的账面原价为 1 200 000 元，已提折旧 300 000 元，未计提减值准备。乙公司持有的丙公司股票账面价值为 1 000 000 元，市场价格为 1 130 000 元，乙公司将该股权投资作为长期股权投资核算。为此项交换，甲公司以银行存款支付了设备清理费用 10 000 元，乙公司支付股票过户费 2 000 元。假设甲公司换入股票的目的是投资获利，并作为长期股权投资核算。

分析： 该项资产交换中不涉及货币性资产即补价，属于非货币性资产交换。根据非货币性资产交换的条件，该项交易具有商业实质。同时，交换的股票公允价值能可靠计量，但设备的公允价值无法可靠计量，因此，该项非货币性资产交换应以股票的公允价值为基础计量双方换入资产的成本。

1. 根据上述资料，甲公司的会计处理如下：

（1）计算换入资产的成本和交换损益。

换入资产入账价值＝换入资产公允价值＋应支付的相关税费

$$= 1\,130\,000 \div (1+13\%) + 1\,130\,000 \div (1+13\%) \times 13\% + 10\,000$$

$$= 1\,000\,000 + 1\,000\,000 \times 13\% + 10\,000$$

$$= 1\,000\,000 + 130\,000 + 10\,000$$

$$= 1\,140\,000\,（元）$$

$$\text{该项非货币性资产} \atop \text{交换确认的损益} = \text{换入资产公允价值} - \text{换出资产账面价值}$$

$$= 1\,000\,000 - (1\,200\,000 - 300\,000) = 100\,000\,（元）$$

（2）会计分录。

①将固定资产净值转入固定资产清理时：

借：固定资产清理 　　　　　　　　　　　　　　　　　　　900 000

　　累计折旧 　　　　　　　　　　　　　　　　　　　　　300 000

　　贷：固定资产 　　　　　　　　　　　　　　　　　　　1 200 000

②支付清理费用时：

借：固定资产清理 　　　　　　　　　　　　　　　　　　　 10 000

　　贷：银行存款 　　　　　　　　　　　　　　　　　　　　 10 000

③确认换入资产的入账价值时：

借：长期股权投资 　　　　　　　　　　　　　　　　　　　1 140 000

　　贷：固定资产清理 　　　　　　　　　　　　　　　　　　 910 000

　　　 资产处置损益 　　　　　　　　　　　　　　　　　　　100 000

　　　 应交税费——应交增值税（销项税额） 　　　　　　　　130 000

2. 根据上述资料，乙公司的会计处理如下：

（1）计算换入资产的成本和交换损益。

换入资产入账价值＝换出资产公允价值＋应支付的相关税费－准予抵扣的进项税额

$$＝1 130 000＋2 000－130 000＝1 002 000（元）$$

该项非货币性资产交换确认的损益＝1 130 000－1 000 000＝130 000（元）

（2）会计分录。

借：固定资产 　　　　　　　　　　　　　　　　　　　　　1 002 000

　　应交税费——应交增值税（进项税额） 　　　　　　　　 130 000

　　贷：长期股权投资 　　　　　　　　　　　　　　　　　　1 000 000

　　　 投资收益 　　　　　　　　　　　　　　　　　　　　 130 000

　　　 银行存款 　　　　　　　　　　　　　　　　　　　　　 2 000

（二）涉及补价的情况

在以公允价值确定换入资产成本的情况下，发生补价的，支付补价的企业和收到补价的企业应当分别情况处理。

1. 支付补价的企业

支付补价的企业，应当以换出资产的公允价值加上支付的补价（即换入资产的公允价值）和应支付的相关税费，作为换入资产的成本；换入资产成本与换出资产账面价值加支付的补价、应支付的相关税费之和的差额，应当计入当期损益。计算公式为：

$$\frac{换入资产的}{成本} = \frac{换出资产}{公允价值} + 补价 + \frac{应支付的}{相关税费} - \frac{准予抵扣的}{增值税进项税额}$$

$$\frac{应确认的}{损益} = \frac{换入资产的}{成本} - \left(\frac{换出资产}{账面价值} + 补价 + \frac{应支付的}{相关税费}\right)$$

$$= 换出资产公允价值 - 换出资产账面价值$$

2. 收到补价的企业

收到补价的企业，应当以换入资产的公允价值（或换出资产的公允价值减去补价）和应支付的相关税费，作为换入资产的成本；换入资产成本加收到的补价之和与换出资产账面价值加应支付的相关税费之和的差额，应当计入当期损益。计算公式为：

$$换入资产的成本 = 换出资产公允价值 + 应支付的相关税费 - 补价$$

$$\frac{应确认的}{损益} = \frac{换入资产的}{成本} + 补价 - \left(\frac{换出资产}{账面价值} + \frac{应支付的}{相关税费}\right)$$

$$= 换出资产公允价值 - 换出资产账面价值$$

在涉及补价的情况下，对于支付补价的企业而言，作为补价的货币性资产构成换入资产所放弃对价的一部分，对于收到补价的企业而言，作为补价的货币性资产构成换入资产的一部分。

【例1-3】 2019年12月23日，经协商，甲公司以其拥有的全部用于经营出租的一幢公寓楼与乙公司持有的以交易为目的的股票投资交换。甲公司的公寓楼符合投资性房地产的定义，公司未采用公允价值模式计量。在交换日，该幢公寓的原价为4 000 000元，已提折旧800 000元，未计提减值准备，在交换日的公允价值和计税价格（含税）均为4 500 000元，增值税税率为9%；乙公司持有的以交易为目的的股票投资的账面价值为3 000 000元，乙公司对该股票投资采用公允价值模式计量，在交换日的公允价值为4 000 000元，由于甲公司急于处理该幢公寓，乙公司另支付了300 000元现金给甲公司。乙公司换入公寓楼后仍然继续用于经营出租，并拟采用公允价值计量模式；甲公司换入股票投资后仍然以交易为目的。上述交易过程中涉及的增值税进项税额按照税法规定可抵扣且已得到认证，不考虑其他相关税费。

分析： 该项资产交换涉及收付货币性资产，即补价300 000元。

对收取补价的甲公司而言，收取的补价占换出资产公寓楼的公允价值的比例小于25%（300 000÷4 500 000×100%＝6.67%），属于非货币性资产交换。

对支付补价的乙公司而言，支付的补价占换出资产公允价值与其支付的补价之和的比例小于25%［300 000÷（4 000 000＋300 000）×100%＝6.98%］，属于非货币性资产交换。

根据非货币性资产交换的条件，该项交易具有商业实质。同时，股票投资和公寓楼的公允价值均能够可靠计量。因此，甲、乙公司均应当以公允价值为基础确定换入资产的成本，并确认产生的损益。

1. 根据上述资料，甲公司的会计处理如下：

借：交易性金融资产（4 500 000－300 000）　　　　　　　4 200 000

　　银行存款　　　　　　　　　　　　　　　　　　　　　300 000

　　其他业务成本　　　　　　　　　　　　　　　　　　3 200 000

　　投资性房地产累计折旧　　　　　　　　　　　　　　　800 000

　　贷：投资性房地产　　　　　　　　　　　　　　　　4 000 000

　　　　其他业务收入［（4 500 000÷（1＋9%）］　　　4 128 440

　　　　应交税费——应交增值税（销项税额）（4 500 000－4 128 440）

　　　　　　　　　　　　　　　　　　　　　　　　　　　371 560

2. 根据上述资料，乙公司的会计处理如下：

借：投资性房地产——成本［4 500 000÷（1＋9%）］　　4 128 440

　　应交税费——应交增值税（进项税额）［4 500 000÷（1＋9%）×9%］

　　　　　　　　　　　　　　　　　　　　　　　　　　　371 560

　　贷：交易性金融资产　　　　　　　　　　　　　　　3 000 000

　　　　投资收益　　　　　　　　　　　　　　　　　　1 000 000

　　　　银行存款　　　　　　　　　　　　　　　　　　　300 000

　　　　其他综合收益　　　　　　　　　　　　　　　　　200 000

二、以换出资产账面价值计量的会计处理

非货币性资产交换不具有商业实质，或者虽然具有商业实质但换入资产和换出资产的公允价值均不能可靠计量的，应当以换出资产的账面价值为基础确认换入资产的成本，无论是否支付补价，均不确认损益。

一般来讲，如果换入资产和换出资产的公允价值都不能可靠计量时，该项非

货币性资产交换通常不具有商业实质，因为在这种情况下，很难比较两项资产产生的未来现金流量在时间、风险和金额方面的差异，很难判断两项资产交换后对企业经济状况改变所起的不同效用。因此，此类资产交换通常不具有商业实质。

（一）不涉及补价的情况

在不涉及补价的情况下，企业换入资产应当以换出资产的账面价值和应支付的相关税费作为换入资产的成本，不确认损益。

（二）涉及补价的情况

企业在按照换出资产的账面价值和应支付的相关税费作为换入资产成本的情况下，发生补价的，应当分别下列情况处理。

1. 支付补价的企业

支付补价的企业，应当以换出资产的账面价值，加上支付的补价和应支付的相关税费，作为换入资产的成本，不确认损益。计算公式为：

$$\text{换入资产入账价值} = \text{换出资产账面价值} + \text{补价} + \text{应支付的相关税费} - \text{准予抵扣的增值税进项税额}$$

2. 收到补价的企业

收到补价的企业，应当以换出资产的账面价值，减去收到的补价并加上应支付的相关税费，作为换入资产的成本，不确认损益。计算公式为：

$$\text{换入资产入账价值} = \text{换出资产账面价值} - \text{补价} + \text{应支付的相关税费} - \text{准予抵扣的增值税进项税额}$$

【例 1-4】 2019 年 12 月 25 日，甲公司决定以账面价值为 7 000 元、公允价值（含税）为 9 500 元的 A 材料和现金 500 元，换入乙公司账面价值为 9 000 元、公允价值（含税）为 10 000 元的 B 材料。甲、乙两公司均未对存货计提跌价准备，增值税税率均为 13%。假设甲、乙公司换入材料均非其生产经营所用。

分析： 首先，该资产交换涉及补价，支付补价的企业，支付的补价占换出资产公允价值与支付的补价之和的比例小于 25%［500÷（9 500＋500）＝5%］，属于非货币性资产交换；收取补价的企业，收取的补价占换出资产公允价值的比例小于 25%（500÷10 000＝5%），属于非货币性资产交换。其次，应确定该项资产交换是否具有商业实质。由于交换的材料金额相同，并且均为非生产经营所用，材料的风险相同，如果交换的材料未来现金流入量的现值也近似的话，则该笔交易不具有商业实质。此项非货币性资产交换应以换出资产的账面价值为基础计量换入资产的入账价值,甲、乙公司均不确认非货币性资产交换的损益。

1. 根据上述资料,甲公司的会计处理如下:

借:原材料——B 材料(7 000+1 093+500-1 150) 7 443
　应交税费——应交增值税(进项税额)[10 000÷(1+13%)×13%]
　 1 150
　　贷:原材料——A 材料 7 000
　　　应交税费——应交增值税(销项税额)[9 500÷(1+13%)×13%]
　 1 093
　　　库存现金 500

2. 根据上述资料,乙公司的会计处理如下:

借:原材料——A 材料(9 000+1 150-500-1 093) 8 557
　库存现金 500
　应交税费——应交增值税(进项税额)[9 500÷(1+13%)×13%]
　 1 093
　　贷:原材料——B 材料 9 000
　　　应交税费——应交增值税(销项税额)[10 000÷(1+13%)×13%]
　 1 150

三、涉及多项非货币性资产交换的会计处理

企业以一项非货币性资产同时换入另一企业的多项非货币性资产,或同时以多项非货币性资产换入另一企业的一项非货币性资产,或以多项非货币性资产同时换入多项非货币性资产,也可能涉及补价。涉及多项资产的非货币性资产交换,企业无法将换出的某一资产与换入的某一特定资产相对应。与单项非货币性资产之间的交换一样,涉及多项资产的非货币性资产交换的计量,企业也应当首先判断是否符合以公允价值计量的两个条件,再分别情况确定各项换入资产的成本。

涉及多项资产的非货币性资产交换一般可以分为以下几种情况。

(一)以公允价值计量的情况

(1)非货币性资产交换具有商业实质,且各项换出资产和各项换入资产的公允价值均能够可靠计量。在这种情况下,换入资产的总成本应当按照换出资产的公允价值总额为基础确定,除非有确凿证据证明换入资产的公允价值总额更加可靠。各项换入资产的成本,应当按照各项换入资产的公允价值占换入资产公允价

值总额的比例，对换入资产总成本进行分配，确定各项换入资产的成本。

（2）非货币性资产交换具有商业实质，且换入资产的公允价值能够可靠计量、但换出资产的公允价值不能可靠计量。在这种情况下，换入资产的总成本应当按照换入资产的公允价值总额为基础确定，各项换入资产的成本，应当按照各项换入资产的公允价值占换入资产公允价值总额的比例，对换入资产总成本进行分配，确定各项换入资产的成本。

（3）非货币性资产交换具有商业实质，且换出资产的公允价值能够可靠计量、但换入资产的公允价值不能可靠计量。在这种情况下，换入资产的总成本应当按照换出资产的公允价值总额为基础确定，各项换入资产的成本，应当按照各项换入资产的原账面价值占换入资产原账面价值总额的比例，对按照换出资产公允价值总额确定的换入资产总成本进行分配，确定各项换入资产的成本。

（二）以账面价值计量的情况

非货币性资产交换不具有商业实质，或者虽具有商业实质但换入和换出资产的公允价值均不能可靠计量。在这种情况下，换入资产的总成本应当按照换出资产原账面价值总额为基础确定，各项换入资产的成本，应当按照各项换入资产的原账面价值占换入资产原账面价值总额的比例，对按照换出资产账面价值总额为基础确定的换入资产总成本进行分配，确定各项换入资产的成本。

第四节　综合案例分析

【例 1-5】　甲公司和乙公司均为增值税一般纳税人，适用的增值税税率均为13%。2019 年 12 月 26 日，为适应业务发展的需要，经协商，甲公司决定以生产经营过程中使用的机床及库存商品换入乙公司生产经营过程中使用的轿车、客运汽车和货运汽车。

甲公司机床的账面原价为 2 700 000 元，在交换日的累计折旧为 900 000 元，公允价值为 1 600 000 元；库存商品的账面余额为 3 000 000 元，公允价值为 3 500 000元，公允价值等于计税价格。乙公司轿车的账面原价为 1 500 000 元，在交换日的累计折旧为 500 000 元，公允价值为 900 000 元；客运汽车的账面原价为 2 000 000元，在交换日的累计折旧为 900 000 元，公允价值为 1 300 000 元；货运汽车的账面原价为 3 000 000 元，在交换日的累计折旧为 800 000 元，公允价值为 2 500 000

元。另外，乙公司以银行存款 400 000 元支付给甲公司作为补价。假定甲公司和乙公司均未对上述资产计提减值准备。上述公允价值均为不含税价格。

甲公司换入乙公司的轿车、客运汽车和货运汽车均作为固定资产使用和管理；乙公司换入甲公司的机床作为固定资产使用和管理，换入的库存商品作为原材料使用和管理。甲、乙公司均开具了增值税专用发票。假定甲公司和乙公司上述交易涉及的增值税进项税额，按照税法规定可抵扣且已得到认证；不考虑其他相关税费。

分析： 该项资产交换涉及收付货币性资产，即补价 400 000 元。

对收取补价的甲公司而言，收取的补价占整个交易金额的比例小于 25%｛400 000÷[1 600 000×（1＋13%）＋3 500 000×（1＋13%）]×100%＝6.94%｝，属于非货币性资产交换。

对支付补价的乙公司而言，支付的补价占整个交易金额的比例小于 25%｛400 000÷[（900 000＋1 300 000＋2 500 000）×（1＋13%）＋400 000]×100%＝7.00%｝，属于非货币性资产交换。

根据非货币性资产交换的条件，该项资产交换具有商业实质。同时，各项交换资产公允价值均能够可靠计量。因此，甲、乙公司均应当以公允价值为基础确定换入资产的总成本，确认产生的相关损益。同时，按照各单项换入资产的公允价值占换入资产公允价值总额的比例，确定各单项换入资产的成本。

1. 根据上述资料，甲公司的会计处理如下：

（1）计算。

①计算增值税额。

换出机床、库存商品的增值税销项税额＝（1 600 000＋3 500 000）×13%
＝663 000（元）

换入轿车、客运汽车和货运汽车的增值税进项税额＝（900 000＋1 300 000＋2 500 000）×13%
＝611 000（元）

②计算换入资产、换出资产公允价值总额。

换出资产公允价值总额＝1 600 000＋3 500 000＝5 100 000（元）

换入资产公允价值总额＝900 000＋1 300 000＋2 500 000＝4 700 000（元）

③计算换入资产总成本。

换入资产总成本＝5 100 000＋663 000－400 000－611 000＝4 752 000（元）

④计算确定换入各项资产的公允价值占换入资产公允价值总额的比例。

$$\frac{\text{轿车公允价值占}}{\text{换入资产公允价值总额的比例}} = 900\,000 \div 4\,700\,000 \times 100\% = 19.15\%$$

$$\frac{\text{客运汽车公允价值占}}{\text{换入资产公允价值总额的比例}} = 1\,300\,000 \div 4\,700\,000 \times 100\% = 27.66\%$$

$$\frac{\text{货运汽车公允价值占}}{\text{换入资产公允价值总额的比例}} = 1 - 19.15\% - 27.66\% = 53.19\%$$

⑤计算确定换入各项资产的成本。

轿车的成本 $= 4\,752\,000 \times 19.15\% = 910\,008$（元）

客运汽车的成本 $= 4\,752\,000 \times 27.66\% = 1\,314\,403$（元）

货运汽车的成本 $= 4\,752\,000 - 910\,008 - 1\,314\,403 = 2\,527\,589$（元）

⑥计算非货币性资产交换损益。

非货币性资产交换损益 $= 5\,100\,000 - (2\,700\,000 - 900\,000) - 3\,000\,000$

$$= 300\,000\text{（元）}$$

（2）会计分录。

借：固定资产清理		1 800 000
累计折旧		900 000
贷：固定资产——机床		2 700 000
借：固定资产——轿车		910 008
——客运汽车		1 314 403
——货运汽车		2 527 589
应交税费——应交增值税（进项税额）		611 000
资产处置损益（1 800 000－1 600 000）		200 000
银行存款		400 000
贷：固定资产清理		1 800 000
主营业务收入		3 500 000
应交税费——应交增值税（销项税额）		663 000
借：主营业务成本		3 000 000
贷：库存商品		3 000 000

2. 根据上述资料，乙公司的会计处理如下：

（1）计算。

①计算增值税额。

换出轿车、客运汽车、货运汽车的增值税销项税额 $=(900\,000+1\,300\,000+2\,500\,000)\times13\%$
$=611\,000$（元）

换入机床、原材料准予抵扣的增值税进项税额 $=(1\,600\,000+3\,500\,000)\times13\%=663\,000$（元）

②计算换入资产、换出资产公允价值总额。

换入资产公允价值总额 $=1\,600\,000+3\,500\,000=5\,100\,000$（元）

换出资产公允价值总额 $=900\,000+1\,300\,000+2\,500\,000=4\,700\,000$（元）

③计算换入资产总成本。

换入资产总成本 $=4\,700\,000+611\,000+400\,000-663\,000=5\,048\,000$（元）

④计算确定换入各项资产的公允价值占换入资产公允价值总额的比例。

机床公允价值占换入资产公允价值总额的比例 $=1\,600\,000\div5\,100\,000\times100\%=31.37\%$

原材料公允价值占换入资产公允价值总额的比例 $=1-31.37\%=68.63\%$

⑤计算确定换入各项资产的成本。

机床的成本 $=5\,048\,000\times31.37\%=1\,583\,558$（元）

原材料的成本 $=5\,048\,000-1\,583\,558=3\,464\,442$（元）

⑥计算非货币性资产交换损益。

非货币性资产交换损益 $=4\,700\,000-[(1\,500\,000-500\,000)+(2\,000\,000-900\,000)+$
$(3\,000\,000-800\,000)]=400\,000$（元）

（2）会计分录。

借：固定资产清理	4 300 000	
累计折旧（500 000＋900 000＋800 000）	2 200 000	
贷：固定资产——轿车		1 500 000
——客运汽车		2 000 000
——货运汽车		3 000 000
借：固定资产——机床	1 583 558	
原材料	3 464 442	
应交税费——应交增值税（进项税额）	663 000	
贷：固定资产清理		4 300 000
银行存款		400 000

资产处置损益	400 000
应交税费——应交增值税（销项税额）	611 000

自测题

一、名词解释

1. 货币性资产

2. 非货币性资产

3. 非货币性资产交换

4. 补价

二、简答题

1. 简述资产交换具有商业实质的判断标准。

2. 简述以公允价值为计量基础的会计处理原则。

3. 简述以账面价值为计量基础的会计处理原则。

4. 简述涉及多项非货币性资产交换的会计处理原则。

三、单项选择题

1. 下列资产中不属于货币性资产的是（　　）。

A. 银行存款

B. 应收票据

C. 准备持有至到期的债券投资

D. 准备在一个月内转让的交易性金融资产

2. 确定一项资产是货币性资产还是非货币性资产的主要依据是（　　）。

A. 是否可以给企业带来经济利益

B. 是否具有流动性

C. 是否为出售而持有

D. 将为企业带来的经济利益是否是固定的或可确定的

3. 下列交易中具有商业实质的是（　　）。

A. 以一批存货换入一项设备

B. 以一项固定资产换入另一项相似的固定资产

C. 以一项长期股权投资换入另一项长期股权投资

D. 以一批商品换入另一批相似的商品

4. 在确定涉及补价的交易是否为非货币性资产交换时，收到补价的企业，应当按照收到的补价占（　　）的比例是否低于25%确定。

  A. 换出资产的公允价值   B. 换出资产的公允价值加上支付的补价

  C. 换入资产公允价值减补价 D. 换出资产公允价值减补价

  5. 甲公司发生的下列非关联交易中，属于非货币性资产交换的是(　　)。

  A. 以公允价值（含税）为2 800 000元的固定资产换入乙公司账面价值为
3 200 000元的无形资产，并支付补价400 000元

  B. 以公允价值（含税）为2 800 000元的固定资产换入丙公司公允价值为
2 000 000元的一项专利权，并收到补价800 000元

  C. 以公允价值（含税）为3 200 000元的长期股权投资换入丁公司公允价值
为4 600 000元的交易性金融资产，并支付补价1 400 000元

  D. 以公允价值（含税）为4 200 000元的准备持有至到期的债券投资换入戊
公司公允价值为3 900 000元的一台设备，并收到补价300 000元

  6. 甲公司以一批库存商品换入一台设备，并收到对方支付的补价
150 000元。该批库存商品的原账面价值为1 200 000元，公允价值（不含税）为
1 500 000元，适用的增值税税率为13%；换入设备的原账面价值为1 600 000
元，公允价值（不含税）为1 605 000元。假定不考虑除增值税以外的其他相关
税费。甲公司因该项非货币性资产交换应确认的交换损益为（　　）元。

  A. 250 000   B. 200 000   C. 300 000   D. 450 000

  7. 甲公司将两辆大型运输车辆与A公司的一台生产设备相交换，另支付补
价100 000元。在交换日，甲公司用于交换的两辆运输车辆账面原价为1 400 000
元，累计折旧为250 000元，公允价值（不含税）为1 100 000元；A公司用于交
换的生产设备账面原价为3 000 000元，累计折旧为1 750 000元，公允价值（不含
税）为1 200 000元。该非货币性资产交换具有商业实质。假定不考虑除增值税以
外的相关税费，甲公司对该非货币性资产交换应确认的交换损益为（　　）元。

  A. 0   B. −50 000   C. −100 000   D. −150 000

  8. 在非货币性资产交换中（满足具有商业实质且公允价值能够可靠计量），
如果同时换入多项资产，应当按照（　　）的比例，对换入资产的成本总额进行
分配，以确定各项换入资产的入账价值。

  A. 换入各项资产的公允价值占换入资产公允价值总额

  B. 换出各项资产的公允价值占换出资产公允价值总额

  C. 换入各项资产的账面价值占换入资产账面价值总额

D. 换出各项资产的账面价值占换出资产账面价值总额

四、多项选择题

1. 下列资产中，属于非货币性资产的有（　　　）。

A. 股权投资
B. 准备持有至到期的债券投资

C. 不准备持有至到期的债券投资
D. 应收账款

E. 银行存款

2. 根据非货币性资产交换准则的规定，下列项目中不属于货币性资产的有（　　　）。

A. 对没有市价的股票进行的投资
B. 对有市价的股票进行的投资

C. 不准备持有至到期的债券投资
D. 其他应收款

E. 存货

3. 下列各项资产交换中，属于非货币性资产交换的有（　　　）。

A. 以 1 000 000 元应收票据换取生产用设备

B. 以持有的一项土地使用权换取一栋生产用厂房

C. 以持有至到期公司债券换取一项长期股权投资

D. 以一批存货换取一台公允价值（含税）为 1 000 000 元的设备并支付 500 000 元补价

E. 以公允价值（含税）为 2 000 000 元的房产换取一台运输设备并收取 240 000 元补价

4. 下列项目中，属于非货币性资产交换的有（　　　）。

A. 以公允价值（含税）500 000 元的原材料换取一项专利权

B. 以公允价值（含税）5 000 000 元的长期股权投资换取一批原材料

C. 以公允价值（含税）1 000 000 元的 A 车床换取 B 车床，同时收到 120 000 元的补价

D. 以公允价值（含税）300 000 元的电子设备换取一辆小汽车，同时支付 150 000 元的补价

E. 以公允价值（含税）1 000 000 元的原材料换取一项专利权，同时支付补价 100 000 元

5. 在没有发生补价的情况下，公司通过非货币性资产交换换入非现金资产，可能影响其入账价值确定的因素有（　　　）。

A. 换出非现金资产的账面价值
B. 换出非现金资产的公允价值

C. 应支付的相关税费　　　　　　D. 可以抵扣的增值税进项税额

E. 换入非现金资产的账面价值

6. 甲公司与乙公司进行非货币性资产交换，具有商业实质且其换入或换出资产的公允价值均能够可靠地计量，下列各项中影响甲公司换入资产入账价值的因素有（　　　）。

A. 甲公司计提的换出资产减值准备

B. 甲公司为换入固定资产支付的运费

C. 甲公司为换出存货缴纳的增值税销项税额

D. 甲公司换出无形资产的账面价值

E. 甲公司支付的补价

7. 以下可以判断为非货币性资产交换的有（　　　）。

A. 收到的补价占换出资产账面价值的比例≥25%

B. 收到的补价占换出资产公允价值的比例<25%

C. 支付的补价占换出资产公允价值的比例≥25%

D. 支付的补价占换出资产公允价值与补价之和的比例<25%

E. 收到的补价占换出资产账面价值的比例≥25%

8. 甲、乙公司进行非货币性资产交换，下列各项中直接影响甲公司换入资产入账价值的因素有（　　　）。

A. 乙公司为交易固定资产支付的清理费用

B. 乙公司计提的固定资产减值准备

C. 乙公司支付的补价

D. 乙公司为交换的固定资产缴纳的增值税销项税额

E. 乙公司计提的固定资产折旧

9. 关于非货币性资产交换，下列说法中正确的有（　　　）。

A. 只要非货币性资产交换具有商业实质，就应当以公允价值和应支付的相关税费作为换入资产的成本

B. 若换入资产的未来现金流量在风险、时间和金额方面与换出资产显著不同，则该非货币性资产交换具有商业实质

C. 若换入资产与换出资产的预计未来现金流量现值不同，且其差额与换入资产和换出资产的公允价值相比是重大的，则该非货币性资产交换具有商业实质

D. 在确定非货币性资产交换是否具有商业实质时，企业应当关注交易各方之间是否存在关联方关系，关联方关系的存在可能导致发生的非货币性资产交换不具有商业实质

E. 只要换入资产的公允价值能够可靠计量，就应当以其公允价值和应支付的相关税费之和作为换入资产的成本

10. 非货币性资产交换具有商业实质且公允价值能够可靠计量的，对换出资产公允价值与其账面价值的差额，正确的会计处理方法有（   ）。

A. 换出资产为存货的，应当视同销售处理，根据《企业会计准则第 14 号——收入》的规定确定交易价格，确认销售收入，同时结转销售成本

B. 换出资产为无形资产的，换出资产公允价值和换出资产账面价值的差额，计入资产处置损益

C. 换出资产为固定资产的，换出资产公允价值和换出资产账面价值的差额，计入资产处置损益

D. 换出资产为长期股权投资的，换出资产公允价值和换出资产账面价值的差额，计入投资收益

E. 换出资产为其他权益工具投资的，换出资产公允价值和换出资产账面价值的差额，计入投资收益

五、判断题

1. 货币性资产是指企业持有的货币资金和将以固定或可确定的金额收取的资产，包括现金、银行存款、应收账款、应收票据以及准备持有至到期的债券投资等。（   ）

2. 非货币性资产交换一般不涉及货币性资产，或只涉及少量货币性资产即补价。（   ）

3. 以一项长期股权投资换入另一项长期股权投资，该项交易具有商业实质。（   ）

4. 如果换入资产和换出资产公允价值均能够可靠计量，在计算换入资产的入账价值时，应当以换入资产公允价值为基础确定换入资产的成本。（   ）

5. 不具有商业实质或交换涉及资产的公允价值均不能可靠计量的非货币性资产交换，应当按照换出资产的账面价值和应支付的相关税费，作为换入资产的成本。（   ）

6. 如果换入资产的未来现金流量在风险、时间和金额方面与换出资产显著

不同，则该项资产交换具有商业实质。（　　）

7. 非货币性资产交换不具有商业实质，或者虽然具有商业实质但换入资产和换出资产的公允价值均不能可靠计量的，应当以换入资产账面价值为基础确定换入资产成本，无论是否支付补价，均不确认损益。（　　）

8. 在确定非货币性资产交换是否具有商业实质时，企业应当关注交易各方之间是否存在关联方关系，关联方关系的存在可能导致发生的非货币性资产交换不具有商业实质。（　　）

9. 换出资产为其他权益工具投资的，换出资产公允价值和换出资产账面价值的差额，计入营业外收支。（　　）

10. 换出存货应交的增值税不会影响换入存货入账价值的确定。（　　）

六、核算题

1. 2019 年 12 月 17 日，甲公司决定以一批库存商品换入乙公司的长期股权投资。该库存商品的账面余额为 1 200 000 元，已计提减值准备 8 000 元，计税价格（等于公允价值，不含税）为 1 300 000 元，增值税税率为 13%。假定不考虑其他税费。

要求：

（1）计算甲公司该项资产交换换入资产的成本；

（2）计算甲公司该项资产交换产生的损益；

（3）编制甲公司该项资产交换的会计分录。

2. 2019 年 12 月 18 日，乙公司决定以某交易性金融资产换入甲公司的生产线。甲公司生产线的公允价值为 400 000 元。该交易性金融资产的账面余额为 420 000 元，公允价值为 430 000 元。另外，乙公司以银行存款向甲公司支付补价 30 000 元。假定不考虑其他因素。

要求：

（1）计算乙公司该项资产交换换入资产的成本；

（2）计算乙公司该项资产交换产生的损益；

（3）编制乙公司该项资产交换的会计分录。

3. 甲公司和乙公司均为增值税一般纳税人，适用的增值税税率均为 13%。2019 年 12 月 6 日，为适应业务发展的需要，经协商，甲公司决定以生产经营过程中使用的厂房、机床以及库存原材料换入乙公司生产经营过程中使用的办公楼、轿车和客运汽车。

甲公司厂房的账面原价为 1 500 000 元，在交换日的累计折旧为 300 000 元，公允价值为 1 000 000 元；机床的账面原价为 1 200 000 元，在交换日的累计折旧为 600 000 元，公允价值为 800 000 元；原材料的账面价值为 2 400 000 元，公允价值为 3 000 000 元，公允价值等于计税价格。乙公司办公楼的账面原价为 4 500 000 元，在交换日的累计折旧为 500 000 元，公允价值为 4 200 000 元；轿车的账面原价为 1 000 000 元，在交换日的累计折旧为 400 000 元，公允价值为 500 000 元；客运汽车的账面原价为 300 000 元，在交换日的累计折旧额为 80 000 元，公允价值为 200 000 元；乙公司另外向甲公司支付银行存款 400 000 元。上述公允价值均为不含税价格。

假定甲公司和乙公司换出的资产都没有计提减值准备；不考虑整个资产交换过程中除增值税以外的其他相关税费；甲公司换入乙公司的办公楼、轿车和客运汽车均作为固定资产进行核算和管理；乙公司换入甲公司的厂房、机床作为固定资产进行核算和管理，换入原材料作为库存原材料进行核算和管理。

要求：

（1）计算甲、乙公司该项资产交换换入资产的成本；

（2）计算甲、乙公司该项资产交换产生的损益；

（3）编制甲、乙公司非货币性资产交换的会计分录。

2 第二章
CHAPTER 债务重组

CHAPTER

第一节 债务重组概述

一、债务重组的定义

由于市场竞争日益激烈，债务人一旦决策失误，很可能陷入财务困境，以至于不能清偿到期债务。此时，债权人有权依法申请债务人破产以清偿债务，但由于债务人陷于财务困境，往往资不抵债，加之清算价值往往远远低于持续经营时的资产价值。债权人通过破产方式得以偿债，可能蒙受重大损失。如果可以通过互相协商，以债务重组的方式，债权人作出某些让步，使债务人减轻负担，帮其渡过难关，则债权人可以最大限度地收回债权，减少损失。为此，债权人和债务人双方通常会选择债务重组方式解决债权债务纠纷。

债务重组是指在债务人发生财务困难的情况下，债权人按照其与债务人达成的协议或者法院的裁定作出让步的事项。

债务人发生财务困难是指因债务人出现资金周转困难或经营陷入困境，导致其无法或者没有能力按原定条件偿还债务。债权人作出让步是指债权人同意发生财务困难的债务人现在或者将来以低于重组债务账面价值的金额或者价值偿还债务。债权人作出让步的情形主要包括：债权人减免债务人部分债务本金或者利息，降低债务人应付债务的利率等。债务人发生财务困难，是债务重组的前提条件，而债权人作出让步是债务重组的必要条件。

二、债务重组的方式

（一）以资产清偿债务

以资产清偿债务是指债务人转让其资产给债权人以清偿债务的债务重组方式。

1. 以现金清偿债务

以现金清偿债务，通常是指以低于债务的账面价值的现金清偿债务。这里的现金是指货币资金，包括库存现金、银行存款和其他货币资金。在债务重组的情况下，以现金清偿债务，通常是指以低于债务的账面价值的现金清偿债务，如果以等量的现金偿还所欠债务，则不属于本章所指的债务重组。

2. 以非现金资产清偿债务

以非现金资产清偿债务是指债务人转让其非现金资产给债权人以清偿债务。债务人常用于偿债的资产主要有存货、金融资产、固定资产、无形资产等。

（二）债务转为资本

债务转为资本是指债务人将债务转为资本，同时债权人将债权转为股权的债务重组方式。但债务人根据转换协议，将应付可转换公司债券转为资本的，则属于正常情况下的债务转资本，不能作为债务重组处理。

债务转为资本时，对股份有限公司而言是将债务转为股本；对其他企业而言，是将债务转为实收资本。债务转为资本的结果是，债务人因此而增加股本（或实收资本），债权人因此而增加股权。

（三）修改其他债务条件

修改其他债务条件是指修改不包括上述第一、第二种情形在内的债务条件进行债务重组的方式，如减少债务本金、降低利率、免去应付未付的利息、延长债务偿还期限等。

（四）以上三种方式的组合

以上三种方式的组合是指采用以上三种方法共同清偿债务的债务重组形式。例如，以转让资产清偿某项债务的一部分，另一部分债务通过修改其他债务条件进行债务重组。主要包括以下可能的方式：

（1）债务的一部分以资产清偿，另一部分则转为资本；

（2）债务的一部分以资产清偿，另一部分则修改其他债务条件；

（3）债务的一部分转为资本，另一部分则修改其他债务条件；

（4）债务的一部分以资产清偿，一部分转为资本，另一部分则修改其他债务条件。

值得注意的是，重组债务和重组债权的确认、终止确认和计量，适用《企业会计准则第 22 号——金融工具确认和计量》和《企业会计准则第 23 号——金融资产转移》。

三、债务重组日简介

债务重组日是指债务重组完成日，即债务人履行协议或法院裁定，将相关资产转让给债权人、将债务转为资本或修改后的偿债条件开始执行的日期。债务重组日的确定与债权人受让资产、债务人转让资产的入账时点以及双方债务重组损益的归属期间具有密切关系。

例如，甲公司欠乙公司货款 1 200 000 元，到期日为 2019 年 12 月 10 日。甲公司发生财务困难，经协商，乙公司同意甲公司以价值 1 000 000 元的商品抵偿债务。甲公司于 2019 年 12 月 20 日将商品运抵乙公司并办理有关债务解除手续。在此项债务重组交易中，2019 年 12 月 20 日即为债务重组日。如果甲公司是分批将商品运往乙公司，最后一批运抵的日期为 2019 年 12 月 30 日，且在这一天办理有关债务解除手续，则债务重组日应为 2019 年 12 月 30 日。

第二节　债务重组的会计处理

债权人企业与债务人企业进行债务重组，应当分别债务重组的不同方式进行会计处理。

一、以资产清偿债务

在债务重组中，企业以资产清偿债务的，通常包括以现金清偿债务和以非现金资产清偿债务等方式。

（一）以现金清偿债务

1. 以现金清偿债务的确认和计量

债务人以现金清偿债务的，债务人应当将重组债务的账面价值与支付的现金之间的差额，确认为债务重组利得，作为营业外收入，计入当期损益，其中，相关重组债务应当在满足金融负债终止确认条件时予以终止确认。重组债务的账面价值，一般为债务的面值或本金、原值，如应付账款；如有利息的，还应当加上应计未付利息，如长期借款等。

债务人以现金清偿债务的，债权人应当将重组债权的账面余额与收到的现金之间的差额，确认为债务重组损失，作为营业外支出，计入当期损益。债权人已对重组债权计提减值准备的，应当先将上述差额冲减已计提的减值准备，冲减后仍有损失的，计入营业外支出（债务重组损失）；冲减后减值准备仍有余额的，应予转回并抵减当期信用减值损失。

2. 以现金清偿债务的会计处理

（1）债务人的会计处理。

以低于重组债务账面价值的款项清偿债务的，应按应付账款的账面余额，借记"应付账款"科目，按实际支付的金额，贷记"银行存款"等科目，按其差额，贷记"营业外收入——债务重组利得"科目。

（2）债权人的会计处理。

收到债务人清偿债务的款项小于该项应收账款账面价值的，应按实际收到的金额，借记"银行存款"等科目，按重组债权已计提的坏账准备，借记"坏账准备"科目，按重组债权的账面余额，贷记"应收账款"科目，按其差额，借记"营业外支出——债务重组损失"科目。

收到债务人清偿债务的款项大于该项应收账款账面价值的，应按实际收到的金额，借记"银行存款"等科目，按重组债权已计提的坏账准备，借记"坏账准备"科目，按重组债权的账面余额，贷记"应收账款"科目，按其差额，贷记"信用减值损失"科目。

【例 2-1】 2019 年 11 月 11 日，甲公司销售一批材料给乙公司，开具增值税专用发票，注明价款 100 000 元，税款 13 000 元，价税总计为 113 000 元。当年 12 月 20 日，乙公司财务发生困难，无法按合同规定偿还债务。经双方协商，甲公司同意减免乙公司 20 000 元债务，余额立即用现金清偿。甲公司未对该应收账款计提坏账准备。

1. 根据上述资料，债权人甲公司的会计处理如下：

（1）计算债务重组损失。

债务重组损失＝应收账款账面余额－收到的现金－已计提坏账准备

＝113 000－（113 000－20 000）－0＝20 000（元）

（2）会计分录。

借：银行存款　　　　　　　　　　　　　　　　　　　　　　93 000

　　营业外支出——债务重组损失　　　　　　　　　　　　20 000

　　贷：应收账款　　　　　　　　　　　　　　　　　　　　　　113 000

2. 根据上述资料，债务人乙公司的会计处理如下：

（1）计算债务重组利得。

债务重组利得＝应付账款账面余额－支付的现金

　　　　　　＝113 000－（113 000－20 000）＝20 000（元）

（2）会计分录。

借：应付账款　　　　　　　　　　　　　　　　　　　　　113 000

　　贷：银行存款　　　　　　　　　　　　　　　　　　　　　　93 000

　　　　营业外收入——债务重组利得　　　　　　　　　　　　20 000

（二）以非现金资产清偿债务

1. 以非现金资产清偿债务的确认和计量

债务人以非现金资产清偿某项债务的，债务人应当将重组债务的账面价值与转让的非现金资产的公允价值之间的差额确认为债务重组利得，作为营业外收入，计入当期损益，其中，相关重组债务应当在满足金融负债终止确认条件时予以终止确认。转让的非现金资产的公允价值与其账面价值的差额作为转让资产损益，计入当期损益。债务人应当区分债务重组利得与资产转让损益。

债务人在转让非现金资产的过程中发生的一些税费，如资产评估费、运杂费等，直接计入转让资产损益。对于增值税应税项目，如债权人不向债务人另行支付增值税，则债务重组利得应为转让非现金资产的公允价值和该非现金资产的增值税销项税额与重组债务账面价值的差额；如债权人向债务人另行支付增值税，则债务重组利得应为转让非现金资产的公允价值与重组债务账面价值的差额。

债务人以非现金资产清偿某项债务的，债权人应当对受让的非现金资产按其公允价值入账，重组债权的账面余额与受让的非现金资产的公允价值之间的差额，确认为债务重组损失，作为营业外支出，计入当期损益，其中，相关重组债权应当在满足金融资产终止确认条件时予以终止确认。重组债权已经计提减值准备的，应当先将上述差额冲减已计提的减值准备，冲减后仍有损失的，计入营业外支出（债务重组损失）；冲减后减值准备仍有余额的，应予转回并抵减当期信用减值损失。对于增值税应税项目，如债权人不向债务人另行支付增值税，则增值税进项税额可以作为冲减重组债权的账面余额处理；如债权人向债务人另行支付增值税，则增值税进项税额不能作为冲减重组债权的账面余额处理。

债权人收到非现金资产时发生的有关运杂费等，应当计入相关资产的价值。

2. 以非现金资产清偿债务的会计处理

（1）以库存材料、商品产品抵偿债务。

债务人以库存材料、商品产品抵偿债务，应视同销售进行核算。企业可将该项业务分为两部分，一是将库存材料、商品、产品出售给债权人，取得货款。出售库存材料、商品产品业务与企业正常的销售业务处理相同，其发生的损益计入当期损益。二是以取得的货币清偿债务。当然，在这项业务中实际上并没有发生相应的货币流入与流出。

以库存商品产品、材料抵偿债务，应按应付账款的账面余额，借记"应付账款"科目，按用于清偿债务的存货的公允价值，贷记"主营业务收入""其他业务收入"等科目，按应支付的相关税费和其他费用，贷记"应交税费""银行存款"等科目，按其差额，贷记"营业外收入——债务重组利得"科目。同时结转成本，记入"主营业务成本""其他业务成本"等科目。

接受债务人用于清偿债务的存货，应按该项存货的公允价值，借记"原材料""库存商品"等科目，按重组债权的账面余额，贷记"应收账款"科目，按应支付的相关税费和其他费用，贷记"银行存款""应交税费"等科目，按其差额，借记"营业外支出——债务重组损失"科目。涉及增值税进项税额的，还应进行相应的处理。

【例 2-2】 甲、乙公司均为增值税一般纳税人。2019 年 11 月 1 日，甲公司销售一批材料给乙公司，开具增值税专用发票，注明价款 21 000 元，增值税税款 2 730 元，价税总计为 23 730 元。2019 年 12 月 10 日，乙公司财务发生困难，无法按合同规定偿还债务。经双方协商，甲公司同意乙公司用产品抵偿该应收账款。该产品市价 20 000 元，增值税税率为 13%，产品成本为 18 000 元。甲公司已对该应收账款计提了 1 500 元的坏账准备，乙公司为该存货计提了存货跌价准备 600 元。假定不考虑其他税费。

1. 根据上述资料，债权人甲公司的会计处理如下：

（1）计算债务重组损失。

$$债务重组损失 = 应收账款账面余额 - \left(\begin{array}{c}受让资产的\\公允价值\end{array} + \begin{array}{c}增值税\\进项税额\end{array}\right) - 已计提的坏账准备$$

$$=23\,730-(20\,000+20\,000\times13\%)-1\,500=-370\text{（元）}$$

信用减值损失＝债务重组损失＝－370 元

（2）会计分录。

借：库存商品	20 000
应交税费——应交增值税（进项税额）	2 600
坏账准备	1 500
贷：应收账款	23 730
信用减值损失	370

2. 根据上述资料，债务人乙公司的会计处理如下：

（1）计算债务重组利得。

$$\text{债务重组利得}=\text{应付账款账面余额}-\left(\text{所转让产品的公允价值}+\text{增值税销项税额}\right)$$

$$=23\,730-(20\,000+20\,000\times13\%)=1\,130\text{（元）}$$

（2）会计分录。

借：应付账款	23 730
贷：主营业务收入	20 000
应交税费——应交增值税（销项税额）	2 600
营业外收入——债务重组利得	1 130
借：主营业务成本	17 400
存货跌价准备	600
贷：库存商品	18 000

（2）以固定资产、无形资产抵偿债务。

债务人以固定资产、无形资产抵偿债务，应将固定资产、无形资产的公允价值与该项固定资产、无形资产账面价值和清理费用的差额作为转让固定资产、无形资产的损益处理。同时，将固定资产、无形资产的公允价值与应付债务的账面价值的差额，作为债务重组利得，计入营业外收入。债权人收到的固定资产、无形资产应按公允价值计量。

以固定资产、无形资产清偿债务的，应按应付账款的账面余额，借记"应付账款"科目，按用于清偿债务的固定资产、无形资产的公允价值，贷记"固定资产清理""无形资产"等科目，按其差额，贷记"营业外收入——债务重组利得"科目。抵债资产为固定资产、无形资产的，按应支付的相关税费和其他费用，贷记"应交税费""银行存款"等科目，其公允价值与账面价值和清理费用的差额，记入"资产处置损益"科目。

接受债务人用于清偿债务的固定资产、无形资产，应按该项非现金资产的公允价值，借记"固定资产""无形资产""应交税费"等科目，按重组债权的账面余额，贷记"应收账款"科目，按应支付的相关税费和其他费用，贷记"银行存款"等科目，按其差额，借记"营业外支出——债务重组损失"科目。

【例 2-3】 2019 年 11 月 11 日，甲公司销售一批材料给乙公司，开具了增值税专用发票，注明价款 300 000 元，增值税税款 39 000 元，价税总计为 339 000 元。2019 年 12 月 4 日，乙公司财务发生困难，无法按合同规定偿还债务。经双方协商，甲公司同意乙公司用一台设备抵偿该应收账款。该设备的公允价值为 270 000 元，原值 500 000 元，已提累计折旧 200 000 元，计提固定资产减值准备 10 000 元。甲公司已对该应收账款计提了 16 950 元的坏账准备。假定不考虑其他税费。

1. 根据上述资料，债权人甲公司的会计处理如下：

（1）计算债务重组损失。

$$债务重组损失 = \underset{账面余额}{应收账款} - \underset{公允价值}{受让资产的} - \underset{进项税额}{准予扣除的增值税} - \underset{坏账准备}{已计提的}$$

$$= 339\,000 - 270\,000 - 270\,000 \times 13\% - 16\,950$$

$$= 339\,000 - 270\,000 - 35\,100 - 16\,950 = 16\,950（元）$$

（2）会计分录。

借：固定资产		270 000
应交税费——应交增值税（进项税额）		35 100
坏账准备		16 950
营业外支出——债务重组损失		16 950
贷：应收账款		339 000

2. 根据上述资料，债务人乙公司的会计处理如下：

（1）计算固定资产清理损益。

$$资产处置损益 = 固定资产公允价值 - 固定资产净值$$

$$= 270\,000 - (500\,000 - 200\,000 - 10\,000)$$

$$= -20\,000（元）$$

（2）计算债务重组利得。

债务重组利得＝应付账款账面余额－固定资产公允价值－相关税费

　　　　　　＝339 000－270 000－270 000×13％

　　　　　　＝339 000－270 000－35 100＝33 900（元）

（3）会计分录。

①将固定资产净值转入固定资产清理：

借：固定资产清理		290 000
累计折旧		200 000
固定资产减值准备		10 000
贷：固定资产		500 000

②确认资产处置损益：

借：资产处置损益		20 000
贷：固定资产清理（290 000－270 000）		20 000

③确认债务重组利得：

借：应付账款		339 000
贷：固定资产清理（290 000－20 000）		270 000
应交税费——应交增值税（销项税额）		35 100
营业外收入——债务重组利得		33 900

（3）以股票、债券等金融资产抵偿债务。

债务人以股票、债券等金融资产清偿债务，应按相关金融资产的公允价值与其账面价值的差额，作为转让金融资产的利得或损失处理；相关金融资产的公允价值与重组债务的账面价值的差额，作为债务重组利得。债权人收到的相关金融资产应按公允价值计量。

以股票、债券等金融资产清偿债务的，应按应付账款的账面余额，借记"应付账款"科目，按用于清偿债务的股票、债券等金融资产的公允价值，贷记"交易性金融资产""债权投资""其他债权投资""其他权益工具投资""长期股权投资"等科目，按其差额，贷记"营业外收入——债务重组利得"科目。抵债金融资产的公允价值和账面价值的差额，记入"投资收益"科目。

接受债务人用于清偿债务的股票、债券等金融资产，应按该项非现金资产的公允价值，借记"交易性金融资产""债权投资""其他债权投资""其他权益工具投资""长期股权投资"等科目，按重组债权的账面余额，贷记"应收账款"科目，按应支付的相关税费和其他费用，贷记"银行存款"等科目，按其差额，借记"营业外支出——债务重组损失"科目。

【例 2-4】 甲公司于 2019 年 7 月 1 日销售给乙公司一批产品，价值 450 000 元（包括应收取的增值税额），乙公司于 2019 年 7 月 1 日开出 6 个月承兑的商业汇票。乙公司于 2019 年 12 月 31 日尚未支付货款。由于乙公司财务发生困难，短期内不能支付货款。当日经与甲公司协商，甲公司同意乙公司以其所拥有并作为交易性金融资产的某公司股票抵偿债务。乙公司该股票的账面价值为 400 000 元（假定该资产账面公允价值变动额为零），当日的公允价值为 380 000 元。假定甲公司为该项应收账款提取了坏账准备 40 000 元。用于抵债的股票于当日即办理相关转让手续，甲公司将取得的股票作为交易性金融资产处理。债务重组前甲公司已将该项应收票据转入应收账款；乙公司已将应付票据转入应付账款。假定不考虑与商业汇票或者应付款项有关的利息。

1. 根据上述资料，甲公司的会计处理如下：

（1）计算债务重组损失。

$$\begin{matrix} 债务重组 \\ 损失 \end{matrix} = \begin{matrix} 应收账款 \\ 账面余额 \end{matrix} - \begin{matrix} 受让股票的 \\ 公允价值 \end{matrix} - \begin{matrix} 已计提 \\ 坏账准备 \end{matrix}$$

$$= 450\,000 - 380\,000 - 40\,000 = 30\,000（元）$$

（2）会计分录。

借：交易性金融资产		380 000
营业外支出——债务重组损失		30 000
坏账准备		40 000
贷：应收账款		450 000

2. 根据上述资料，乙公司的会计处理如下：

（1）计算债务重组利得。

债务重组利得 = 应付账款账面余额 - 股票的公允价值

$$= 450\,000 - 380\,000 = 70\,000（元）$$

（2）计算转让股票损益。

转让股票损益 = 股票的公允价值 - 股票的账面价值

$$= 380\,000 - 400\,000 = -20\,000（元）$$

（3）会计分录。

借：应付账款		450 000
投资收益		20 000

贷：交易性金融资产　　　　　　　　　　　　　　　　　400 000

营业外收入——债务重组利得　　　　　　　　　　　　70 000

二、以债务转为资本方式清偿债务

(一) 以债务转为资本方式清偿债务的确认和计量

以债务转为资本方式进行债务重组的，应分别以下情况处理：

(1) 债务人为股份有限公司时，债务人应将债权人因放弃债权而享有股份的面值总额确认为股本；股份的公允价值总额与股本之间的差额确认为资本公积。重组债务的账面价值与股份的公允价值总额之间的差额确认为债务重组利得，计入当期损益。债务人为其他企业时，债务人应将债权人因放弃债权而享有的股权份额确认为实收资本；股权的公允价值与实收资本之间的差额确认为资本公积。重组债务的账面价值与股权的公允价值之间的差额作为债务重组利得，计入当期损益。

(2) 将债务转为资本，债权人应当将因放弃债权而享有股份的公允价值确认为对债务人的投资，重组债权的账面余额与股份的公允价值之间的差额，先冲减已提取的减值准备，减值准备不足冲减的部分，或未提取减值准备的，将该差额确认为债务重组损失，计入营业外支出。同时，债权人应将因放弃债权而享有的股权按公允价值计量。发生的相关税费，分别按照长期股权投资或者金融工具确认和计量等准则的规定进行处理。

(二) 以债务转为资本方式清偿债务的会计处理

1. 债务人的会计处理

将债务转为资本，应按应付账款的账面余额，借记"应付账款"科目，按债权人因放弃债权而享有股权的公允价值，贷记"实收资本"或"股本""资本公积——资本溢价或股本溢价"科目，按其差额，贷记"营业外收入——债务重组利得"科目。

2. 债权人的会计处理

将债权转为股权，应按享有股份的公允价值和应支付的相关税费，借记"交易性金融资产""长期股权投资"等科目，按重组债权的账面余额，贷记"应收账款"科目，按应支付的相关税费，贷记"银行存款""应交税费"等科目，按其差额，借记"营业外支出——债务重组损失"科目。

【例 2-5】 2019 年 7 月 1 日，甲公司销售一批材料给乙公司（为股份有限公司），开具了增值税专用发票，价税总计为 1 000 000 元，收到乙公司签发并承兑的一张面值为 1 000 000 元、年利率为 10%、期限为 6 个月、到期还本付息的商业承兑汇票。2019 年 12 月 31 日，乙公司财务发生困难，无法按合同规定偿还债务。经双方协商，甲公司同意乙公司用其普通股抵偿该应收票据。乙公司抵偿债务的普通股为 100 000 股，每股面值 1 元，股票市价为每股 10 元。甲公司将该股权投资作为交易性金融资产核算。

1. 根据上述资料，债权人甲公司的会计处理如下：

（1）计算债务重组损失。

债务重组损失 = 应收票据账面余额 - 所转股权的公允价值

$$= 1\,000\,000 \times (1 + 10\% \div 12 \times 6) - 10 \times 100\,000$$

$$= 1\,050\,000 - 1\,000\,000 = 50\,000（元）$$

（2）会计分录。

借：交易性金融资产	1 000 000
营业外支出——债务重组损失	50 000
贷：应收票据	1 050 000

2. 根据上述资料，债务人乙公司的会计处理如下：

（1）计算应计入资本公积的金额。

应计入资本公积的金额 = 股票的公允价值 - 股票的面值总额

$$= 10 \times 100\,000 - 1 \times 100\,000 = 900\,000（元）$$

（2）会计分录。

借：应付票据	1 050 000
贷：股本（1×100 000）	100 000
资本公积——股本溢价	900 000
营业外收入——债务重组利得（1 050 000 - 10×100 000）	50 000

三、以修改其他债务条件方式清偿债务

以修改其他债务条件方式进行债务重组的，债务人和债权人应分别以下情况处理。

（一）不附或有条件的债务重组

不附或有条件的债务重组是指在债务重组中不存在或有应付（或应收）金

额，该或有条件需要根据未来某种事项出现而发生的应付（或应收）金额，并且该未来事项的出现具有不确定性。

不附或有条件的债务重组，债务人应将修改其他债务条件后债务的公允价值作为重组后债务的入账价值。重组债务的账面价值与重组后债务的入账价值之间的差额作为债务重组利得，计入当期损益。

以修改其他债务条件方式进行债务重组，如修改后的债务条款不涉及或有应收金额，则债权人应当将修改其他债务条件后的债权的公允价值作为重组后债权的账面价值，重组债权的账面余额与重组后债权账面价值之间的差额确认为债务重组损失，计入当期损益。如果债权人已对该项债权计提了减值准备，应当首先冲减已计提的减值准备，减值准备不足以冲减的部分，作为债务重组损失，计入营业外支出。

以修改其他债务条件方式进行清偿的，债务人于债务重组日按重组债务的账面余额，借记"应付账款"科目，按重组后债务的公允价值，贷记"应付账款——债务重组"科目，按其差额，贷记"营业外收入——债务重组利得"科目。

以修改其他债务条件方式进行清偿的，债权人于债务重组日按修改其他债务条件后债权的公允价值，借记"应收账款"科目，按重组债权的账面余额，贷记"应收账款——债务重组"科目，按其差额，借记"营业外支出——债务重组损失"科目。

【例 2-6】 2018 年 11 月 1 日，甲公司销售一批商品给乙公司，价税合计金额为 520 000 元，按双方协议规定，款项应于 1 个月内付清。后因乙公司财务发生困难，于 2018 年 12 月 20 日进行债务重组，甲公司同意免除乙公司债务 20 000 元，其余款项于重组日起 1 年内付清；债务延长期间，甲公司加收 2% 的利息，利息与本金一同支付。假定甲公司对该应收款项计提坏账准备 52 000 元。假定债务重组日的市场利率为 6%。

1. 根据上述资料，债权人甲公司的会计处理如下：

（1）2018 年 12 月 20 日，重组债权时：

①计算债务重组损失。

重组债权的账面余额＝520 000 元

将来应收金额＝（520 000－20 000）×（1＋2%）＝510 000 （元）

将来应收金额的现值＝510 000×0.943 4＝481 134 （元）

债务重组损失＝重组债权账面余额－将来应收金额的现值－已计提的坏账准备

＝520 000－481 134－52 000＝－13 134＜0，则

只能在债务重组日冲减坏账准备 38 866 元（520 000－481 134）。

②会计分录。

借：应收账款——债务重组　　　　　　　　　　　　　　　　481 134

　　坏账准备　　　　　　　　　　　　　　　　　　　　　　　38 866

　　贷：应收账款　　　　　　　　　　　　　　　　　　　　　　　520 000

（2）2019 年 12 月 19 日，收取本息时：

借：银行存款　　　　　　　　　　　　　　　　　　　　　　510 000

　　坏账准备（52 000－38 866）　　　　　　　　　　　　　　13 134

　　贷：应收账款——债务重组　　　　　　　　　　　　　　　　481 134

　　　　信用减值损失　　　　　　　　　　　　　　　　　　　　　13 134

　　　　财务费用（510 000－481 134）　　　　　　　　　　　　28 866

2. 根据上述资料，债务人乙公司的会计处理如下：

（1）2018 年 12 月 20 日，重组债务时：

①计算债务重组利得。

重组债务的账面余额＝520 000 元

将来应付金额＝（520 000－20 000）×（1＋2%）＝510 000（元）

将来应付金额的现值＝510 000×0.943 4＝481 134（元）

债务重组利得＝520 000－481 134＝38 866（元）

②会计分录。

借：应付账款　　　　　　　　　　　　　　　　　　　　　　520 000

　　贷：应付账款——债务重组　　　　　　　　　　　　　　　　481 134

　　　　营业外收入——债务重组利得　　　　　　　　　　　　　　38 866

（2）2019 年 12 月 19 日，偿付本息时：

借：应付账款——债务重组　　　　　　　　　　　　　　　　481 134

　　财务费用　　　　　　　　　　　　　　　　　　　　　　　28 866

　　贷：银行存款　　　　　　　　　　　　　　　　　　　　　　510 000

（二）附或有条件的债务重组

附或有条件的债务重组是指在债务重组协议中附或有应付条件的重组。或有应付金额是指依未来某种事项出现而发生的支出。未来事项的出现具有不确定

性。例如，债务重组协议规定"将甲公司债务 1 000 000 元免除 200 000 元，剩余债务展期 2 年，并按 2% 的年利率计收利息，如该公司 1 年后盈利，则自第二年起将按 5% 的利率计收利息"。根据此项债务重组协议，债务人依未来是否盈利而发生的 24 000 元（800 000×3%）支出，即为或有应付金额。但债务人是否盈利，在债务重组时不能确定，即具有不确定性。

附或有条件的债务重组，对于债务人而言，以修改其他债务条件进行的债务重组，修改后的债务条款如涉及或有应付金额，且该或有应付金额符合或有事项中有关预计负债确认条件的，债务人应当将该或有应付金额确认为预计负债。重组债务的账面价值与重组后债务的入账价值和预计负债金额之和的差额，作为债务重组利得，计入营业外收入。需要说明的是，在附或有支出的债务重组方式下，债务人应当在每期期末，按照或有事项确认和计量要求，确定其最佳估计数，期末所确定的最佳估计数与原预计数的差额，计入当期损益。

对债权人而言，以修改其他债务条件进行债务重组，修改后的债务条款中涉及或有应收金额的，不应当确认或有应收金额，不得将其计入重组后债权的账面价值。或有应收金额属于或有资产，或有资产不予确认。只有在或有应收金额实际发生时，才计入当期损益。

【例 2-7】　乙公司因近期发生财务困难，无力支付于 2017 年 12 月 31 日到期的应付甲公司账款 1 000 000 元。甲公司未对该应收账款计提坏账准备。经协商，乙公司与甲公司同意就此项债务进行重组。重组协议约定：（1）债务重组日为 2018 年 1 月 1 日；（2）免除债务的 20%；（3）其余债务延期至 2019 年 12 月 31 日偿还；（4）乙公司如于 2018 年盈利，则从 2019 年 1 月 1 日起对延期偿还的债务，按 3% 的年利率向甲公司支付利息；（5）2018 年 1 月 1 日，适用的贴现率为 6%。

1. 根据上述资料，债权人甲公司的会计处理如下：

（1）2018 年 1 月 1 日，重组债权时：

①计算债务重组损失。

重组债权的账面余额＝1 000 000 元

将来应收金额＝1 000 000×（1-20%）＝800 000（元）

将来应收金额的现值＝800 000×0.890 0＝712 000（元）

债务重组损失＝1 000 000-712 000＝288 000（元）

②会计分录。

借：应收账款——债务重组　　　　　　　　　　　712 000

营业外支出——债务重组损失 288 000

 贷：应收账款 1 000 000

（2）2019 年 12 月 31 日，收取本息时：

①如果乙公司 2018 年盈利。

 借：银行存款（800 000＋800 000×3％） 824 000

  贷：应收账款——债务重组 712 000

  财务费用 88 000

  营业外收入——其他 24 000

②如果乙公司 2018 年未盈利。

 借：银行存款 800 000

  贷：应收账款——债务重组 712 000

  财务费用 88 000

2. 根据上述资料，债务人乙公司的会计处理如下：

（1）2018 年 1 月 1 日，重组债务时：

①计算债务重组利得。

重组债务的账面余额＝1 000 000 元

将来应付金额＝1 000 000×（1－20％）＋1 000 000×（1－20％）×3％

    ＝800 000＋24 000＝824 000（元）

将来应付金额的现值＝800 000×0.890 0＋24 000×0.890 0

    ＝712 000＋21 360＝733 360（元）

债务重组利得＝1 000 000－733 360＝266 640（元）

②会计分录。

 借：应付账款 1 000 000

  贷：应付账款——债务重组 712 000

  预计负债 21 360

  营业外收入——债务重组利得 266 640

（2）2019 年 12 月 31 日，偿付本息时：

①如果 2018 年盈利。

 借：应付账款——债务重组 712 000

  预计负债 21 360

  财务费用 90 640

贷：银行存款		824 000

②如果 2018 年未盈利。

借：应付账款——债务重组		712 000
预计负债		21 360
财务费用		90 640
贷：银行存款		800 000
营业外收入——其他		24 000

四、以上述三种方式的组合方式清偿债务

（一）以现金、非现金资产两种方式的组合清偿债务

以现金、非现金资产两种方式的组合清偿某项债务的，重组债务的账面价值与支付的现金、转让的非现金资产的公允价值的差额作为债务重组利得。非现金资产的公允价值与其账面价值的差额作为转让资产损益。

债权人重组债权的账面价值与收到的现金、受让的非现金资产的公允价值，以及已提减值准备的差额作为债务重组损失。

（二）以现金、债务转为资本两种方式的组合清偿债务

以现金、债务转为资本两种方式的组合清偿某项债务的，重组债务的账面价值与支付的现金、债权人因放弃债权而享有的股权的公允价值的差额作为债务重组利得。股权的公允价值与股本（或实收资本）的差额作为资本公积。

债权人重组债权的账面价值与收到的现金、因放弃债权而享有的股权的公允价值，以及已提减值准备的差额作为债务重组损失。

（三）以非现金资产、债务转为资本两种方式的组合清偿债务

以非现金资产、债务转为资本两种方式的组合清偿某项债务的，重组债务的账面价值与转让的非现金资产的公允价值、债权人因放弃债权而享有的股权的公允价值的差额为债务重组利得。非现金资产的公允价值与账面价值的差额作为转让资产损益；股权的公允价值与股本（或实收资本）的差额作为资本公积。

债权人重组债权的账面价值与受让的非现金资产的公允价值、因放弃债权而享有的股权的公允价值，以及已提减值准备的差额作为债权重组损失。

（四）以现金、非现金资产、债务转为资本三种方式的组合清偿债务

以现金、非现金资产、债务转为资本三种方式的组合清偿某项债务的，重组债务的账面价值与支付的现金、转让的非现金资产的公允价值、债权人因放弃债权而享有股权的公允价值的差额作为债务重组利得；非现金资产的公允价值与其账面价值的差额作为转让资产损益；股权的公允价值与股本（或实收资本）的差额作为资本公积。

债权人重组债权的账面价值与收到的现金、受让的非现金资产的公允价值、因放弃债权而享有的股权的公允价值，以及已提减值准备的差额作为债权重组损失。

（五）以资产、债务转为资本、修改其他债务条件等方式的组合清偿债务

以资产、债务转为资本等方式的组合清偿某项债务的一部分，并对该项债务的另一部分以修改其他债务条件进行债务重组的，债务人应先以支付的现金、转让的非现金资产的公允价值、债权人因放弃债权而享有的股权的公允价值冲减重组债务的账面价值，余额与重组后债务的公允价值进行比较，据此计算债务重组利得。债权人因放弃债权而享有的股权的公允价值与股本（或实收资本）的差额作为资本公积；非现金资产的公允价值与其账面价值的差额作为转让资产损益，于当期确认。

债权人应先以收到的现金、受让非现金资产的公允价值、因放弃债权而享有的股权的公允价值冲减重组债权的账面价值，差额与重组后债务的公允价值进行比较，据此计算债务重组损失。

第三节 综合案例分析

【例 2-8】 甲公司因近期发生亏损，现金流量严重不足，无力支付于 2017 年 12 月 31 日到期的应付乙公司账款 10 000 000 元。经协商，乙公司与甲公司同意就此项债务进行重组。有关重组协议如下：

（1）债务重组日为 2018 年 1 月 1 日。

（2）甲公司以现金抵偿债务 1 000 000 元。

（3）在以现金抵偿债务的基础之上，免除剩余债务的 30%，其余债务延期至 2019 年 12 月 31 日偿还。

（4）甲公司如于 2018 年盈利，则从 2018 年 1 月 1 日起，对延期偿还的债务按 4% 的年利率于每年年末向乙公司支付利息。

（5）2018 年 1 月 1 日，适用的贴现率为 6%。

1. 根据上述资料，债务人甲公司的会计处理如下：

（1）2018 年 1 月 1 日，重组债务时：

①以现金清偿债务。

借：应付账款   1 000 000

  贷：银行存款   1 000 000

②修改其他债务条件清偿债务。

重组债务的账面余额 = 10 000 000 − 1 000 000 = 9 000 000（元）

将来应付金额 = [9 000 000 × (1 − 30%) × 4% + 9 000 000 × (1 − 30%) × 4%] + 9 000 000 × (1 − 30%)

     = [252 000 + 252 000] + 6 300 000 = 504 000 + 6 300 000

     = 6 804 000（元）

将来应付金额的现值 = (252 000 × 0.943 4 + 252 000 × 0.890 0) + 6 300 000 × 0.890 0

     = (237 737 + 224 280) + 5 607 000 = 462 017 + 5 607 000

     = 6 069 017（元）

债务重组利得 = 9 000 000 − 6 069 017 = 2 930 983（元）

③会计分录。

借：应付账款   9 000 000

  贷：应付账款——债务重组   5 607 000

    预计负债   462 017

    营业外收入——债务重组利得 2 930 983

（2）2018 年 12 月 31 日，偿付利息时：

①如果 2018 年盈利。

借：预计负债   237 737

  财务费用   14 263

  贷：银行存款   252 000

②如果 2018 年未盈利。

借：预计负债   237 737

财务费用	14 263
贷：营业外收入——其他	252 000

（3）2019 年 12 月 31 日，偿付本息时：

①如果 2018 年盈利。

借：应付账款——债务重组	5 607 000
预计负债	224 280
财务费用	720 720
贷：银行存款	6 552 000

②如果 2018 年未盈利。

借：应付账款——债务重组	5 607 000
预计负债	224 280
财务费用	720 720
贷：银行存款	6 300 000
营业外收入——其他	252 000

2．根据上述资料，债权人乙公司的会计处理如下：

（1）2018 年 1 月 1 日，重组债权时：

①受让现金偿债。

借：银行存款	1 000 000
贷：应收账款	1 000 000

②修改其他债务条件偿债。

重组债权的账面余额＝10 000 000－1 000 000＝9 000 000（元）

将来应收金额＝9 000 000×（1－30%）＝6 300 000（元）

将来应收金额的现值＝6 300 000×0.890 0＝5 607 000（元）

债务重组损失＝9 000 000－5 607 000＝3 393 000（元）

③会计分录。

借：应收账款——债务重组	5 607 000
营业外支出——债务重组损失	3 393 000
贷：应收账款	9 000 000

（2）2018 年 12 月 31 日，收取利息时：

①如果甲公司 2018 年盈利。

借：银行存款（6 300 000×4%）	252 000

　　贷：营业外收入——其他　　　　　　　　　　　　　　252 000

②如果甲公司 2018 年未盈利，不作账务处理。

(3) 2019 年 12 月 31 日，收取本息时：

①如果甲公司 2018 年盈利。

　　借：银行存款　　　　　　　　　　　　　　　　6 552 000

　　　　贷：应收账款——债务重组　　　　　　　　　5 607 000

　　　　　　财务费用　　　　　　　　　　　　　　　693 000

　　　　　　营业外收入——其他　　　　　　　　　　252 000

②如果甲公司 2018 年未盈利。

　　借：银行存款　　　　　　　　　　　　　　　　6 300 000

　　　　贷：应收账款——债务重组　　　　　　　　　5 607 000

　　　　　　财务费用　　　　　　　　　　　　　　　693 000

自测题

一、名词解释

1. 债务重组

2. 债务重组利得

3. 债务重组损失

4. 将来应付金额

5. 将来应收金额

6. 附或有条件的债务重组

7. 不附或有条件的债务重组

二、简答题

1. 简述债务重组的方式。

2. 在各种债务重组方式下，债权债务双方的会计处理有何不同？

3. 在以非现金资产抵偿债务时，债务人如何确定非现金资产的处置损益和债务重组利得？

4. 债务重组涉及或有事项时，债权债务双方应如何处理？

三、单项选择题

1. 某工业企业重组债权时，对其受让非现金资产过程中发生的运杂费、保险费等相关费用，应计入（　　　）。

    A. 管理费用　　　　　　　　B. 其他业务成本

    C. 营业外支出　　　　　　　D. 受让资产的价值

    2. 甲公司应收乙公司货款 6 000 000 元，经协商，双方同意按 5 000 000 元结清该笔货款。甲公司已经为该笔应收账款计提了 1 200 000 元的坏账准备，在债务重组日，该事项对甲公司和乙公司的影响分别为（　　　）。

    A. 甲公司信用减值损失减少 200 000 元，乙公司营业外收入增加 1 000 000 元

    B. 甲公司营业外支出增加 1 000 000 元，乙公司资本公积增加 1 000 000 元

    C. 甲公司营业外支出增加 1 000 000 元，乙公司营业外收入增加 1 000 000 元

    D. 甲公司营业外支出增加 1 000 000 元，乙公司营业外收入增加 200 000 元

    3. 债务人以低于债务账面价值的现金清偿某项债务的，债务人应将重组债务的账面价值与支付的现金之间的差额确认为（　　　）。

    A. 营业外收入　　　　　　　B. 其他业务收入

    C. 资本公积　　　　　　　　D. 营业外支出

    4. 债务人以现金、非现金资产、债务转为资本的组合方式清偿某项债务的一部分，并对该债务的另一部分以修改其他债务条件进行债务重组的，对上述支付方式应考虑的前后顺序是（　　　）。

    A. 现金、非现金资产、债务转为资本、修改其他债务条件

    B. 现金、非现金资产、修改其他债务条件、债务转为资本

    C. 现金、债务转为资本、非现金资产、修改其他债务条件

    D. 修改其他债务条件、非现金资产、债务转为资本、现金

    5. 以低于债务账面价值的现金清偿某项债务的，债权人应将重组债权的账面价值与收到的现金之间的差额确认为（　　　）。

    A. 管理费用　　　　　　　　B. 资本公积

    C. 营业外收入　　　　　　　D. 营业外支出

    6. 以修改其他债务条件方式进行债务重组的，如果债务重组协议中附有或有应付金额，该或有应付金额最终没有发生的，应（　　　）。

    A. 冲减已确认的预计负债，同时确认营业外收入

    B. 冲减营业外支出

    C. 冲减财务费用

D. 冲减销售费用

7. 以债务转为资本方式清偿某项债务的，债权人应按（   ）作为受让股权的入账价值。

A. 重组债权的账面价值

B. 重组债权的账面余额

C. 股权的公允价值

D. 重组债权的公允价值

8. A公司应收B公司账款的余额为1 000 000元，已计提坏账准备100 000元，双方达成协议，A公司同意B公司用现金850 000元抵偿全部债务。A公司在债务重组日应确认的债务重组损失为（   ）元。

A. 150 000

B. 100 000

C. 50 000

D. 0

9. 债务人为股份有限公司，在债务重组时将债务转为股本，债务人应确认为股本的是债权人应享有股份的（   ）。

A. 面值总额

B. 账面余额

C. 市价总额

D. 债务总额

10. 甲公司以一台设备抵偿债务，设备的账面原价为860 000元，已提折旧260 000元，公允价值580 000元，抵偿债务的账面余额为700 000元。该项债务重组记入"营业外收入——债务重组利得"科目中的金额为（   ）元。

A. 100 000

B. 44 600

C. 160 000

D. 120 000

11. A公司应收B公司账款500 000元，B公司因财务困难不能偿还债务，A公司同意B公司用一台设备偿还，设备的公允价值为400 000元，原值500 000元，已提折旧100 000元，发生清理费用30 000元，计提减值准备50 000元。A公司为此应收账款提取了60 000元的坏账准备，A公司受让该固定资产的入账价值是（   ）元。

A. 430 000

B. 440 000

C. 380 000

D. 400 000

12. 甲公司欠乙公司货款1 000 000元，由于甲公司财务困难无法偿还到期债务，经协商，甲公司用产成品偿债。甲公司增值税税率13%，产品成本700 000元，市价800 000元，甲公司增值税发票已开具，乙公司已将产品入库，甲公司此项债务重组将记入"营业外收入"科目的金额为（   ）元。

A. 200 000

B. 96 000

C. 130 000   D. 164 000

四、多项选择题

1. 债务重组的方式主要包括（　　）。

A. 以低于债务账面价值的现金清偿债务

B. 债务转为资本

C. 修改其他债务条件

D. 混合重组方式

E. 以高于债务账面价值的资产清偿债务

2. 进行债务重组发生的债务重组损益，债务人、债权人可能计入（　　）。

A. 资本公积   B. 营业外收入

C. 财务费用   D. 营业外支出

E. 管理费用

3. 企业与债权人进行债务重组，下列说法中不正确的有（　　）。

A. 以现金清偿债务的，支付的现金小于应付债务账面价值的差额，计入营业外收入

B. 以非现金资产清偿债务的，应按应付债务的账面价值结转。应付债务的账面价值与用于抵偿债务的非现金资产账面价值的差额，作为资本公积，或者作为损失计入当期营业外支出

C. 以债务转为资本的，应按债权人放弃债权而享有的股权份额的面值总额作为实收资本，按债务账面价值与转作实收资本的金额的差额，作为资本公积

D. 以修改其他债务条件进行债务重组的，修改其他债务条件后未来应付金额小于债务重组前应付债务账面价值的，应将其差额计入营业外支出

E. 以修改其他债务条件进行债务重组的，修改其他债务条件后未来应付金额小于债务重组前应付债务账面价值的，应将其差额计入管理费用

4. 在债务重组的会计处理中，债权人有可能产生债务重组损失的情况有（　　）。

A. 债务人以低于债务账面价值的现金清偿

B. 债务人以非现金资产清偿

C. 债务人将债务转资本

D. 修改债务条件后债权人将来应收金额小于重组债权的账面价值

E. 债务人以低于债务账面价值的非现金资产清偿

5. 关于债务重组，下列说法中正确的有（　　）。

A. 以现金清偿债务的，债务人应当将重组债务的账面价值与支付的现金之间的差额，计入当期损益

B. 以现金清偿债务的，若债权人已对债权计提减值准备的，债权人实际收到的现金大于应收债权账面价值的差额，计入营业外收入

C. 或有应付金额是指需要根据未来某种事项出现而发生的应付金额，而且该未来事项的出现具有不确定性

D. 债务重组是指在债务人发生财务困难的情况下，债权人按照其与债务人达成的协议或者法院的裁定作出让步的事项

E. 修改后的债务条款如涉及或有应付金额，债务人就应当将该或有应付金额确认为预计负债

6. 关于债务重组准则中以非现金资产清偿债务的，下列说法中正确的有（　　）。

A. 债务人以非现金资产清偿债务的，债务人应当将重组债务的账面价值与转让的非现金资产公允价值之间的差额，确认为营业外支出，计入当期损益

B. 债务人以非现金资产清偿债务的，债务人应当将重组债务的账面价值与转让的非现金资产公允价值之间的差额，确认为资本公积，计入所有者权益

C. 债务人转让的非现金资产公允价值与其账面价值之间的差额，计入当期损益

D. 债务人以非现金资产清偿债务的，债务人应当将重组债务的账面价值与转让的非现金资产公允价值之间的差额，计入当期损益

E. 债务人转让的非现金资产公允价值与其账面价值之间的差额，确认为资本公积，计入所有者权益

7. 企业在债务重组日进行的会计处理，如果有债务重组利得或损失，下列会计处理方法中正确的有（　　）。

A. 债务人贷记"营业外收入——债务重组利得"科目

B. 债务人借记"营业外支出——债务重组损失"科目

C. 债务人贷记"投资收益"科目

D. 债权人贷记"营业外收入——债务重组利得"科目

E. 债权人借记"营业外支出——债务重组损失"科目

8. 2019年12月31日，甲公司应收乙公司的一笔5 000 000元货款到期，由于乙公司财务发生困难，该笔货款预计短期内无法收回。甲公司已为该项债权计提坏账准备1 000 000元。当日甲公司就该债权与乙公司进行协商。下列协商方案中，属于甲公司债务重组的有（　　）。

A. 减免1 000 000元的债务，其余部分立即以现金偿还

B. 减免500 000元债务，其余部分延期2年偿还

C. 以公允价值为5 000 000元的固定资产偿还

D. 以现金1 000 000元和公允价值为4 000 000元的无形资产偿还

E. 以公允价值为4 000 000元的库存商品偿还

9. 债务人以非现金资产清偿债务时，债权人收到非现金资产在确认受让资产入账价值时，应考虑的因素有（　　）。

A. 债权的账面价值

B. 债务人转让存货时交纳的增值税销项税额

C. 债权人支付的其他相关税费

D. 债务人所转让存货的公允价值

E. 债务人所转让存货的账面价值

10. 关于债务重组准则中债务转为资本清偿债务的，下列说法中正确的有（　　）。

A. 债务人应当将债权人放弃债权而享有股份的面值总额确认为股本（或实收资本），股份的公允价值总额与股本（或实收资本）之间的差额确认为债务重组利得

B. 债务人应当将债权人放弃债权而享有股份的面值总额确认为股本（或实收资本），股份的公允价值总额与股本（或实收资本）之间的差额确认为资本公积

C. 重组债务的账面价值与股份的公允价值总额之间的差额，计入当期损益

D. 重组债务的账面价值与股份的面值总额之间的差额，计入当期损益

E. 重组债务的账面价值与股份的公允价值总额之间的差额，确认为债务重组损失，计入当期损益

五、判断题

1. 债务重组是指在债务人财务发生困难的情况下达成的事项，但债权人不

一定对债务人作出让步。（　　）

2. 在债务重组中，债务人以非现金资产清偿债务的，债权人应按重组债权的账面价值作为受让的非现金资产的入账价值。（　　）

3. 以修改其他债务条件方式进行债务重组的，如果重组债务的账面价值大于将来应付金额，债务人应将重组债务的账面价值减记至将来应付金额，减记的金额确认为资本公积。（　　）

4. 只要债务重组时确定的债务偿还条件不同于原协议，不论债权人是否作出让步，均属于准则所定义的债务重组。（　　）

5. 以修改其他债务条件方式进行债务重组时，不论是债权人还是债务人，均不应确认债务重组损失或债务重组利得。（　　）

6. 债务人以其生产的产品抵偿债务的，应以成本转账而不计入主营业务收入。（　　）

7. 债务人以存货清偿债务的，债务人应当按照应付债务的账面价值结转，应付债务的账面价值小于用以清偿债务的存货成本、增值税销项税额和支付的相关税费之和的差额，直接计入当期营业外收入。（　　）

8. 以非现金资产清偿债务时，债权人没有损失，债务人可能有损失。（　　）

9. 以非现金资产清偿债务的，债权人应当对受让的非现金资产按其公允价值入账，重组债权的账面余额与受让的非现金资产的公允价值之间的差额，计入当期损益。债权人已对债权计提减值准备的，应当先将该差额冲减减值准备，减值准备不足以冲减的部分，计入当期损益。（　　）

六、核算题

1. A公司于2017年1月1日销售一批商品给B公司，销售价款2 000 000元，增值税税率为13%。同时收到B公司签发并承兑的一张期限为6个月、票面年利率为6%、到期还本付息的商业承兑汇票。票据到期，B公司因资金周转发生困难无法按期兑付该票据本息，A公司将该票据按到期价值转入应收账款，不再计算利息。2017年12月31日B公司与A公司商议进行债务重组，其相关资料如下：

（1）免除积欠利息。

（2）将上述债务中的1 000 000元转为B公司30万股普通股，每股面值为1元、市价3.2元。B公司2018年1月1日办理了有关增资批准手续，并向A公司出具了出资证明。

（3）将剩余债务的偿还期限延长至 2019 年 12 月 31 日，并从 2018 年 1 月 1 日起按 2％的年利率收取利息。2018 年 1 月 1 日，适用的贴现率为 6％。

（4）债务重组协议规定，B 公司于每年年末支付利息。假定 A 公司未对该应收账款提取坏账准备（不考虑其他相关税费）。

要求： 对 A、B 公司的债务重组进行相关会计处理。

2. 甲公司因近期发生亏损，现金流量严重不足，无力支付于 2017 年 12 月 31 日到期的应付乙公司账款 10 000 000 元。经协商，甲、乙公司愿意就此项债务进行重组。有关重组协议如下：

（1）债务重组日为 2018 年 1 月 1 日。

（2）甲公司以现金抵偿债务 1 000 000 元。

（3）在以现金抵偿债务的基础之上，免除剩余债务的 20％，其余债务延期至 2019 年 12 月 31 日偿还。

（4）甲公司如于 2018 年开始盈利，则从 2019 年 1 月 1 日起对延期偿还的债务，按 3％的年利率向乙公司支付利息。

（5）2018 年 1 月 1 日，适用的贴现率为 6％。

要求： 对甲、乙公司的债务重组进行相关会计处理。

3
CHAPTER

第三章
或有事项

第一节　或有事项概述

一、或有事项的概念

企业在经营活动中有时会面临一些具有较大不确定性的经济事项，这些不确定事项对企业的财务状况和经营成果可能会产生较大的影响，其最终结果须由某些未来事项的发生或不发生加以确定。例如，企业售出一批商品并对商品提供售后担保，承诺在商品发生质量问题时由企业无偿提供修理服务，从而发生一些费用。销售商品并提供售后担保是企业过去发生的交易，由此形成的未来修理服务构成一项不确定事项，修理服务的费用是否会发生以及发生金额的多少将取决于未来是否发生修理请求以及修理工作量、费用等的大小。按照权责发生制原则，企业不能等到客户提出修理请求时，才确认因提供担保而发生的义务，而应当在资产负债表日对这一不确定事项作出判断，以决定是否在当期确认承担的修理义务。这种不确定事项在会计上被称为或有事项。

或有事项是指过去的交易或者事项形成的，其结果须由某些未来事项的发生或不发生才能决定的不确定事项。常见的或有事项包括：未决诉讼或未决仲裁、债务担保、产品质量保证（含产品安全保证）、承诺、亏损合同、重组义务、环境污染整治等。

二、或有事项的特征

1. 或有事项是因过去的交易或者事项形成的

或有事项作为一种不确定事项，是因企业过去的交易或者事项形成的。因过去的交易或者事项形成是指或有事项的现存状况是过去交易或者事项引起的客观存在。例如，未决诉讼是企业因过去的经济行为导致起诉其他单位或被其他单位起诉，是现存的一种状况，而不是未来将要发生的事项。又如，产品质量保证是企业对已售商品或已提供劳务的质量提供的保证，不是为尚未出售商品或尚未提供劳务的质量提供的保证。基于这一特征，未来可能发生的自然灾害、交通事故、经营亏损等事项，都不属于或有事项。

2. 或有事项的结果具有不确定性

结果具有不确定性是指或有事项的结果是否发生具有不确定性，或者或有事项的结果预计将会发生，但发生的具体时间或金额具有不确定性。

首先，或有事项的结果是否发生具有不确定性。例如，企业为其他单位提供债务担保，如果被担保方到期无力还款，担保方将负连带责任，担保所引起的可能发生的连带责任构成或有事项。但是，担保方在债务到期时是否一定承担和履行连带责任，需要根据被担保方能否按时还款决定，其结果在担保协议达成时具有不确定性。又如，有些未决诉讼，被起诉的一方是否会败诉，在案件审理过程中是难以确定的，需要根据法院判决情况加以确定。其次，或有事项的结果预计将会发生，但发生的具体时间或金额具有不确定性。例如，某企业因生产排污治理不力并对周围环境造成污染而被起诉，如无特殊情况，该企业很可能败诉。但是，在诉讼成立时，该企业因败诉将支出多少金额，或者何时将发生这些支出，可能是难以确定的。

3. 或有事项的结果须由未来事项决定

或有事项的结果只能由未来不确定事项的发生或不发生决定。或有事项对企业会产生有利影响还是不利影响，或虽已知是有利影响或不利影响，但影响有多大，在或有事项发生时是难以确定的。这种不确定性的消失，只能由未来不确定事项的发生或不发生才能证实。例如，企业为其他单位提供债务担保，该担保事项最终是否会要求企业履行偿还债务的连带责任，一般只能看被担保方的未来经营情况和偿债能力。如果被担保方经营情况和财务状况良好且有较好的信用，按期还款，那么企业将不需要履行该连带责任。只有在被担保方到期无力还款时，担保方才承担偿还债务的连带责任。

在会计处理过程中存在不确定性的事项并不都是或有事项，企业应当按照或有事项的定义和特征进行判断。例如，对固定资产计提折旧虽然也涉及对固定资产预计净残值和使用寿命进行分析和判断，带有一定的不确定性，但是，固定资产折旧是已经发生的损耗，固定资产的原值是确定的，其价值最终会转移到成本或费用中也是确定的，该事项的结果是确定的，因此，对固定资产计提折旧不属于或有事项。

三、或有负债和或有资产

作为过去的交易或事项形成的一种状况，或有事项的结果会有两种情况：一种是导致经济利益流出企业；另一种是导致经济利益流入企业。

1. 或有负债

或有负债是指过去的交易或者事项形成的潜在义务，其存在须通过未来不确定事项的发生或不发生予以证实；或过去的交易或者事项形成的现时义务，履行该义务不是很可能导致经济利益流出企业或该义务的金额不能可靠计量。

或有负债涉及两类义务：一类是潜在义务；另一类是现时义务。其中，潜在义务是指结果取决于不确定未来事项的可能义务，即潜在义务最终是否转变为现时义务，由某些未来不确定事项的发生或不发生才能决定。现时义务是指企业在现行条件下已承担的义务，该现时义务的履行不是很可能导致经济利益流出企业，或者该现时义务的金额不能可靠地计量。例如，甲公司涉及一桩诉讼案，根据以往的审判案例推断，甲公司很可能要败诉。但案件法院尚未判决，甲公司无法根据经验判断未来将要承担多少赔偿金额，因此该现时义务的金额不能可靠地计量，该诉讼案件即形成一项甲公司的或有负债。

履行或有事项相关义务导致经济利益流出的可能性，通常按照一定的概率区间加以判断。一般情况下，发生的概率分为以下几个层次：基本确定、很可能、可能、极小可能。其中，"基本确定"是指发生的可能性大于95%但小于100%；"很可能"是指发生的可能性大于50%但小于或等于95%；"可能"是指发生的可能性大于5%但小于或等于50%；"极小可能"是指发生的可能性大于0但小于或等于5%。

2. 或有资产

或有资产是指过去的交易或者事项形成的潜在资产，其存在须通过未来不确定事项的发生或不发生予以证实。或有资产作为一种潜在资产，其结果具有较大的不确定性，只有随着经济情况的变化，通过某些未来不确定事项的发生或不发生才能证实其是否会形成企业真正的资产。例如，甲公司向法院起诉乙公司侵犯了其专利权，法院尚未对该案件进行公开审理，甲公司是否胜诉尚难判断。对于甲公司而言，将来可能胜诉而获得的赔偿属于一项或有资产，但这项或有资产是否会转化为真正的资产，要由法院的判决结果确定。如果终审判决结果是甲公司胜诉，那么这项或有资产就转化为甲公司的一项资产。如果终审判决结果是甲公司败诉，那么或有资产就消失了，更不可能形成甲公司的资产。

3. 或有负债和或有资产的确认和披露

或有负债和或有资产不符合负债或资产的定义和确认条件，企业不应当确认或有负债和或有资产，而应当进行相应的披露。但是，影响或有负债和或有资产的多种因素处于不断变化之中，企业应当持续地对这些因素予以关注。随着时间的推移和事态的进展，或有负债对应的潜在义务可能转化为现时义务，原本不是很可能导致经济利益流出的现时义务也可能被证实将很可能导致企业流出经济利益，并且现时义务的金额也能够可靠计量。这时或有负债就转化为企业的负债，应当予以确认。或有资产也是一样，其对应的潜在资产最终是否能够流入企业会逐渐变得明确，如果某一时点企业基本确定能够收到这项潜在资产并且其金额能够可靠计量，则应当将其确认为企业的资产。

第二节　或有事项的确认和计量

一、或有事项的确认

或有事项形成的或有资产只有在企业基本确定能够收到的情况下，才转变为真正的资产，从而予以确认。与或有事项有关的义务应当在同时符合以下三个条件时确认为负债，作为预计负债进行确认和计量。

1. 该义务是企业承担的现时义务

该义务是企业承担的现时义务，即与或有事项相关的义务是在企业当前条件下已承担的义务，企业没有其他现实的选择，只能履行该现时义务。这里所指的义务包括法定义务和推定义务。法定义务是指因合同、法规或其他司法解释等产生的义务，通常是企业在经济管理和经济协调中，依照经济法律、法规的规定必须履行的责任。例如，企业与其他企业签订购货合同产生的义务就属于法定义务。推定义务是指因企业的特定行为而产生的义务。企业的"特定行为"泛指企业以往的习惯做法、已公开的承诺或已公开宣布的经营政策。并且，由于以往的习惯做法，或通过这些承诺或公开的声明，企业向外界表明了它将承担特定的责任，从而使受影响的各方形成了其将履行哪些责任的合理预期。例如，甲公司是一家化工企业，因扩大经营规模，到 A 国创办了一家分公司。假定 A 国尚未针对甲公司这类企业的生产经营可能产生的环境污染制定相关法律，因而甲公司的分公司对在 A 国生产经营可能产生的环境污染不承担法定义务。但是，甲公司为在 A 国树立良好的形象，自行向社会公告，宣称将对生产经营可能产生的环境污染进行治理。甲公司的分公司为此承担的义务就属于推定义务。

2. 履行该义务很可能导致经济利益流出企业

履行该义务很可能导致经济利益流出企业，即履行与或有事项相关的现时义务时，导致经济利益流出企业的可能性超过 50%，但尚未达到基本确定的程度。企业因或有事项承担了现时义务，并不说明该现时义务很可能导致经济利益流出企业。例如，2019 年 5 月 1 日，甲公司与乙公司签订协议，承诺为乙公司的 2 年期银行借款提供全额担保。对于甲公司而言，由于担保事项而承担了一项现时义务，但这项义务的履行是否很可能导致经济利益流出企业，需依据乙公司的经营情况和财务状况等因素加以确定。假定 2019 年末，乙公司的财务状况恶化，且没有迹象表明可能发生好转。此种情况出现，表明乙公司很可能违约，从而甲公司履行承担的现时义务将很可能导致经济利益流出企业。反之，如果乙公司财务状况良好，一般可以认定乙公司不会违约，从而甲公司履行承担的现时义务不是很可能导致经济利益流出。

3. 该义务的金额能够可靠地计量

该义务的金额能够可靠地计量，即与或有事项相关的现时义务的金额能够合理地估计。由于或有事项具有不确定性，因或有事项产生的现时义务的金额也具有不确定性，需要估计。要对或有事项确认一项负债，相关现时义务的金额应当能够可靠估计。只有在其金额能够可靠地估计，并同时满足其他两个条件时，企业才能加以确认。例如，乙公司涉及一起诉讼案，根据以往的审判结果判断，乙公司很可能败诉，相关的赔偿金额也可以估算出一个区间。此时，就可以认为该公司因未决诉讼承担的现时义务的金额能够可靠地计量，如果同时满足其他两个条件，就可以将所形成的义务确认为一项负债。

预计负债应当与应付账款、应计项目等其他负债进行严格区分，因为与预计负债相关的未来支出的时间或金额具有一定的不确定性。应付账款是为已收到或已提供的、并已开出发票或已与供应商达成正式协议的货物或劳务支付的负债，应计项目是为已收到或已提供的，但还未支付、未开出发票或未与供应商达成正式协议的货物或劳务支付的负债，尽管有时需要估计应计项目的金额或时间，但是其不确定性通常远小于预计负债。应计项目经常作为应付账款和其他应付款的一部分进行列报，而预计负债则单独进行列报。

二、预计负债的计量

当与或有事项有关的义务符合确认为负债的条件时，应当将其确认为预计负债，预计负债应当按照履行相关现时义务所需支出的最佳估计数进行初始计量。此外，企业清偿预计负债所需支出还可能从第三方或其他方获得补偿。因此，或有事项的计量主要涉及两个问题：一是最佳估计数的确定；二是预期可获得补偿的处理。

（一）最佳估计数的确定

最佳估计数的确定应当分别以下两种情况处理。

（1）所需支出存在一个连续范围（或区间，下同），且该范围内各种结果发生的可能性相同，则最佳估计数应当按照该范围的中间值，即上下限金额的平均数确定。

【例3-1】 2019年10月22日，甲公司因合同违约而涉及一起诉讼案。2019年12月31日，甲公司尚未接到法院的判决，因诉讼须承担的赔偿金额也无法准确地确定。根据甲公司的法律顾问判断，最终的判决很可能对甲公司不利。据专业人士估计，赔偿金额可能是600 000元至800 000元之间的某一金额，而且这个区间内每个金额的可能性都大致相同。

本例中，甲公司应在2019年12月31日的资产负债表中确认一项负债，金额为700 000元[（600 000＋800 000）÷2]。

（2）所需支出不存在一个连续范围，或者虽然存在一个连续范围，但该范围内各种结果发生的可能性不相同，最佳估计数应当分别下列情况处理：

①如果或有事项涉及单个项目，最佳估计数按照最可能发生金额确定。涉及单个项目是指或有事项涉及的项目只有一个，如一项未决诉讼、一项未决仲裁或一项债务担保等。

【例3-2】 2019年10月8日，乙公司涉及一起诉讼案。2019年12月31日，乙公司尚未接到法院的判决。根据类似案件以往的经验及公司所聘律师的意见判断，乙公司认为胜诉的可能性为40%，败诉的可能性为60%。如果败诉，需要赔偿900 000元。在这种情况下，乙公司在资产负债表中确认的负债金额应为最可能发生的金额，即900 000元。

②如果或有事项涉及多个项目，最佳估计数按照各种可能结果及相关概率计算确定。涉及多个项目是指或有事项涉及的项目不止一个，如产品质量保证。在产品质量保证中，提出产品保修要求的可能有许多客户，相应地，企业对这些客户负有保修义务。

【例 3-3】 甲公司是生产并销售 A 产品的企业，2019 年第一季度共销售 A 产品 50 000 件，销售收入为 300 000 000 元。根据公司的产品质量保证条款，该产品售出后 1 年内，如发生正常质量问题，公司将负责免费维修。根据以前年度的维修记录，如果发生较小的质量问题，发生的维修费用为销售收入的 1%；如果发生较大的质量问题，发生的维修费用为销售收入的 2%。根据公司技术部门的预测，本季度销售的产品中，有 80% 不会发生质量问题；有 15% 可能发生较小质量问题；有 5% 可能发生较大质量问题。据此，2019 年第一季度末，甲公司应在资产负债表中确认的负债金额为 750 000 元[300 000 000×(0×80%＋1%×15%＋2%×5%)]。

(二) 预期可获得补偿的处理

如果企业清偿因或有事项而确认的负债所需支出全部或部分预期由第三方或其他方补偿，则此补偿金额只有在基本确定能够收到时，才能作为资产单独确认，确认的补偿金额不能超过所确认负债的账面价值。补偿金额"基本确定"能收到是指预期从保险公司、索赔人、被担保企业等获得补偿的可能性大于 95% 但小于 100% 的情形。需特别说明的是，一是补偿金额应单独确认为资产，不可与预计负债抵销后确认；二是确认的补偿金额不应超过所确认的预计负债的账面价值。

预期可能获得补偿的情况通常有：①发生交通事故等情况时,企业通常可从保险公司获得合理的赔偿；②在某些索赔诉讼中,企业可对索赔人或第三方另行提出赔偿要求；③在债务担保业务中,企业在履行担保义务的同时,通常可向被担保企业提出追偿要求。

企业预期从第三方获得的补偿是一种潜在资产，其最终是否真的会转化为企业真正的资产（即企业是否能够收到这项补偿）具有较大的不确定性，企业只能在基本确定能够收到补偿时才能对其进行确认。根据资产和负债不能随意抵销的原则，预期可获得的补偿在基本确定能够收到时应当确认为一项资产，而不能作为预计负债金额的扣减。

【例 3-4】 2019 年 12 月 31 日，甲公司因或有事项而确认了一笔金额为

800 000 元的负债；同时，甲公司因该或有事项，基本确定可从乙公司获得 300 000 元的赔偿。

本例中，甲公司应分别确认一项金额为 800 000 元的负债和一项金额为 300 000 元的资产，而不能只确认一项金额为 500 000 元（800 000－300 000）的负债。同时，甲公司所确认的补偿金额 300 000 元不能超过所确认的负债的账面价值 800 000 元。

（三）预计负债的计量需要考虑的其他因素

企业在确定最佳估计数时，除上述两个因素之外，还应当综合考虑与或有事项有关的风险、不确定性、货币时间价值和未来事项等因素。

1. 风险和不确定性

风险是对交易或事项结果的变化可能性的一种描述。企业在不确定的情况下进行判断需要谨慎，使得收益或资产不会被高估，费用或负债不会被低估。企业应当充分考虑与或有事项有关的风险和不确定性，既不能忽略风险和不确定性对或有事项计量的影响，也需要避免对风险和不确定性进行重复调整，从而在低估和高估预计负债金额之间寻找平衡点。

2. 货币时间价值

预计负债的金额通常应当等于未来应支付的金额。但是，因货币时间价值的影响，资产负债表日后不久发生的现金流出，要比一段时间之后发生的同样金额的现金流出负有更大的义务。所以，如果预计负债的确认时点距离实际清偿有较长的时间跨度，货币时间价值的影响重大，那么在确定预计负债的确认金额时，应考虑采用现值计量，即通过对相关未来现金流出进行折现后确定最佳估计数。

将未来现金流出折算为现值时，需要注意以下三点：①用来计算现值的折现率，应当是反映货币时间价值的当前市场估计和相关负债特有风险的税前利率；②风险和不确定性既可以在计量未来现金流出时作为调整因素，也可以在确定折现率时予以考虑，但不能重复反映；③随着时间的推移，即使在未来现金流出和折现率均不改变的情况下，预计负债的现值也将逐渐增长。企业应当在资产负债表日，对预计负债的现值进行重新计量。

3. 未来事项

企业应当考虑可能影响履行现时义务所需金额的相关未来事项。即对于这些未来事项，如果有足够的客观证据表明它们将发生，如未来技术进步、相关法规出台等，则应当在预计负债计量中考虑相关未来事项的影响，但不应考虑预期处置相关资产形成的利得。

预期的未来事项可能对预计负债的计量较为重要。例如，某核电企业预计，在生产结束时清理核废料的费用将因未来技术的变化而显著降低。那么，该企业因此确认的预计负债金额应当反映有关专家对技术发展以及清理费用减少作出的合理预测。但是，这种预计需要取得相当客观的证据予以支持。

三、对预计负债账面价值的复核

企业应当在资产负债表日对预计负债的账面价值进行复核。有确凿证据表明该账面价值不能真实反映当前最佳估计数的，应当按照当前最佳估计数对该账面价值进行调整。

例如，甲公司涉及一起跨年度诉讼，上年度预计负债为 1 000 000 元，本年末由于该诉讼发生重大变化，会对企业预计负债的计量产生影响。企业应当在资产负债表日对为此确认的预计负债金额进行复核，相关因素发生变化表明预计负债金额不再能反映真实情况时，需要按照当前情况下企业赔偿支出的最佳估计数对预计负债的账面价值进行相应的调整。在这种情况下，甲公司应对原预计负债 1 000 000 元作出调整，期末确认的预计负债金额应为 1 800 000 元（法院已于年度资产负债表日后判决甲公司赔偿 1 800 000 元）。

第三节　或有事项会计的具体应用

企业设置"预计负债"科目，核算企业确认的对外提供担保、未决诉讼、产品质量保证、重组义务、亏损性合同等预计负债。本科目可按形成预计负债的交易或事项进行明细核算。本科目期末贷方余额，反映企业已确认尚未支付的预计负债。

企业由于对外提供担保、未决诉讼、重组义务产生的预计负债，应按确定的金额，借记"营业外支出"等科目，贷记"预计负债"科目。由产品质量保证产生的预计负债，应按确定的金额，借记"销售费用"科目，贷记"预计负债"科目。实际清偿或冲减的预计负债，借记"预计负债"科目，贷记"银行存款"等科目。根据确凿证据需要对已确认的预计负债进行调整的，调整增加的预计负债，借记有关科目，贷记"预计负债"科目；调整减少的预计负债，作相反的会计分录。

一、未决诉讼或未决仲裁

诉讼是指当事人不能通过协商解决争议，因而在人民法院起诉、应诉，请求人民法院通过审判程序解决纠纷的活动。诉讼尚未裁决之前，对于被告来说，可能形成一项或有负债或者预计负债；对于原告来说，则可能形成一项或有资产。

仲裁是指经济法的各方当事人依照事先约定或事后达成的书面仲裁协议，共同选定仲裁机构并由其对争议依法作出具有约束力裁决的一种活动。作为当事人一方，仲裁的结果在仲裁决定公布以前是不确定的，会构成一项潜在义务或现时义务，或者潜在资产。

【例 3-5】 2019 年 11 月 1 日，甲公司因合同违约而被丁公司起诉。2019 年 12 月 31 日，公司尚未接到法院的判决。丁公司预计，如无特殊情况很可能在诉讼中获胜，假定丁公司估计将来很可能获得赔偿金额 800 000 元。在咨询了公司的法律顾问后，甲公司认为最终的法律判决很可能对公司不利。假定甲公司预计将要支付的赔偿金额、诉讼费等费用为 600 000 元至 900 000 元之间的某一金额，而且这个区间内每个金额的可能性都大致相同，其中诉讼费为 20 000 元。

本例中，丁公司不应当确认或有资产，而应当在 2019 年 12 月 31 日的报表附注中披露或有资产 800 000 元。

甲公司应在资产负债表中确认一项预计负债，金额为 750 000 元[（600 000＋900 000)÷2]。同时在 2019 年 12 月 31 日的附注中进行披露。

根据上述资料，甲公司的会计处理如下：

借：管理费用——诉讼费   20 000

    营业外支出——赔偿支出   730 000

  贷：预计负债——未决诉讼   750 000

需要说明的是，对于未决诉讼，企业当期实际发生的诉讼损失金额与已计提的相关预计负债之间的差额，应分别情况处理：

（1）企业在前期资产负债表日，依据当时实际情况和所掌握的证据合理预计了预计负债，应当将当期实际发生的诉讼损失金额与已计提的相关预计负债之间的差额，直接计入或冲减当期营业外支出。

（2）企业在前期资产负债表日，依据当时实际情况和所掌握的证据，原本应当能够合理估计诉讼损失，但企业所作的估计却与当时的事实严重不符（如未合理预计损失或不恰当地多计或少计损失），应当按照重要前期差错更正的方法进行处理。

（3）企业在前期资产负债表日，依据当时实际情况和所掌握的证据，确实无法合理预计诉讼损失，因而未确认预计负债，则在该损失实际发生的当期，直接计入当期营业外支出。

（4）资产负债表日后至财务报告批准报出日之间发生的需要调整或说明的未决诉讼，按照资产负债表日后事项的有关规定进行会计处理。

二、债务担保

债务担保在企业中是较为普遍的现象。作为提供担保的一方，在被担保方无法履行合同的情况下，常常承担连带责任。从保护投资者、债权人的利益出发，客观、充分地反映企业因担保义务而承担的潜在风险是十分必要的。

【例 3-6】 2017 年 10 月，甲公司从银行贷款人民币 1 000 000 元，期限 2 年，由乙公司全额担保；2019 年 2 月，丙公司从银行贷款美元 1 000 000 元，期限 1 年，由乙公司担保 50%；2019 年 6 月，丁公司通过银行从戊公司贷款人民币 1 000 000 元，期限 2 年，由乙公司全额担保。

截至 2019 年 12 月 31 日，各贷款单位的情况如下：甲公司贷款逾期未还，银行已起诉甲公司和乙公司，乙公司因连带责任需赔偿多少金额尚无法确定；丙公司由于受政策影响和内部管理不善等原因，经营效益不如以往，可能不能偿还到期美元债务；丁公司经营情况良好，预期不存在还款困难。

本例中，就甲公司而言，乙公司很可能需履行连带责任，但损失金额是多少，目前还难以预计；就丙公司而言，乙公司可能需履行连带责任；就丁公司而言，乙公司履行连带责任的可能性极小。这三项债务担保形成乙公司的或有负债，不符合预计负债的确认条件，乙公司在 2019 年 12 月 31 日编制财务报表时，应当在附注中作相应披露。

三、产品质量保证

产品质量保证，通常指销售商或制造商在销售产品或提供劳务后，对客户提供服务的一种承诺。在约定期内（或终身保修），若产品或劳务在正常使用过程中出现质量或与之相关的其他属于正常范围的问题，企业负有更换产品、免费或只收成本价进行修理等责任。为此，企业应当在符合确认条件的情况下，于销售成立时确认预计负债。

【例 3-7】 （承例 3-3）甲公司 2019 年度第一季度实际发生的维修费为 740 000 元，"预计负债——产品质量保证"科目 2018 年年末余额为 20 000 元。

根据上述资料，2019 年度第一季度，甲公司的会计处理如下：

（1）确认与产品质量保证有关的预计负债时：

借：销售费用——产品质量保证   750 000

    贷：预计负债——产品质量保证   750 000

（2）发生产品质量保证费用（维修费）时：

借：预计负债——产品质量保证   740 000

    贷：银行存款或原材料等   740 000

"预计负债——产品质量保证"科目 2019 年度第一季度末的余额为 30 000 元（20 000＋750 000－740 000）。

在对产品质量保证确认预计负债时，需要注意的是：

（1）如果发现产品质量保证费用的实际发生额与预计数相差较大，应及时对预计比例进行调整；

（2）如果企业针对特定批次产品确认预计负债，则在保修期结束时，应将"预计负债——产品质量保证"余额冲销，不留余额；

（3）已对其确认预计负债的产品，如企业不再生产了，那么应在相应的产品质量保证期满后，将"预计负债——产品质量保证"余额冲销，不留余额。

四、亏损合同

待执行合同变为亏损合同，同时该亏损合同产生的义务满足预计负债的确认条件的，应当确认为预计负债。其中，待执行合同是指合同各方未履行任何合同义务，或部分履行了同等义务的合同。企业与其他企业签订的商品销售合同、劳务提供合同、租赁合同等，均属于待执行合同，待执行合同不属于或有事项。但是，待执行合同变为亏损合同的，应当作为或有事项。亏损合同是指履行合同义务不可避免发生的成本超过预期经济利益的合同。预计负债的计量应当反映退出该合同的最低净成本，即履行该合同的成本与未能履行该合同而发生的补偿或处罚两者之中的较低者。企业与其他单位签订的商品销售合同、劳务合同、租赁合同等，均可能变为亏损合同。

企业对亏损合同进行会计处理，需要遵循以下两点原则：

（1）如果与亏损合同相关的义务不需支付任何补偿即可撤销，企业通常就不存在现时义务，不应确认预计负债；如果与亏损合同相关的义务不可撤销，企业就存在了现时义务，同时满足该义务很可能导致经济利益流出企业且金额能够可靠计量的，应当确认预计负债。

（2）待执行合同变为亏损合同时，合同存在标的资产的，应当对标的资产进行减值测试并按规定确认减值损失，在这种情况下，企业通常不需确认预计负债，如果预计亏损超过该减值损失，应将超过部分确认为预计负债；合同不存在标的资产的，亏损合同相关义务满足预计负债确认条件，应当确认预计负债。

【例3-8】　2018年1月1日，甲公司采用经营租赁方式租入一条生产线生产A产品，租赁期4年。甲公司利用该生产线生产的A产品每年可获利300 000元。2019年12月31日，甲公司决定停产A产品，原经营租赁合同不可撤销，还要持续2年，且生产线无法转租给其他单位。

本例中，甲公司与其他公司签订了不可撤销的经营租赁合同，负有法定义务，必须继续履行租赁合同（交纳租金）。同时，甲公司决定停产A产品。因此，甲公司执行原经营租赁合同不可避免要发生的费用很可能超过预期获得的经济利益，属于亏损合同，应当在2019年12月31日，根据未来应支付的租金的最佳估计数确认预计负债。

【例3-9】　乙公司2019年9月2日与某外贸公司签订了一项产品销售合同，约定2019年12月20日以每件产品200元的价格向该外贸公司提供1 000件A产品，若不能按期交货，乙公司需要支付50 000元的违约金。这批产品在签订合同时尚未开始生产，但企业开始筹备原材料以生产这批产品时，原材料价格突然上涨，预计生产每件产品的成本升至240元。

本例中，乙公司生产产品的成本为每件240元，而售价为每件200元，每销售1件产品亏损40元，共计亏损40 000元。因此，这项销售合同是一项亏损合同。如果撤销合同，乙公司需要支付50 000元的违约金。

根据上述资料，乙公司的会计处理如下：

（1）由于该合同变为亏损合同时不存在标的资产，乙公司应当按照履行合同造成的损失与违约金两者中的较低者确认一项预计负债。

借：营业外支出——合同损失　　　　　　　　　　　　　　40 000

贷：预计负债——亏损性合同   40 000

（2）待相关产品生产完成后，将已确认的预计负债冲减产品成本。

借：预计负债——亏损性合同   40 000

    主营业务成本   200 000

    贷：库存商品   240 000

【例 3-10】 丙公司以生产 B 产品为主，目前企业库存积压较多，产品成本为每件 200 元。为了消化库存，盘活资金，丙公司 2019 年 11 月 25 日与某外贸公司签订了一项产品销售合同，约定在 2019 年 12 月 5 日，以每件产品 180 元的价格向外贸公司提供 10 000 件产品，合同不可撤销。

本例中，丙公司生产 B 产品的成本为每件 200 元，而售价为每件 180 元，每销售 1 件亏损 20 元，共计损失 200 000 元。并且，合同不可撤销。因此，这项销售合同是一项亏损合同。

由于该合同签订时即为亏损合同，且存在标的资产，丙公司应当对 B 产品进行减值测试，计提减值准备。如果亏损不超过该减值损失，企业不需确认预计负债；如果亏损超过该减值损失，应将超过部分确认为预计负债。

五、重组义务

（一）重组义务的确认

重组是指企业制定和控制的，将显著改变企业组织形式、经营范围或经营方式的计划实施行为。属于重组的事项主要包括：①出售或终止企业的部分业务；②对企业的组织结构进行较大调整；③关闭企业的部分营业场所，或将营业活动由一个国家或地区迁移到其他国家或地区。

企业应当将重组与企业合并、债务重组区别开。因为重组通常是企业内部资源的调整和组合，谋求现有资产效能的最大化；企业合并是在不同企业之间进行的资本重组和规模扩张；而债务重组是债权人对债务人作出让步，债务人减轻债务负担，债权人尽可能减少损失。

企业因重组而承担了重组义务，并且同时满足预计负债的三项确认条件时，才能确认预计负债。

首先，同时存在下列情况的，表明企业承担了重组义务：①有详细、正式的重组计划，包括重组涉及的业务、主要地点、需要补偿的职工人数、预计重组支出、计划实施时间等；②该重组计划已对外公告。

其次，需要判断重组义务是否同时满足预计负债的三个确认条件，即判断其承担的重组义务是否是现时义务、履行重组义务是否很可能导致经济利益流出企业、重组义务的金额是否能够可靠计量。只有同时满足这三个确认条件，才能将重组义务确认为预计负债。

例如，某公司董事会决定关闭一个事业部。如果有关决定尚未传达到受影响的各方，也未采取任何措施实施该项决定，该公司就没有开始承担重组义务，不应确认预计负债；如果有关决定已经传达到受影响的各方，并使各方对企业将关闭事业部形成合理预期，通常表明企业开始承担重组义务，同时满足该义务很可能导致经济利益流出企业和金额能够可靠计量的，应当确认预计负债。

（二）重组义务的计量

企业应当按照与重组有关的直接支出确定预计负债金额，计入当期损益。其中，直接支出是企业重组必须承担的直接支出，不包括留用职工岗前培训、市场推广、新系统和营销网络投入等支出。

由于企业在计量预计负债时不应当考虑预期处置相关资产的利得或损失，在计量与重组义务相关的预计负债时，也不考虑处置相关资产（如厂房、店面，有时是一个事业部整体）可能形成的利得或损失，即使资产的出售构成重组的一部分也是如此，这些利得或损失应当单独确认。例如，甲公司已制定详细的裁员重组计划并对外公告，该裁员计划需直接支出 1 150 000 元，则应确认 1 150 000 元的预计负债。但要注意，预计负债不包括留用员工岗前培训、市场推广、新系统和营销网络投入等支出。

第四节 或有事项的列报或披露

一、预计负债的列报

在资产负债表中，因或有事项而确认的负债（预计负债）应与其他负债项目区别开来，单独反映。如果企业因多项或有事项确认了预计负债，在资产负债表上一般只需通过"预计负债"项目进行总括反映。在将或有事项确认为负债的同时，应确认一项支出或费用。这项费用或支出在利润表中不应单列项目反映，而应与其他费用或支出项目（如"销售费用""管理费用""营业外支出"等）合并反映。例如，企业因产品质量保证确认负债时所确认的费用，在利润表中应作为"销售费用"的组成部分予以反映；又如，企业因对其他单位提供债务担保确认负债时所确认的费用，在利润表中应作为"营业外支出"的组成部分予以反映。

同时，为了使财务报表使用者获得充分、详细的有关或有事项的信息，企业应在财务报表附注中披露以下内容：①预计负债的种类、形成原因以及经济利益流出不确定性的说明；②各类预计负债的期初、期末余额和本期变动情况；③与预计负债有关的预期补偿金额和本期已确认的预期补偿金额。

需要说明的是，如果企业基本确定能获得补偿，那么企业在利润表中反映因或有事项确认的费用或支出时，应将这些补偿预先抵减。例如，甲公司因提供债务担保而确认了金额为 200 000 元的一项负债和一项支出，同时基本确定可以从第三方获得金额为 120 000 元的补偿。在这种情况下，甲公司应在利润表中反映损失 80 000 元，并将其在利润表中并入"营业外支出"项目。

【例 3-11】 2019 年 1 月 20 日，甲公司为乙公司提供债务担保，但是，因乙公司经营出现困难，至 2019 年 12 月 31 日无法按时还款，因此甲公司很可能需要承担还款连带责任。根据公司法律顾问的职业判断，甲公司很可能需要承担 2 000 000 元的还款连带责任，同时预计诉讼费等费用在 20 000 元至 24 000 元之间，且各种结果发生的可能性相同。

根据上述资料，甲公司的会计处理如下：

甲公司因连带责任而需承担现时义务，该义务的履行很可能导致经济利益流出企业，并且该义务的金额能够可靠地计量。因此，2019 年 12 月 31 日，甲公司应确认一项金额为 2 000 000 元的预计负债，同时预计诉讼费用 22 000 元 [（20 000＋24 000）÷2]，并在附注中进行披露。

借：营业外支出——赔偿支出   2 000 000

    管理费用——诉讼费   22 000

      贷：预计负债——未决诉讼   2 022 000

2019 年 12 月 31 日，甲公司应在资产负债表中列报"预计负债" 2 022 000 元，在利润表中所发生的"管理费用" 22 000 元应与公司发生的其他管理费用合并反映，"营业外支出" 2 000 000 元，应与公司发生的其他营业外支出合并反映。

2019 年 12 月 31 日，甲公司应在附注中披露或有事项如下：

由于本公司为乙公司提供债务担保，并且乙公司不能按时还款，因此本公司

负有还款连带责任。2019 年 12 月 31 日，本公司为此确认了一笔预计负债，金额
为 2 022 000 元。目前，相关诉讼正在审理中。

二、或有负债的披露

或有负债无论作为潜在义务还是现时义务，均不符合负债的确认条件，因而
不予确认。但是，除非或有负债极小可能导致经济利益流出企业，否则企业应当
在财务报表附注中披露有关信息，具体包括：

（1）或有负债的种类及其形成原因，包括已贴现商业承兑汇票、未决诉讼、
未决仲裁、对外提供担保等形成的或有负债。

（2）经济利益流出不确定性的说明。

（3）或有负债预计产生的财务影响，以及获得补偿的可能性；无法预计的，
应当说明原因。

需要说明的是，在涉及未决诉讼、未决仲裁的情况下，如果披露全部或部分
信息预期对企业会造成重大不利影响，企业无须披露这些信息，但应当披露该未
决诉讼、未决仲裁的性质，以及没有披露这些信息的事实和原因。

【例 3-12】　2019 年度，甲公司背书转让了 3 张应收票据，金额合计
1 400 000 元，包括：被背书人 A 公司，票据金额为 200 000 元，到期日为 2020
年 1 月 10 日；被背书人 B 公司，票据金额为 600 000 元，到期日为 2020 年 3 月
1 日；被背书人 C 公司，票据金额为 600 000 元，到期日为 2020 年 4 月 16 日。

分析：被背书人到期不能获得付款时，甲公司负有全额偿付的票据责任，从
而甲公司因应收票据背书转让而承担了一项现时义务，但经济利益是否很可能流
出企业尚难以确定。2019 年 12 月 31 日，甲公司应在附注中披露一项或有负债。

截至 2019 年 12 月 31 日，本公司背书转让应收票据金额合计 1 400 000 元。
被背书人到时不能获得付款时，本公司负有代为付款的义务。披露或有负债如表
3-1 所示。

表 3-1　　　　　　　　　　　或有负债相关信息　　　　　　　　　　金额单位：元

出票单位	出票日	到期日	票据金额	被背书人
×××	×××	2020 年 01 月 10 日	200 000	A 公司
×××	×××	2020 年 03 月 01 日	600 000	B 公司
×××	×××	2020 年 04 月 16 日	600 000	C 公司

【例3-13】　甲公司为一家造纸厂，加工过程中产生的污水未经净化就排出厂外，对周围村镇居民身体健康和生产生活造成严重损害。为此，2019年3月12日，甲公司周围村镇集体向法院提起诉讼，要求赔偿损失6 000 000元。直到2019年12月31日，该诉讼案尚未判决。

分析：甲公司周围村镇居民的身体健康和生产生活受到损害，是由于甲公司生产经营过程中没有注意污染整治所致。因此，在2019年12月31日可以推断，以往的排污行为使甲公司承担了一项现时义务，且该义务的履行很可能导致经济利益流出甲公司（因为很可能败诉）。由于此案涉及的情况比较复杂（如居民身体受到损害的程度如何确定等），且正在调查审理中，故不能可靠地估计赔偿损失金额。因此，2019年12月31日，甲公司应在附注中披露一项或有负债如下：

本公司因生产经营过程中没有注意污水净化，致使周围村镇居民集体向法院提起诉讼，要求本公司赔偿6 000 000元。目前，此案正在审理中。

三、或有资产的披露

或有资产作为一种潜在资产，不符合资产确认的条件，因而不予确认。企业通常不应当披露或有资产，但或有资产很可能会给企业带来经济利益的，应当披露其形成的原因、预计产生的财务影响等。

【例3-14】　甲公司欠乙公司货款2 000 000元，按合同规定，甲公司应于2019年10月10日前付清货款，但甲公司未按期付款。为此，乙公司向法院提起诉讼。2019年12月10日，一审判决甲公司应向乙公司全额支付货款，并按每日5‰的利率支付货款延付期间的利息60 000元；此外，还应承担诉讼费10 000元，三项合计2 070 000元。甲公司不服，认为乙公司所提供的货物不符合双方原来约定条款的要求，并因此向乙公司提出400 000元的索赔要求。截至2019年12月31日，该诉讼尚在审理当中。

1. 甲公司或有事项的列报或披露。

虽然一审已经判决，但甲公司不服，因此不能认为诉讼案件已终结。一审判决结果表明，甲公司因诉讼承担了一项现时义务，该现时义务的履行很可能导致经济利益流出企业，并且该义务的金额能够可靠地计量。因此，甲公司应在一审判决日确认一项负债。

借：管理费用——诉讼费　　　　　　　　　　　　　　　　10 000

| 营业外支出——罚息支出 | 60 000 |
| 贷：预计负债——未决诉讼 | 70 000 |

在利润表中，所确认的管理费用10 000元应与公司发生的其他管理费用合并反映，所确认的营业外支出60 000元应与公司发生的其他营业外支出合并反映。

至于甲公司反诉乙公司能否胜诉，只有等到判决后才能确定。如果根据以往的经验和当时的情况，甲公司有充分理由判断很可能胜诉，那么，2019年12月31日，甲公司应在附注中披露或有事项如下：

本企业欠乙公司货款2 000 000元，因本企业认为乙公司所提供的货物不符合双方原来约定条款的要求，故到期未付，为此，乙公司向法院起诉本企业。2019年12月10日，法院一审判决本企业应向乙公司全额支付所欠货款，按每日5‰的利率支付货款延付期间的利息60 000元，以及诉讼费10 000元，三项合计2 070 000元。目前，案件正在审理当中。

如果甲公司缺乏充分的理由说明其很可能胜诉，则不应对相关的或有资产作出披露。

2. 乙公司或有事项的列报或披露。

一审判决甲公司败诉，为此，乙公司获得了收取罚息和诉讼费的权利。从谨慎的原则出发，除非甲公司服从判决结果，不再提起诉讼或反诉，否则不应确认一项资产，只能作相关披露。事实是，甲公司不服判决结果并提起反诉，因此，对胜诉可能获得的资产60 000元，乙公司只能在2019年12月31日的附注中作出披露。对于甲公司提起反诉是否导致乙公司承担现时义务，乙公司应作仔细判断。如果认为甲公司很可能胜诉，由此造成乙公司发生的损失也能够可靠计量时，则乙公司应确认一项预计负债。否则，只需作出相关披露即可。如果乙公司判断甲公司有可能胜诉，则应在附注中披露或有事项如下：

甲公司欠本公司货款2 000 000元，因认为本公司所提供的货物不符合双方原来约定条款的要求，故到期未还。为此，本公司向法院起诉甲公司。2019年12月10日，法院一审判决本公司胜诉，要求甲公司全额偿还本公司货款2 000 000元，同时按每日5‰的利率支付货款延付期间的利息60 000元，以及诉讼费10 000元。甲公司不服，反诉本公司，要求本公司赔偿损失400 000元。目前，案件正在审理当中。

第五节 综合案例分析

【例3-15】甲公司为机床生产和销售企业，2019年度生产和销售乙机床。对乙机床，甲公司作出承诺：机床售出后3年内如出现非意外事件造成的机床故障和质量问题，甲公司免费负责保修（含零部件更换）。甲公司2019年第一季度、第二季度、第三季度、第四季度分别销售乙机床400台、600台、800台和700台，每台售价为50 000元。对购买其产品的消费者，根据以往的经验，乙机床发生的保修费一般为销售额的0.1%至0.2%之间。甲公司2019年4个季度乙机床实际发生的维修费用分别为40 000元、40 000元、36 000元和70 000元（各季度发生的维修费用均为用银行存款支付50%，另50%均为耗用的原材料）。假定2018年12月31日，"预计负债——产品质量保证"科目年末贷方余额为24 000元。

根据上述资料，甲公司的会计处理如下：

（1）第一季度。

①第一季度实际发生维修费时：

借：预计负债——产品质量保证　　　　　　　　　　　　　　40 000
　　贷：银行存款　　　　　　　　　　　　　　　　　　　　20 000
　　　　原材料　　　　　　　　　　　　　　　　　　　　　20 000

②第一季度确认与产品质量保证有关的预计负债时：

借：销售费用——产品质量保证　　　　　　　　　　　　　　30 000
　　贷：预计负债——产品质量保证［400×50 000×(0.1%＋0.2%)÷2］
　　　　　　　　　　　　　　　　　　　　　　　　　　　　30 000

③第一季度末"预计负债——产品质量保证"科目的余额为14 000元（24 000－40 000＋30 000）。

（2）第二季度。

①第二季度实际发生维修费时：

借：预计负债——产品质量保证　　　　　　　　　　　　　　40 000
　　贷：银行存款　　　　　　　　　　　　　　　　　　　　20 000
　　　　原材料　　　　　　　　　　　　　　　　　　　　　20 000

②第二季度确认与产品质量保证有关的预计负债时：

借：销售费用——产品质量保证 45 000

    贷：预计负债——产品质量保证 [600×50 000×(0.1%+0.2%)÷2] 45 000

③第二季度末"预计负债——产品质量保证"科目的余额为 19 000 元（14 000－40 000＋45 000）。

（3）第三季度。

①第三季度实际发生维修费时：

借：预计负债——产品质量保证 36 000

    贷：银行存款 18 000

        原材料 18 000

②第三季度确认与产品质量保证有关的预计负债时：

借：销售费用——产品质量保证 60 000

    贷：预计负债——产品质量保证 [800×50 000×(0.1%+0.2%)÷2]

60 000

③第三季度末"预计负债——产品质量保证"科目的余额为 43 000 元（19 000－36 000＋60 000）。

（4）第四季度。

①第四季度实际发生维修费时：

借：预计负债——产品质量保证 70 000

    贷：银行存款 35 000

        原材料 35 000

②第四季度确认与产品质量保证有关的预计负债时：

借：销售费用——产品质量保证 52 500

    贷：预计负债——产品质量保证 [700×50 000×(0.1%+0.2%)÷2] 52 500

③第四季度末"预计负债——产品质量保证"科目的余额为 25 500 元（43 000－70 000＋52 500）。

自测题

一、名词解释

1. 或有事项

2. 或有负债

3. 或有资产

4. 预计负债

二、简答题

1. 常见的或有事项有哪些？

2. 或有负债与预计负债有何区别？如何确认和计量预计负债？

3. 或有事项会计的具体应用讲了哪些交易或事项的处理？

4. 预计负债、或有负债、或有资产列报或披露的内容具体有哪些？

三、单项选择题

1. 根据企业会计准则的规定，下列有关或有事项的表述中，正确的是（　　）。

A. 或有负债与或有事项相联系，有或有事项就有或有负债

B. 对于或有事项既要确认或有负债，也要确认或有资产

C. 由于担保引起的或有事项随着被担保人债务的全部清偿而消失

D. 只有对本单位产生不利影响的事项，才能作为或有事项

2. "很可能"这一结果的可能性对应的概率为（　　）。

A. 大于50%但小于或等于95%　　　B. 大于95%但小于100%

C. 大于5%但小于或等于50%　　　D. 大于0但小于或等于5%

3. A公司因或有事项而确认的负债300 000元，估计有96%的可能性可由B公司补偿400 000元。则A公司应确认资产的金额为（　　）元。

A. 400 000　　　　　　　　　　B. 0

C. 100 000　　　　　　　　　　D. 300 000

4. 关于最佳估计数，下列说法中错误的是（　　）。

A. 企业应当在资产负债表日对预计负债的账面价值进行复核，有确凿证据表明该账面价值不能真实反映当前最佳估计数的，应当按照当前最佳估计数对该账面价值进行调整

B. 企业不应当在资产负债表日对或有事项确认的最佳估计数进行复核

C. 确认预计负债的最佳估计数既有初始计量，也有后续计量

D. 对货币时间价值影响重大的，应当通过对相关未来现金流出进行折现后确定最佳估计数

5. 甲公司涉及一起诉讼。根据类似的经验以及公司所聘请律师的意见判断，

甲公司在该起诉讼中胜诉的可能性有 30%，败诉的可能性有 70%。如果败诉，将要赔偿 1 000 000 元，另需承担诉讼费 20 000 元。在这种情况下，甲公司应确认的负债金额应为（　　）元。

A. 1 020 000

B. 1 100 000

C. 1 200 000

D. 0

6. 下列说法中正确的是（　　）。

A. 或有负债符合负债确认条件

B. 或有资产一般不符合资产确认条件

C. 或有资产应在财务报表附注中披露

D. 只要是或有负债，就必须在附注中披露

7. 某公司于 2019 年 11 月 27 日收到法院通知，被告知 A 公司状告其侵权，要求赔偿 1 000 000 元。该公司在应诉中发现 B 公司应当承担连带责任，对其进行赔偿，公司在年末编制财务报表时，根据法律诉讼的进展情况以及专业人士的意见，认为对原告进行赔偿的可能性在 50% 以上，最有可能发生的赔偿金额为 600 000 元，从第三方得到补偿基本可以确定，最有可能获得的补偿金额为 800 000 元，为此，该公司应在年末进行的会计处理分录为（　　）。

A. 借：营业外支出　　　　　　　　　　　　　　600 000

　　　贷：预计负债　　　　　　　　　　　　　　　　600 000

　　借：其他应收款　　　　　　　　　　　　　　600 000

　　　贷：营业外支出　　　　　　　　　　　　　　　600 000

B. 借：预计负债　　　　　　　　　　　　　　　200 000

　　　贷：营业外收入　　　　　　　　　　　　　　　200 000

C. 借：营业外支出　　　　　　　　　　　　　　600 000

　　　贷：预计负债　　　　　　　　　　　　　　　　600 000

D. 借：营业外支出　　　　　　　　　　　　　　600 000

　　　贷：预计负债　　　　　　　　　　　　　　　　600 000

　　借：其他应收款　　　　　　　　　　　　　　800 000

　　　贷：营业外支出　　　　　　　　　　　　　　　800 000

8. 2019 年，甲公司销售收入为 10 000 000 元。甲公司的产品质量保证条款规定：产品售出后 1 年内，如发生正常质量问题，甲公司将免费负责修理。根据以往的经验，如果出现较小的质量问题，则须发生的修理费为销售收入的 1%；

而如果出现较大的质量问题，则须发生的修理费为销售收入的2%。据预测，本年度已售产品中，有80%不会发生质量问题，有15%将发生较小质量问题，有5%将发生较大质量问题。据此，2019年年末甲公司应确认的负债金额为（   ）元。

A. 15 000

B. 10 000

C. 25 000

D. 30 000

9. 关于或有事项，下列说法中正确的是（   ）。

A. 待执行合同变为亏损合同的，该亏损合同产生的义务满足或有事项确认预计负债规定的，应当确认为预计负债

B. 待执行合同变为亏损合同的，应当确认为预计负债

C. 企业应当就未来经营亏损确认预计负债

D. 企业在一定条件下应当将未来经营亏损确认预计负债

10. 甲公司因或有事项确认了一项负债800 000元；同时，因该或有事项，甲公司还可以从乙公司获得赔偿300 000元，且这项赔偿金额基本确定收到。在这种情况下，甲公司在利润表中应确认的营业外支出为（   ）元。

A. 0

B. 300 000

C. 500 000

D. 800 000

四、多项选择题

1. 或有事项的基本特征包括（   ）。

A. 或有事项是未来的交易或事项形成的一种状况

B. 或有事项的结果具有不确定性

C. 或有事项的结果须由未来事项决定

D. 影响或有事项的结果的不确定因素基本上可由企业控制

E. 或有事项是因过去的交易或事项形成的

2. 根据企业会计准则的规定，下列各项中，属于或有事项的有（   ）。

A. 环境污染整治

B. 亏损合同

C. 承诺

D. 重组义务

E. 商业承兑汇票背书转让或贴现

3. 关于或有事项，下列说法中正确的有（   ）。

A. 将或有事项确认为预计负债的事项应在财务报表附注中披露

B. 企业不应确认或有负债

C. 极小可能导致经济利益流出企业的或有负债不应在财务报表附注中披露

D. 与或有事项有关的义务的履行很可能导致经济利益流出企业，就应将其确认为一项预计负债

E. 或有资产可能导致经济利益流入企业时，就应在财务报表附注中披露

4. 关于或有事项，下列说法中正确的有（　　）。

A. 企业承担的重组义务满足或有事项确认预计负债规定的，应当确认预计负债

B. 重组是指企业制定和控制的，将显著改变企业组织形式、经营范围或经营方式的计划实施行为

C. 企业应当按照与重组有关的直接支出确定预计负债金额

D. 与重组有关的直接支出包括留用职工岗前培训、市场推广、新系统和营销网络投入等支出

E. 企业应当按照与重组有关的全部支出确定预计负债金额

5. 下列有关或有事项的表述中，正确的有（　　）。

A. 或有事项的结果具有较大不确定性

B. 或有负债应在资产负债表内予以确认

C. 或有资产不应在资产负债表内予以确认

D. 或有事项只会对企业的经营形成不利影响

E. 或有事项产生的义务如符合负债确认条件应予确认

6. 将或有事项确认为负债，其金额应是清偿该负债所需支出的最佳估计数。下列说法中正确的有（　　）。

A. 如果所需支出存在一个连续范围，且该范围内各种结果发生的可能性相同，则最佳估计数应按该范围的上、下限金额的平均数确定

B. 如果所需支出不存在一个金额范围，或有事项涉及单个项目时，最佳估计数按最可能发生金额确定

C. 如果所需支出不存在一个金额范围，或有事项涉及多个项目时，最佳估计数按各种可能发生额的算术平均数确定

D. 如果所需支出不存在一个金额范围，或有事项涉及多个项目时，最佳估计数按各种可能发生额及其发生概率计算确定

E. 如果所需支出存在一个金额范围，则最佳估计数应按该范围的上、下限金额中的较小者确定

7. 如果清偿因或有事项而确认的负债所需支出全部或部分预期由第三方或

其他方补偿，下列说法中正确的有（　　）。

A. 补偿金额只能在基本确定收到时，作为资产单独确认，且确认的补偿金额不应超过所确认负债的账面价值

B. 补偿金额只能在很可能收到时，作为资产单独确认，且确认的补偿金额不应超过所确认负债的账面价值

C. 补偿金额在基本确定收到时，企业应按所需支出扣除补偿金额确认负债

D. 补偿金额在基本确定收到时，企业应按所需支出确认预计负债，而不能扣除补偿金额

E. 补偿金额只能在基本确定收到时，作为资产单独确认，补偿金额可超过所确认负债的账面价值

8. 对于应予披露的或有负债，企业应披露的内容有（　　）。

A. 或有负债形成的原因　　　　　　B. 或有负债预计产生的财务影响

C. 获得补偿的可能性　　　　　　　D. 或有负债发生的结果

E. 或有负债确认的金额

9. 在理解或有事项的确认标准时，通常将"可能性"划分的层次有（　　）。

A. 确定和完全不可能　　　　　　　B. 基本确定

C. 很可能　　　　　　　　　　　　D. 可能

E. 极小可能

10. A公司因或有事项很可能赔偿甲公司500 000元，同时因该或有事项，A公司基本确定可以从B公司获得200 000元的补偿金，A公司正确的会计处理有（　　）。

A. 登记"预计负债"500 000元

B. 登记"其他应收款"和"营业外收入"200 000元

C. 登记"营业外支出"和"预计负债"300 000元

D. 登记"营业外支出"300 000元，"其他应收款"200 000元

E. 登记"营业外支出"500 000元，"营业外收入"200 000元和"预计负债"200 000元

五、判断题

1. 因或有事项确认的负债，如果清偿负债所需支出全部或部分预期由第三方或其他方补偿，则补偿金额只能在基本确定收到时，作为资产单独确认。确认的补偿金额不应超过所确认负债的账面价值。（　　）

2．很可能导致经济利益流入企业的或有资产应予以披露。（　　）

3．或有事项只包括或有资产和或有负债。（　　）

4．或有事项不包括或有事项产生的现实义务。（　　）

5．无论或有资产和或有负债发生的可能性有多大，都不应确认。（　　）

6．或有资产一般不应在财务报表附注中披露。但或有资产很可能会给企业带来经济利益时，则在财务报表附注中应当披露其形成的原因、预计产生的财务影响等。（　　）

7．在涉及未决诉讼、未决仲裁的情况下，如果披露全部或部分信息预期会对企业造成重大不利影响，企业无须在财务报表附注中披露该未决诉讼、未决仲裁的形成性质和预计产生的财务影响等内容。（　　）

8．甲公司因或有事项确认了一项负债300 000元；同时，因该或有事项，甲公司还可以从乙公司获得赔偿100 000元，且这项赔偿金额很可能收到。在这种情况下，甲公司在利润表中应确认的营业外支出为200 000元。（　　）

9．甲公司因或有事项确认了一项负债600 000元；同时，因该或有事项，甲公司还可以从乙公司获得赔偿500 000元，且这项赔偿金额基本确定收到。在这种情况下，甲公司在利润表中应确认营业外支出100 000元。（　　）

10．对产品质量保证费用，如果企业针对特定批次产品确认预计负债，则在保修期结束时，应将"预计负债——产品质量保证"余额冲销，不留余额。（　　）

六、核算题

2018年11月11日，A银行批准B公司的信用贷款（无担保、无抵押）申请，同意向其贷款20 000 000元，期限1年，年利率6％。2019年11月11日，B公司的贷款（本金和利息）到期。B公司具有还款能力，但因与A银行之间存在其他经济纠纷，而未按时归还A银行的贷款。A银行遂与B公司协商，但没有达成协议。2019年11月20日，A银行向法院提起诉讼。截至2019年12月31日，法院尚未对A银行提起的诉讼进行审理。根据专家意见，A银行很可能在诉讼中获胜，将来很可能获得包括罚息在内的收入为400 000元；根据专家意见，B公司很可能败诉，预计将要支付的罚息、诉讼费等估计在400 000～420 000元之间（含诉讼费20 000元）。

要求：

（1）对A银行的或有事项是否要确认？是否要披露？如果要确认，请编制有关会计分录，并说明相关科目如何在利润表和资产负债表中列示。

（2）对 B 公司的或有事项是否要确认？是否要披露？如果要确认，请编制有关会计分录，并说明相关科目如何在利润表和资产负债表中列示。

4
CHAPTER

第四章
借款费用

一、借款费用的范围

借款费用是指企业因借入资金所付出的代价。借款费用包括借款利息（包括借款折价或者溢价的摊销和相关辅助费用）以及因外币借款而发生的汇兑差额等。对于企业发生的权益性融资费用，不应包括在借款费用中。承租人根据租赁会计准则所确认的融资租赁发生的融资费用属于借款费用。

【例 4-1】　某企业发生了借款手续费 10 000 元，发行公司债券佣金1 000 000 元，发行公司股票佣金 2 000 000 元，借款利息 200 000 元。其中借款手续费 10 000 元、发行公司债券佣金 1 000 000 元和借款利息 200 000 元均属于借款费用；发行公司股票属于公司权益性融资性质，所发生的佣金应当冲减溢价，不属于借款费用范畴，不应按照借款费用进行会计处理。

（一）因借款而发生的利息

因借款而发生的利息包括企业向银行或者其他金融机构等借入资金发生的利息、发行公司债券发生的利息，以及为购建或者生产符合资本化条件的资产而发生的带息债务所承担的利息等。例如，2019 年 5 月 8 日，甲公司开出一张期限为6 个月的商业承兑汇票，用于支付企业购买的一批工程用物资的价款 1 000 000元，商业承兑汇票上注明的月利率为 0.5%，则 2019 年 11 月 8 日甲公司为这批工程用物资所负担的利息 30 000 元（1 000 000×0.5%×6），即甲公司为建造固定资产而发生的带息债务所承担的利息。

（二）因借款而发生的折价或溢价的摊销

因借款而发生的折价或溢价的摊销主要是指对因企业发行债券等所发生的折

价或溢价的摊销。发行债券中的折价或者溢价，其实质是对债券票面利息的调整（即将债券票面利率调整为实际利率），属于借款费用的范畴。对折价或溢价的摊销，企业应采用实际利率法。例如，甲公司于 2017 年 1 月 1 日发行了 3 年期、面值为 80 000 000 元、票面利率为 10% 的债券，发行价格为 84 120 000 元，该债券按年付息，到期一次还本。该发行属于溢价发行，溢价金额为 4 120 000 元，实际利率为 8%，则每年年末甲公司应摊销的溢价金额依次为 1 270 400 元（80 000 000×10% － 84 120 000×8%）、1 372 032 元 [80 000 000×10% － (84 120 000 － 1 270 400)×8%]、1 477 568 元（4 120 000 － 1 270 400 － 1 372 032），甲公司因借款而发生的溢价的摊销额，应作为发行债券以后各期利息费用的调整额。

（三）因外币借款而发生的汇兑差额

因外币借款而发生的汇兑差额是指由于汇率变动导致市场汇率与账面汇率出现差异，从而对外币借款本金及其利息的记账本位币金额产生的影响金额。由于汇率的变化往往和利率的变化相联动，它是企业外币借款所需承担的风险，因此，因外币借款相关汇率变化所导致的汇兑差额属于借款费用的有机组成部分。例如，2019 年 9 月 2 日，甲公司向中国银行借入 100 000 美元，用于向国外购买工程用物资，借入时的市场汇率为 1 美元＝7.087 9 元人民币；2019 年 9 月 30 日，该笔美元借款尚未使用，市场汇率为 1 美元＝7.072 9 元人民币。2019 年 9 月 30 日，甲公司为这笔美元借款而发生的汇兑差额为－1 500 元 [100 000×(7.072 9 － 7.087 9)]，即为甲公司因外币借款而发生的汇兑差额。

（四）因借款而发生的辅助费用

因借款而发生的辅助费用是指企业在借款过程中发生的诸如手续费、佣金、印刷费等费用，由于这些费用是因安排借款发生的，也属于借入资金所付出的代价，是借款费用的构成部分。例如，甲公司为建造新生产线，发行 10 000 000 元的公司债券。与证券公司签署的协议约定：该批公司债券委托证券公司代理发行，发行手续费为发行总额的 2.5%，即 250 000 元（10 000 000×2.5%），甲公司另外支付咨询费、公证费等共计 5 000 元。此时，甲公司支付的发行手续费、咨询费、公证费等共计 255 000 元（250 000＋5 000），即为甲公司因借款而发生的辅助费用。

二、借款的范围

借款包括专门借款和一般借款。

专门借款是指为购建或者生产符合资本化条件的资产而专门借入的款项。专门款项通常应当有明确的用途，即为购建或者生产某项符合资本化条件的资产而专门借入的，并通常应当具有标明该用途的借款合同。例如，某制造企业为了建造厂房向某银行专门贷款 1 亿元、某房地产开发企业为了开发某住宅小区向某银行专门贷款 2 亿元等，均属于专门借款，其使用目的明确，而且其使用受与银行签订的相关合同限制。

一般借款是指除专门借款之外的借款，相对于专门借款而言，一般借款在借入时，其用途通常没有特指用于符合资本化条件的资产的购建或者生产。

三、符合资本化条件的资产

符合资本化条件的资产是指需要经过相当长时间的购建或者生产活动才能达到预定可使用或者可销售状态的固定资产、投资性房地产和存货等资产。建造合同成本、确认为无形资产的开发支出等在符合条件的情况下，也可以认定为符合资本化条件的资产。

符合资本化条件的存货，主要包括房地产开发企业开发的用于对外出售的房地产开发产品、企业制造的用于对外出售的大型机械设备等，这类存货通常需要经过相当长时间的建造或者生产过程，才能达到预定可销售状态。其中，"相当长时间"应当是指为资产的购建或者生产所必要的时间，通常为 1 年以上（含 1 年）。

在实务中，如果由于人为或者故意等非正常因素导致资产的购建或者生产时间相当长的，该资产不属于符合资本化条件的资产。购入即可使用的资产，或者购入后需要安装但所需安装时间较短的资产，或者需要建造或生产但所需建造或生产时间较短的资产，均不属于符合资本化条件的资产。

【例 4-2】　甲公司向银行借入资金分别用于生产 A 产品和 B 产品，其中，A 产品的生产时间较短，为 15 天；B 产品属于大型发电设备，生产时间较长，为 1 年零 3 个月。

为生产存货而借入的借款费用在符合资本化条件的情况下应当予以资本化，但本例中，由于 A 产品的生产时间较短，不符合需要经过相当长时间的生产才能达到预定可销售状态的资产，因此，为 A 产品的生产而借入资金所发生的借款费用不应计入 A 产品的生产成本，而应当计入当期财务费用。B 产品的生产时间比较长，属于需要经过相当长时间的生产才能达到预定可销售状态的资产，因此，符合资本化的条件，有关借款费用可以资本化，计入 B 产品的生产成本中。

第二节　借款费用的确认

借款费用的确认主要解决的是将每期发生的借款费用资本化、计入相关资产的成本，还是将有关借款费用费用化、计入当期损益的问题。根据借款费用准则的规定，借款费用确认的基本原则是：企业发生的借款费用，可直接归属于符合资本化条件的资产的购建或者生产的，应当予以资本化，计入相关资产成本；其他借款费用，应当在发生时根据其发生额确认为费用，计入当期损益。

企业只有发生在资本化期间内的有关借款费用，才允许资本化，资本化期间的确定是借款费用确认和计量的重要前提。借款费用资本化期间是指从借款费用开始资本化时点到停止资本化时点的期间，但不包括借款费用暂停资本化的期间。

一、借款费用开始资本化的时点

借款费用允许开始资本化必须同时满足三个条件，即资产支出已经发生、借款费用已经发生、为使资产达到预定可使用或者可销售状态所必要的购建或者生产活动已经开始。

（一）"资产支出已经发生"的界定

"资产支出已经发生"，是指企业为购建或生产符合资本化条件的资产已经发生了支付现金、转移非现金资产或者承担带息债务形式所发生的支出。其中：

（1）支付现金是指企业用货币资金支付符合资本化条件的资产的购建或者生产支出。例如，甲公司用银行汇票支付工程物资款。

（2）转移非现金资产是指企业将自己的非现金资产直接用于符合资本化条件的资产的购建或者生产。例如，甲公司为建造一条生产线而领用的本公司用于生产产品的原材料，或者将本公司生产的产品用于此生产线的建造，或者以非货币性资产交换的形式以公司的某项资产交换其他公司的建造固定资产所必需的物资等。

（3）承担带息债务是指企业为了购建或者生产符合资本化条件的资产所需用物资等而承担的带息应付款项（如带息应付票据）。企业以赊购方式购买这些物资所产生的债务可能带息，也可能不带息。如果企业赊购这些物资承担的是不带息债务，就不应当将购买价款计入资产支出，因为该债务在偿付前不需要承担利息，也没有占用借款资金。企业只有等到实际偿付债务，发生了资源流出时，才能将其作为资产支出。如果企业赊购物资承担的是带息债务，则企业要为这笔债务付出代价，支付利息，与企业向银行借入款项用以支付资产支出在性质上是一致的。所以，企业为购建或者生产符合资本化条件的资产而承担的带息债务应当作为资产支出，当该带息债务发生时，视同资产支出已经发生。

【例 4-3】　甲公司因购建长期工程所需，于 2019 年 3 月 1 日购入一批工程用物资，开出一张 100 000 元的带息银行承兑汇票，期限为 6 个月，票面年利率为 6%。对于该事项，企业尽管没有为工程建设直接支付现金，但承担了带息债务，所以应当将 100 000 元的购买工程用物资款作为资产支出，自 3 月 1 日开出银行承兑汇票开始即表明资产支出已经发生。

（二）"借款费用已经发生"的界定

"借款费用已经发生"，是指企业已经发生了因购建或者生产符合资本化条件的资产而专门借入款项的借款费用或者所占用的一般借款的借款费用。例如，企业以发行债券方式筹集资金来建造一项固定资产，此时债券本身可能还没有开始计息，但企业已经为发行债券向承销机构支付了一笔承销费，即发生了专门借款的辅助费用，因此，应当认为借款费用已经发生。

（三）"为使资产达到预定可使用或者可销售状态所必要的购建或者生产活动已经开始"的界定

"为使资产达到预定可使用或者可销售状态所必要的购建或者生产活动已经开始"，是指符合资本化条件的资产的实体建造或者生产工作已经开始，如主体设备的安装、厂房的实际开工建造等。它不包括仅仅持有资产、但没有发生为改变资产形态而进行的实质上的建造或者生产活动，如购置建筑用地而发生的借款费用，在持有土地但没有发生有关房屋建造活动期间，不能予以资本化。

企业只有在上述三个条件同时满足的情况下，有关借款费用才可开始资本化，只要其中有一个条件没有满足，借款费用就不能开始资本化。

【例4-4】 甲公司专门借入款项建造某符合资本化条件的固定资产，相关借款费用已经发生，同时固定资产的实体建造工作也已开始，但为固定资产建造所需物资等都是赊购或者客户垫付的（且所形成的负债均为不带息负债），发生的相关薪酬等费用也尚未形成现金流出。

在这种情况下，固定资产建造本身并没有占用借款资金，没有发生资产支出，该事项只满足借款费用开始资本化的第二、第三个条件，但是没有满足第一个条件，所以，所发生的借款费用不应予以资本化。

【例4-5】 甲公司为了建造一项符合资本化条件的固定资产，使用自有资金购置了工程物资，该固定资产也已经开始动工兴建，但专门借款资金尚未到位，也没有占用一般借款资金。

在这种情况下，企业尽管满足了借款费用开始资本化的第一、第三个条件，但是不符合借款费用开始资本化的第二个条件，因此不允许开始借款费用的资本化。

【例4-6】 甲公司为了建造某一项符合资本化条件的厂房已经使用银行存款购置了水泥、钢材等，发生了资产支出，相关借款也已开始计息，但是厂房因各种原因迟迟未能开工兴建。

在这种情况下，企业尽管符合了借款费用开始资本化的第一、第二个条件，但不符合借款费用开始资本化的第三个条件，因此所发生的借款费用不允许资本化。

二、借款费用暂停资本化的时点

符合资本化条件的资产在购建或者生产过程中发生非正常中断，且中断时间连续超过3个月的，应当暂停借款费用的资本化。中断的原因必须是非正常中断，属于正常中断的，相关借款费用仍可资本化。在实务中，企业应当遵循"实质重于形式"等原则来判断借款费用暂停资本化的时间，如果相关资产购建或者生产的中断时间较长而且满足其他规定条件的，相关借款费用应当暂停资本化。在中断期间发生的借款费用应当确认为费用，计入当期损益，直至资产的购建或者生产活动重新开始。

非正常中断通常是由于企业管理决策上的原因或者其他不可预见的原因等所导致的中断。例如，企业因与施工方发生了质量纠纷，或者工程、生产用料没有及时供应，或者资金周转发生了困难，或者施工、生产发生了安全事故，或者发生了与资产购建、生产有关的劳动纠纷等原因，导致资产购建或者生产活动发生中断，均属于非正常中断。

非正常中断与正常中断显著不同。正常中断通常仅限于因购建或者生产符合资本化条件的资产达到预定可使用或者可销售状态所必要的程序，或者事先可预见的不可抗力因素导致的中断。例如，某些工程建造到一定阶段必须暂停下来进行质量或者安全检查，检查通过后才可继续下一阶段的建造工作，这类中断是在施工前可以预见的，而且是工程建造必须经过的程序，属于正常中断。某些地区的工程在建造过程中，由于可预见的不可抗力因素（如雨季或冰冻季节等原因）导致施工出现停顿，也属于正常中断。例如，甲公司在北方某地建造某工程期间，正遇冰冻季节（通常为6个月），工程施工因此中断，待冰冻季节过后方能继续施工。由于该地区在施工期间出现较长时间的冰冻为正常情况，由此导致的施工中断是可预见的不可抗力因素导致的中断，属于正常中断。在正常中断期间所发生的借款费用可以继续资本化，计入相关资产的成本。

如果中断是所购建或者生产的符合资本化条件的资产达到预定可使用或者可销售状态必要的程序，借款费用的资本化应当继续进行。

三、借款费用停止资本化的时点

（一）借款费用停止资本化的一般原则

购建或者生产符合资本化条件的资产达到预定可使用或者可销售状态时，借款费用应当停止资本化。在符合资本化条件的资产达到预定可使用或者可销售状态之后所发生的借款费用，应当在发生时根据其发生额确认为费用，计入当期损益。

购建或者生产符合资本化条件的资产达到预定可使用或者可销售状态，可从下列几个方面进行判断：

（1）符合资本化条件的资产的实体建造（包括安装）或者生产工作已经全部完成或者实质上已经完成。

（2）所购建或者生产的符合资本化条件的资产与设计要求、合同规定或者生产要求相符或者基本相符，即使有极个别与设计、合同或者生产要求不相符的地方，也不影响其正常使用或者销售。

（3）继续发生在所购建或生产的符合资本化条件的资产上的支出金额很少或者几乎不再发生。

购建或者生产符合资本化条件的资产需要试生产或者试运行的，在试生产结果表明资产能够正常生产出合格产品，或者试运行结果表明资产能够正常运转或者营业时，应当认为该资产已经达到预定可使用或者可销售状态。

（二）购建或生产的符合资本化条件的资产各部分分别完工的情况

所购建或者生产的资产如果分别建造、分别完工的，企业应当区别情况界定借款费用停止资本化的时点。

购建或者生产的符合资本化条件的资产的各部分分别完工，且每部分在其他部分继续建造或者生产过程中可供使用或者可对外销售，且为使该部分资产达到预定可使用或可销售状态所必要的购建或者生产活动实质上已经完成的，应当停止与该部分资产相关的借款费用的资本化。

购建或者生产的资产的各部分分别完工，但必须等到整体完工后才可使用或者可对外销售的，应当在该资产整体完工时停止借款费用的资本化。在这种情况下，即使各部分资产已经完工，也不能够认为该部分资产已经达到了预定可使用或者可销售状态，企业只能在所购建固定资产整体完工时，才能认为资产已经达到了预定可使用或者可销售状态，借款费用方可停止资本化。

【例4-7】 甲公司在建设某一涉及数项工程的钢铁冶炼项目时，每个单项工程都是根据各道冶炼工序设计建造的，因此只能在每项工程都建造完毕后，整个冶炼项目才能正式运转，达到生产和设计要求，所以每一个单项工程完工后不应认为资产已经达到预定可使用状态，企业只有等到整个冶炼项目全部完工，达到预定可使用状态时，才能停止借款费用的资本化。

第三节　借款费用的计量

一、借款费用资本化金额的确定

在借款费用资本化期间内，每一会计期间的利息资本化金额，应当按照以下规定确定。

（一）专门借款利息费用的资本化金额

为购建或者生产符合资本化条件的资产而借入专门借款的，应当以专门借款当期实际发生的利息费用，减去将尚未动用的借款资金存入银行取得的利息收入或者进行暂时性投资取得的投资收益后的金额，确定为专门借款利息费用的资本化金额，并应当在资本化期间内，将其计入符合资本化条件的资产成本。

企业在确定每期利息资本化金额时，应当首先判断符合资本化条件的资产在购建或者生产过程所占用的资金来源，如果所占用的资金是专门借款资金，则应当在资本化期间内，根据每期实际发生的专门借款利息费用，确定应予资本化的金额。在企业将闲置的专门借款资金存入银行取得利息收入或者进行暂时性投资获取投资收益的情况下，企业还应当将这些相关的利息收入或者投资收益从资本化金额中扣除，以如实反映符合资本化条件的资产的实际成本。

【例 4-8】 乙公司于 2019 年 1 月 1 日正式动工兴建一幢办公楼，工期预计为 1 年，工程采用出包方式，分别于 2019 年 1 月 1 日、7 月 1 日和 10 月 1 日支付工程进度款 15 000 000 元、15 000 000 元和 10 000 000 元。办公楼于 2019 年 12 月 31 日完工，达到预定可使用状态。

乙公司为建造办公楼发生了两笔专门借款，分别为：(1) 2019 年 1 月 1 日专门借款 20 000 000 元，借款期限为 3 年，年利率为 8％，借款利息按年支付；(2) 2019 年 7 月 1 日专门借款 20 000 000 元，借款期限为 5 年，年利率为 10％，借款利息按年支付。闲置借款资金均用于固定收益债券短期投资，该短期投资月收益率为 0.5％。乙公司为建造该办公楼的专门借款及资金支出情况如表 4-1 所示。

表 4-1　　　　　　　　　　资产支出与闲置情况表　　　　　　　金额单位：元

日　期	借款金额	每期资产支出金额	累计资产支出金额	闲置借款资金用于短期投资金额
2019 年 01 月 01 日	20 000 000	15 000 000	15 000 000	5 000 000
2019 年 07 月 01 日	20 000 000	15 000 000	30 000 000	10 000 000
2019 年 10 月 01 日	0	10 000 000	40 000 000	0
总　计	40 000 000	40 000 000	40 000 000	10 000 000

根据上述资料，乙公司的会计处理如下：

(1) 确定借款费用资本化期间为 2019 年 1 月 1 日至 2019 年 12 月 31 日。

(2) 计算资本化金额。

$$\text{专门借款利息费用资本化金额} = (20\,000\,000 \times 8\% + 20\,000\,000 \times 10\% \times 6 \div 12) -$$

$$(5\,000\,000 \times 0.5\% \times 6 + 10\,000\,000 \times 0.5\% \times 3)$$

$$= 2\,600\,000 - 300\,000 = 2\,300\,000 \,(\text{元})$$

（3）会计分录。

借：在建工程　　　　　　　　　　　　　　　　　　　2 300 000
　　应收利息（或银行存款）　　　　　　　　　　　　　300 000
　贷：应付利息　　　　　　　　　　　　　　　　　　　2 600 000

（二）一般借款利息费用的资本化金额

企业在购建或者生产符合资本化条件的资产时，如果专门借款资金不足，占用了一般借款资金的，或者企业为购建或者生产符合资本化条件的资产并没有借入专门借款，而占用的都是一般借款资金，则企业应当根据为购建或者生产符合资本化条件的资产而发生的累计资产支出超过专门借款部分的资产支出加权平均数乘以所占用一般借款的资本化率，计算确定一般借款应予资本化的利息金额。资本化率应当根据一般借款加权平均利率计算确定。

如果符合资本化条件的资产的购建或者生产没有借入专门借款，则应以累计资产支出加权平均数为基础计算所占用的一般借款利息资本化金额。即企业占用一般借款资金购建或者生产符合资本化条件的资产时，一般借款的借款费用的资本化金额的确定应当与资产支出相挂钩。

因企业购建或生产相关资产的支出往往是逐步发生的，每笔支出所应承担的利息费用就有所不同，所以在计算利息资本化金额时，应当计算相关资产累计支出加权平均数，作为购建或者生产相关资产的平均资金占用额；同时，因企业为购建或者生产相关资产所使用的借款往往不止一笔，而每笔借款的利率又有所不同，所以企业在计算每期利息资本化金额时，不能单纯地用一个利率与累计支出加权平均数相乘，而应当首先计算出一个加权平均利率作为资本化率，然后再将其与累计资产支出加权平均数相乘求得当期利息资本化金额。计算公式为：

$$\frac{\text{一般借款利息费用}}{\text{资本化金额}} = \frac{\text{累计资产支出超过专门借款}}{\text{部分的资产支出加权平均数}} \times \frac{\text{所占用一般借款的}}{\text{资本化率}}$$

1. 累计资产支出加权平均数的确定

累计资产支出超过专门借款部分的资产支出加权平均数简称累计资产支出加权平均数。企业在计算利息资本化金额时所涉及的累计支出加权平均数，应按每笔资产支出金额与每笔资产支出占用的天数与会计期间涵盖的天数（或月数）之比相乘计算确定，用公式表示为：

$$\frac{\text{累计资产支出}}{\text{加权平均数}} = \sum\left(\frac{\text{每笔资产}}{\text{支出金额}} \times \frac{\text{每笔资产支出占用的天数}}{\text{会计期间涵盖的天数}}\right)$$

上述公式中,"每笔资产支出占用的天数"是指发生在相关资产上的支出所承担借款费用的时间长度;"会计期间涵盖的天数"是指计算应予资本化的借款费用金额的会计期间的长度。上述时间长度一般应以天数计算,也可以月数计算,具体可根据借款费用资本化金额的计算期和发生的资产支出笔数的多寡和均衡情况而定。

【例 4-9】 甲公司为增值税一般纳税人,从 2019 年 1 月 1 日开始建造一栋厂房,建造该厂房占用了一笔 2018 年 7 月 1 日从银行借入的期限为 3 年、年利率为 6%、金额为 10 000 000 元的借款的一部分。该厂房于 2019 年 12 月 31 日建造完工。为简化计算,假设每月按 30 天、每季度按 90 天、半年按 180 天、一年按 360 天计算。甲公司在 2019 年间发生的资产支出为:1 月 1 日,支付工程用物资款 2 400 000 元(不含税);每月 11 日,支付建造厂房人员的职工薪酬 100 000 元;7 月 16 日,将企业的原材料用于建造该厂房,该材料的成本为 1 000 000 元。

甲公司计算累计资产支出超过专门借款部分的累计资产支出加权平均数如下:

(1) 按季计算累计资产支出加权平均数。

第一季度累计资产支出加权平均数 $= 2\,400\,000 \times 90 \div 90 + 100\,000 \times 80 \div 90 + 100\,000 \times 50 \div 90 + 100\,000 \times 20 \div 90 = 2\,566\,667$(元)

第二季度累计资产支出加权平均数 $= (2\,400\,000 + 100\,000 \times 3) \times 90 \div 90 + 100\,000 \times 80 \div 90 + 100\,000 \times 50 \div 90 + 100\,000 \times 20 \div 90 = 2\,866\,667$(元)

第三季度累计资产支出加权平均数 $= (2\,400\,000 + 100\,000 \times 6) \times 90 \div 90 + 100\,000 \times 80 \div 90 + 1\,000\,000 \times 75 \div 90 + 100\,000 \times 50 \div 90 + 100\,000 \times 20 \div 90 = 4\,000\,000$(元)

第四季度累计资产支出加权平均数 $= (2\,400\,000 + 100\,000 \times 9 + 1\,000\,000) \times 90 \div 90 + 100\,000 \times 80 \div 90 + 100\,000 \times 50 \div 90 + 100\,000 \times 20 \div 90 = 4\,466\,667$(元)

(2) 按半年计算累计资产支出加权平均数。

上半年累计资产支出加权平均数 $= 2\,400\,000 \times 180 \div 180 + 100\,000 \times 170 \div 180 + 100\,000 \times 140 \div$

$$180+100\ 000\times110\div180+100\ 000\times80\div180+100\ 000\times$$

$$50\div180+100\ 000\times20\div180=2\ 716\ 667(元)$$

下半年累计资产
支出加权平均数 $=(2\ 400\ 000+100\ 000\times6)\times180\div180+100\ 000\times170\div180+$

$$1\ 000\ 000\times165\div180+100\ 000\times140\div180+100\ 000\times$$

$$110\div180+100\ 000\times80\div180+100\ 000\times50\div180+$$

$$100\ 000\times20\div180=4\ 233\ 333(元)$$

（3）按年计算累计资产支出加权平均数。

2019 年累计资产
支出加权平均数 $=2\ 400\ 000\times360\div360+100\ 000\times350\div360+100\ 000\times320\div$

$$360+100\ 000\times290\div360+100\ 000\times260\div360+$$

$$100\ 000\times230\div360+100\ 000\times200\div360+100\ 000\times$$

$$170\div360+1\ 000\ 000\times165\div360+100\ 000\times140\div360+$$

$$100\ 000\times110\div360+100\ 000\times80\div360+100\ 000\times$$

$$50\div360+100\ 000\times20\div360=3\ 475\ 000(元)$$

2. 资本化率的确定

（1）购建或者生产资产只占用一笔一般借款。

一般来说，为购建或者生产符合资本化条件的资产只占用一笔一般借款的情况下，该项借款的利率即为资本化率。如果这项一般借款为采用面值发行的债券，则债券的票面利率即为资本化率。当为购建或者生产符合资本化条件的资产折价或溢价发行了一笔债券时，不能直接将债券的票面利率作为资本化率，而应重新计算债券的实际利率并将其作为资本化率。

【例 4-10】 甲公司于 2019 年 1 月 1 日发行 3 年期债券，票面金额为 1 000 000 元，票面年利率为 6%，每年年末支付利息，到期一次还本，债券发行价格为 950 000 元（不考虑发行债券的辅助费用），款项于当期划入甲公司银行存款账户。甲公司决定利用发行该债券的资金建造一项固定资产。

甲公司计算实际利率的过程如下：

可在多次测试的基础上，用插值法计算实际利率。

每年年末支付利息 $=1\ 000\ 000\times6\%=60\ 000(元)$

根据公式：债券的发行价格=利息及本金现值之和

可以得出：$60\ 000\times(P/A,\ r,\ 3)+1\ 000\ 000\times(P/F,\ r,\ 3)=950\ 000$

当 $r=7\%$ 时，$60\ 000\times2.624\ 3+1\ 000\ 000\times0.816\ 3=973\ 758>950\ 000$

当 $r=8\%$ 时，$60\,000\times2.577\,1+1\,000\,000\times0.793\,8=948\,426<950\,000$

即，$7\%<r<8\%$，用插值法计算如下：

利率	现值
7%	973 758
r	950 000
8%	948 426

$(8\%-r)\div(8\%-7\%)=(948\,426-950\,000)\div(948\,426-973\,758)$

$r=8\%-(8\%-7\%)\times(948\,426-950\,000)\div(948\,426-973\,758)=7.94\%$

为简化核算，资本化率按 8% 计算。

（2）购建或者生产资产占用一笔以上一般借款。

为购建或者生产符合资本化条件的资产占用一笔以上一般借款的，资本化率应为这些一般借款的加权平均利率。

为购建或者生产符合资本化条件的资产占用一笔以上的一般借款，若这些借款都没有折价或溢价，一般借款资本化率的计算公式为：

$$\text{占用一般借款资本化率}=\text{占用一般借款加权平均利率}$$

$$=\frac{\text{占用一般借款当期实际发生的利息之和}}{\text{占用一般借款本金加权平均数}}\times100\%$$

其中，"占用一般借款当期实际发生的利息之和"是指企业因借入款项在当期实际发生的利息金额之和；"占用一般借款本金加权平均数"是指各一般借款的本金在会计期间内的加权平均数，其数值应根据每笔一般借款的本金乘以该借款在当期实际占用的天数与会计期间涵盖的天数之比确定。计算公式为：

$$\text{占用一般借款本金加权平均数}=\sum\left(\text{占用每笔一般借款本金}\times\frac{\text{每笔一般借款在当期实际占用的天数}}{\text{会计期间涵盖的天数}}\right)$$

为简化计算，也可以月数作为计算一般借款本金加权平均数的权数。

【例 4-11】 甲公司于 2019 年 1 月 1 日借入了年利率为 6% 的 3 年期借款 1 000 000 元；3 月 1 日又借入了年利率为 5% 的 3 年期借款 1 000 000 元。甲公司决定利用上述两项借款建造固定资产，固定资产的建造工作从 2019 年 1 月 1 日开始。假定企业按季度计算资本化金额。

在 3 月 31 日，企业的第一笔一般借款占用了 3 个月，第二笔一般借款占用了 1 个月，则：

$$当期利息=1\,000\,000\times6\%\times3\div12+1\,000\,000\times5\%\times1\div12=19\,167（元）$$

$$一般借款本金加权平均数=1\,000\,000\times3\div3+1\,000\,000\times1\div3$$
$$=1\,333\,333（元）$$

$$第一季度加权平均利率=19\,167\div1\,333\,333\times100\%=1.44\%$$

若这些一般借款中存在折价或溢价，还需将每期应摊销折价或溢价的金额作为利息的调整额，对加权平均利率即资本化率作相应调整。一般借款资本化率的计算公式为：

$$占用一般借款资本化率=占用一般借款加权平均利率$$

$$=\frac{占用一般借款当期实际发生的利息费用之和}{占用一般借款本金加权平均数}\times100\%$$

【例 4-12】 甲公司 2019 年 1 月 1 日开始建造一项固定资产，占用一般借款有两项：（1）2019 年 1 月 1 日借入的 3 年期借款 500 000 元，年利率为 6%，利息按年支付，到期一次还本。（2）2019 年 7 月 1 日发行的 3 年期债券 1 000 000元，票面利率为 6%，债券发行价格约为 950 000 元（实际利率约为 8%），债券利息按年支付，到期一次还本，债券折价采用实际利率法摊销。按半年计算借款费用资本化金额。

甲公司 2019 年上半年和下半年适用的资本化率计算如下：

（1）由于上半年只有一笔一般借款，资本化率即为该借款的利率，即 3%（6%×6÷12）。

（2）由于下半年有两笔一般借款，适用的资本化率为两项借款的加权平均利率。即：

$$加权平均利率=\frac{500\,000\times6\%\times6\div12+950\,000\times8\%\times6\div12}{500\,000\times6\div6+950\,000\times6\div6}\times100\%=3.66\%$$

3. 借款利息资本化金额的限定

资本化期间内，每一会计期间的利息资本化金额，不应当超过当期相关借款实际发生的利息金额。

在按资产支出计算每一会计期间利息的资本化金额时，如果企业购建或者生产资产的资金除了专门借款和一般借款外，还包括其他资金，此时，如果资产支出大于专门借款和一般借款金额，就可能会出现计算出的每一会计期间利息的资本化金额大于当期实际发生的利息金额的情况。在这种情况下，在应予资本化的每一会计期间，利息和折价或溢价摊销的资本化金额，不得超过当期专门借款、一般借款实际发生的利息和溢折价的摊销金额。

【例4-13】 （承例4-12）假定资产建造从2019年1月1日开始，固定资产于2019年12月31日建造完工，达到预定可使用状态。该公司在2019年发生的资产支出为：1月1日支付购买工程用物资500 000元（不含税）；7月1日，支付职工薪酬和购买专用设备款500 000元（不含税）。

根据上述资料，甲公司的会计处理如下：

（1）上半年应予资本化的利息金额。

①计算。

累计资产支出加权平均数＝500 000×6÷6＝500 000（元）

一般借款实际发生的利息金额＝500 000×6％×6÷12＝15 000（元）

借款利息应予资本化的金额＝500 000×3％＝15 000（元）

②会计分录。

借：在建工程 15 000

    贷：应付利息 15 000

（2）下半年应予资本化的利息金额。

①计算。

累计资产支出加权平均数＝(500 000＋500 000)×6÷6＝1 000 000（元）

一般借款实际发生的利息之和＝500 000×6％×6÷12＋950 000×8％×6÷12＝53 000（元）

借款利息应予资本化的金额＝1 000 000×3.66％＝36 600（元）

借款利息应计入财务费用的金额＝53 000－36 600＝16 400（元）

②会计分录。

借：在建工程 36 600

    财务费用——利息支出 16 400

    贷：应付利息（500 000×6％×6÷12＋1 000 000×6％×6÷12） 45 000

        应付债券——利息调整（53 000－45 000） 8 000

二、外币专门借款汇兑差额资本化金额的确定

当企业为购建或者生产符合资本化条件的资产所借入的专门借款为外币借款时，由于企业取得外币借款日、使用外币借款日和会计结算日往往不一致，而外

汇汇率又随时发生变化，因此，外币借款会产生汇兑差额。相应地，在借款费用资本化期间内，为购建或者生产符合资本化条件的资产而专门借入的外币借款所产生的汇兑差额，是购建或者生产资产的一项代价，应当予以资本化，计入符合资本化条件的资产成本。但在所购建或者生产符合资本化条件的资产达到预定可使用或者可销售状态之后所发生的外币借款本金及利息的汇兑差额应当计入当期损益。出于简化核算的考虑，在资本化期间内，外币专门借款本金及其利息的汇兑差额，应当予以资本化，计入符合资本化条件的资产的成本，而除外币专门借款之外的其他外币借款本金及其利息所产生的汇兑差额应当作为财务费用，计入当期损益。

第四节　综合案例分析

【例 4-14】　甲公司 2019 年 1 月 1 日开始建造一项固定资产，占用一般借款有两项：(1) 2019 年 1 月 1 日借入的 3 年期借款 500 000 元，年利率为 6%，利息按年支付，到期一次还本。(2) 2019 年 7 月 1 日发行的 3 年期债券 1 000 000 元，票面利率为 6%，债券发行价格约为 950 000 元（实际利率约为 8%），债券利息按年支付，到期一次还本，债券折价采用实际利率法摊销。

假定资产建造从 2019 年 1 月 1 日开始，固定资产于 2019 年 12 月 31 日建造完工，达到预定可使用状态。该公司在 2019 年发生的资产支出为：1 月 1 日支付购买工程用物资 500 000 元（不含税）；7 月 1 日，支付职工薪酬和购买专用设备款 500 000 元（不含税）；其余款项存入银行，月利率为 0.03%。

根据上述资料，甲公司按年计算借款费用资本化金额并进行相关账务处理如下：

(1) 计算。

累计资产支出加权平均数 $= 500\,000 \times 360 \div 360 + 500\,000 \times 180 \div 360$
$= 750\,000$（元）

一般借款实际发生的利息之和 $= 500\,000 \times 6\% + 950\,000 \times 8\% \times 6 \div 12$
$= 68\,000$（元）

加权平均利率 $= 68\,000 \div (500\,000 \times 12 \div 12 + 950\,000 \times 6 \div 12) \times 100\%$
$= 68\,000 \div 975\,000 \times 100\% = 6.97\%$

借款利息应予资本化的金额＝750 000×6.97％＝52 275（元）

闲置资金的利息收入＝(950 000－500 000)×0.03％×6＝810（元）

借款利息应计入财务费用的金额＝68 000－52 275－810＝14 915（元）

(2) 会计分录。

借：在建工程	52 275	
银行存款	810	
财务费用——利息支出	14 915	
贷：应付利息 (500 000×6％＋1 000 000×6％×6÷12)		60 000
应付债券——利息调整 (68 000－60 000)		8 000

【例 4-15】 甲公司于 2017 年 1 月 1 日，为建造某工程项目专门向银行贷款 1 000 000 美元，年利率为 8％且按单利计算，期限为 2 年，年末计息，到期一次还本。假定不考虑与借款有关的辅助费用，建造固定资产无其他支出。甲公司按年计算借款费用资本化金额。计算结果保留整数。

该工程于 2017 年 1 月 1 日开始实体建造，2018 年 6 月 30 日完工，达到预定可使用状态。建造期间发生的支出为：2017 年 1 月 1 日支出 600 000 美元，2018 年 1 月 1 日支出 400 000 美元。

甲公司以人民币为记账本位币，外币业务采用外币业务发生时当日的市场汇率折算。2017 年 1 月 1 日，市场汇率为 1 美元＝6.869 3 元人民币；2017 年 12 月 31 日，市场汇率为 1 美元＝6.506 3 元人民币；2018 年 1 月 1 日，市场汇率为 1 美元＝6.506 3 元人民币；2018 年 6 月 30 日，市场汇率为 1 美元＝6.437 9 元人民币；2018 年 12 月 31 日，市场汇率为 1 美元＝6.875 5 元人民币。假设不考虑闲置资金的利息收入问题。

根据上述资料，甲公司的会计处理如下：

(1) 2017 年 1 月 1 日，取得借款时：

借：银行存款——美元 (1 000 000 美元) (1 000 000×6.869 3)	6 869 300
贷：长期借款——美元（本金）(1 000 000 美元)	6 869 300

(2) 2017 年 1 月 1 日，支出工程款时：

借：在建工程	4 121 580
贷：银行存款——美元 (600 000 美元) (600 000×6.869 3)	4 121 580

(3) 2017 年 12 月 31 日，借款利息资本化时：

借款利息＝1 000 000×8％＝80 000(美元)

借：在建工程 520 504

    贷：长期借款——美元（应计利息）（80 000 美元）（80 000×6.506 3）

              520 504

（4）2017 年 12 月 31 日，外币借款本息汇兑差额资本化时：

外币借款本息汇兑差额 $=1\,000\,000×(6.506\,3-6.869\,3)+80\,000×(6.506\,3-6.506\,3)$

$$=-363\,000+0$$

$$=-363\,000(元)$$

借：长期借款——美元（本金） 363 000

    贷：在建工程 363 000

（5）2018 年 1 月 1 日，支出工程款时：

借：在建工程 2 602 520

    贷：银行存款——美元（400 000 美元）（400 000×6.506 3） 2 602 520

（6）2018 年 6 月 30 日，借款利息资本化时：

借：在建工程 257 516

    贷：长期借款——美元（应计利息）（40 000 美元）（40 000×6.437 9）

              257 516

（7）2018 年 6 月 30 日，外币借款本息汇兑差额资本化时：

外币借款本息汇兑差额 $=1\,000\,000×(6.437\,9-6.506\,3)+80\,000×(6.437\,9-6.506\,3)+$

$$40\,000×(6.437\,9-6.437\,9)$$

$$=-68\,400-5\,472+0=-73\,872(元)$$

借：长期借款——美元（本金） 68 400

        ——美元（应计利息） 5 472

    贷：在建工程 73 872

（8）2018 年 6 月 30 日，工程完工结转固定资产时：

借：固定资产 7 065 248

    贷：在建工程 7 065 248

（9）2018 年 12 月 31 日，借款利息费用化时：

借：财务费用——利息支出 275 020

    贷：长期借款——美元（应计利息）（40 000 美元）（40 000×6.875 5）

              275 020

（10）2018 年 12 月 31 日，外币借款本息汇兑差额费用化时：

$$\begin{aligned}\text{外币借款本息汇兑差额} &= 1\,000\,000 \times (6.875\,5 - 6.437\,9) + (80\,000 + 40\,000) \times \\ &\quad (6.875\,5 - 6.437\,9) + 40\,000 \times (6.875\,5 - 6.875\,5) \\ &= 437\,600 + 52\,512 + 0 = 490\,112(\text{元})\end{aligned}$$

借：财务费用——汇兑差额   490 112

  贷：长期借款——美元（本金）   437 600

      ——美元（应计利息）   52 512

（11）2018 年 12 月 31 日，到期还本付息时：

借：长期借款——美元（本金）（1 000 000 美元）   6 875 500

      ——美元（应计利息）（160 000 美元）   1 100 080

  贷：银行存款——美元（1 160 000 美元）   7 975 580

自测题

一、名词解释

1. 借款费用

2. 借款费用资本化

3. 借款费用费用化

4. 专门借款

5. 一般借款

6. 资本化率

二、简答题

1. 简述借款费用的范围。

2. 简述借款费用资本化的条件。

3. 简述专门借款与一般借款利息费用资本化的区别。

4. 简述一般借款资本化率的确定。

三、单项选择题

1. 下列项目中，不属于借款费用的是（   ）。

A. 发行公司股票佣金   B. 发行公司债券佣金

C. 借款手续费   D. 借款利息

2. 甲上市公司股东大会于 2019 年 1 月 4 日作出决议，决定建造厂房。为此，甲公司于当年 3 月 5 日向银行专门借款 50 000 000 元，年利率为 6%，款项于当日划入甲公司银行存款账户。3 月 15 日，厂房正式动工兴建。3 月 16 日，甲公司购入建造厂房用水泥和钢材一批，价款 5 000 000 元，当日用银行存款支付。3 月 31 日，计提当月专门借款利息。甲公司在 3 月份没有发生其他与厂房购建有关的支出，则甲公司专门借款利息应开始资本化的时间为（　　）。

A. 3 月 5 日　　　　　　　　　B. 3 月 15 日

C. 3 月 16 日　　　　　　　　　D. 3 月 31 日

3. 在确定借款费用资本化金额时，与专门借款有关的利息收入应（　　）。

A. 计入营业外收入　　　　　　B. 冲减所购建的固定资产成本

C. 计入当期财务费用　　　　　D. 冲减借款费用资本化的金额

4. 企业为建造某项固定资产于 2019 年 1 月 1 日专门借入了 1 000 000 元，3 月 1 日又专门借入了 3 000 000 元，固定资产的建造工作从 1 月 1 日开始。假定企业按季计算资本化金额。则 2019 年第一季度专门借款本金加权平均数为（　　）元。

A. 2 000 000　　　　　　　　　B. 1 000 000

C. 4 000 000　　　　　　　　　D. 3 000 000

5. 下列各项中，不属于符合资本化条件的资产的是（　　）。

A. 投资性房地产　　　　　　　B. 无形资产

C. 存货　　　　　　　　　　　D. 应收账款

6. 如果固定资产的购建活动发生非正常中断，并且中断时间连续超过（　　），应当暂停借款费用的资本化，将其确认为当期费用，直至资产的购建活动重新开始。

A. 1 年　　　　　　　　　　　B. 3 个月

C. 半年　　　　　　　　　　　D. 2 年

7. 借款费用准则中的专门借款是指（　　）。

A. 为购建或者生产符合资本化条件的资产而专门借入的款项

B. 发行债券取得的款项

C. 发行股票取得的款项

D. 技术改造借款

8. 甲公司 2019 年 1 月 1 日发行面值总额为 100 000 000 元的债券，取得的款项专门用于建造厂房。该债券系分期付息、到期还本债券，期限为 4 年，票面年利率为 10%，每年 12 月 31 日支付当年利息。该债券实际年利率为 8%。债券发行价格总额为 106 621 000 元，款项已存入银行。厂房于 2019 年 1 月 1 日开工建造，2019 年度累计发生建造工程支出 46 000 000 元。经批准，当年甲公司将尚未使用的债券资金投资于国债，取得投资收益 7 600 000 元。2019 年 12 月 31 日工程尚未完工，该在建工程的账面余额为（　　）元。

A. 46 929 680　　　　　　　B. 49 062 100

C. 54 529 680　　　　　　　D. 48 400 000

9. 当所购建的固定资产（　　）时，应当停止其借款费用的资本化；以后发生的借款费用应当于发生当期确认为财务费用。

A. 交付使用　　　　　　　　B. 竣工决算

C. 达到预定可使用状态　　　D. 交付使用并办理竣工决算手续

10. 下列符合资本化条件的资产所发生的借款费用在予以资本化时，要与资产支出挂钩的是（　　）。

A. 专门借款利息　　　　　　B. 专门借款的辅助费用

C. 一般借款利息　　　　　　D. 外币专门借款的汇兑差额

四、多项选择题

1. 下列项目中，属于借款费用的有（　　）。

A. 借款手续费用　　　　　　B. 发行公司债券发生的利息

C. 发行公司债券发生的溢价　D. 发行公司债券折价的摊销

E. 外币借款汇兑损失

2. 下列项目中，属于借款费用应予资本化的资产范围的有（　　）。

A. 国内采购的生产设备

B. 机械制造企业制造的用于对外出售的大型机械设备

C. 补偿贸易引进的设备

D. 房地产开发企业建造的商品房

E. 自行建造的用于出租的建筑物

3. 在同时满足几个条件时，因专门借款而发生的利息、折价或溢价的摊销和汇兑差额应当开始资本化。这些条件包括（　　）。

A. 资产支出已经发生

B. 借款费用已经发生

C. 为使资产达到预定可使用或者可销售状态所必要的购建或者生产活动已经开始

D. 资产达到预定可使用状态

E. 人员工资已经支付

4. 资本化率确认的原则包括(　　)。

A. 为购建固定资产只占用一笔一般借款，资本化率为该项借款的利率

B. 为购建固定资产占用一笔以上的一般借款，资本化率为这些借款的加权平均利率

C. 为购建固定资产占用一笔以上的专门借款，资本化率为这些借款的算术平均利率

D. 为简化计算，可以月数作为计算一般借款本金加权平均数的权数

E. 为购建固定资产溢价发行债券时，资本化率为债券票面利率

5. 借款费用准则中的资产支出包括（　　）。

A. 为购建或者生产符合资本化条件的资产而已支付的现金

B. 为购建或者生产符合资本化条件的资产而转移非现金资产

C. 为购建或者生产符合资本条件的资产而承担的带息债务已经发生

D. 计提在建工程人员工资

E. 赊购工程物资（不带息）

6. 在借款费用符合资本化条件的会计期间，下列有关借款费用会计处理的表述中，正确的有（　　）。

A. 为购建或者生产符合资本化条件的资产向商业银行借入专门借款发生的辅助费用，应予资本化

B. 为购建或者生产符合资本化条件的资产而取得的外币专门借款本金发生的汇兑差额，应予资本化

C. 为购建或者生产符合资本化条件的资产而资本化的利息金额，不得超过当期专门借款实际发生的利息

D. 为购建或者生产符合资本化条件的资产而取得的外币专门借款利息发生的汇兑差额，全部计入当期损益

E. 为购建或者生产符合资本化条件的资产溢价发行的债券，每期面值和票面利率计算的利息减去按直线法摊销的溢价后的差额应予资本化

7. 企业为购建或者生产符合资本化条件的资产专门借入的款项所发生的借款费用，停止资本化的时点有（　　）。

A. 所购建或者生产符合资本化条件的资产已达到或者基本达到设计要求或

合同规定要求时

B. 符合资本化条件的资产的实体建造或者生产工作已经全部完成或者实质上已经完成时

C. 继续发生在所购建或者生产符合资本化条件的资产上的支出金额很少或者几乎不再发生时

D. 购建或者生产符合资本化条件的资产需要试生产或者试运行的，在试生产结果表明资产能够正常生产出合格产品时

E. 所购建或者生产符合资本化条件的资产达到预定可使用或者可销售状态时

8. 下列各项中，资产所发生的借款费用在符合资本化条件时可以资本化的有（　　）。

A. 自行建造的投资性房地产

B. 自行建造的办公楼

C. 委托其他单位制造的自用大型设备

D. 自己开发的专利

E. 租入的运输工具

9. 下列各项中，筹资支付的利息不应考虑资本化的有（　　）。

A. 为加工经过相当长的时间才能达到的可销售状态的设备而取得借款

B. 为加工经过相当长的时间才能达到可使用状态的设备而取得借款

C. 融资租赁固定资产的融资费用

D. 为购买不需要安装、直接使用的固定资产而取得的借款

E. 为固定资产的大修理而取得借款

10. 甲公司于 2019 年动工兴建厂房，在该厂房建造过程中，该公司发生的下列支出或者费用中，属于规定的资产支出的有（　　）。

A. 用银行存款购买工程物资

B. 支付在建工程人员职工薪酬

C. 工程项目领用本企业生产的产品

D. 发生的业务招待费支出

E. 用带息票据购入工程物资

五、判断题

1. 一般借款是指为购建或者生产符合资本化条件的资产而专门借入的款项。

（　　）

2. 购入即可使用的资产，或者购入后需要安装但所需安装时间较短的资产，属于不符合资本化条件的资产。（　　）

3. 只要为使资产达到预定可使用或者可销售状态所必要的购建或者生产活动已经开始，借款费用就可以资本化了。（　　）

4. 符合资本化条件的资产在购建或者生产过程中发生非正常中断，且中断时间连续超过 3 个月的，应当暂停借款费用资本化。（　　）

5. 每一会计期间的利息资本化金额，不应当超过当期相关借款实际发生的利息金额。（　　）

6. 为购建或生产符合资本化条件的资产而专门借入的外币借款所产生的汇兑差额应当全部资本化。（　　）

7. 在购建固定资产过程中，某部分固定资产已达到预定可使用状态，但必须待整体完工后方可使用，则需待整体完工后停止借款费用资本化。（　　）

8. 为购建或者生产符合资本化条件的资产而占用了一般借款的，企业应当根据累计资产支出超过专门借款部分的资产支出加权平均数乘以所占用一般借款的资本化率，计算确定一般借款应予资本化的利息金额。（　　）

9. 借款费用准则中的资产支出不包括为购建或生产符合资本化条件的资产而转移的非现金资产。（　　）

10. 借款存在溢价或折价的，应当按照实际利率法确定每一会计期间应摊销的溢价或折价金额，调整每期利息金额。（　　）

六、核算题

1. 甲公司为增值税一般纳税人，从 2019 年 1 月 1 日开始建造一项固定资产，为建造该项资产占用了从银行借入的年利率为 6%、2 年期、金额为 8 000 000 元的一笔借款，该借款按年付息，到期还本并支付最后一次利息。固定资产于 2019 年 12 月 31 日建造完工，达到预定可使用状态。假定每月均按 30 天计算。该公司在 2019 年 1～12 月间发生的资产支出为：1 月 1 日，支付购买工程用材料款 2 000 000 元；4 月 16 日，支付职工薪酬 500 000 元；5 月 11 日，支付购买专用设备款 3 000 000 元；7 月 21 日，支付其他费用 1 000 000 元；12 月 1 日，支付职工薪酬 500 000 元。

要求：按半年计算甲公司 2019 年借款费用资本化金额，并编制相关会计分录。

2. 甲公司于 2017 年 1 月 1 日为建造一条生产线，专门向银行借入 2 年期美元借款 1 800 000 美元，年利率为 8%，按年付息，到期还本并支付最后一次利息。企业按年计算应予资本化的借款费用，当期无其他外币借款。该生产线于当年 1 月 1 日开始建造，当年 12 月 31 日建造完毕，达到预定可使用状态。

建造期间，发生的支出情况如下：2017 年 1 月 1 日，发生支出 900 000 美元，市场汇率为 1 美元＝6.869 3 元人民币；2017 年 7 月 1 日发生支出 900 000 美元，市场汇率为 1 美元＝6.779 3 元人民币。

甲公司以人民币为记账本位币，外币业务采用外币业务发生时当日的市场汇率折算。2017 年 12 月 31 日的市场汇率为 1 美元＝6.506 3 元人民币；2018 年 12 月 31 日的市场汇率为 1 美元＝6.875 5 元人民币。

要求：按年计算甲公司借款费用资本化金额，并编制相关会计分录。

5
CHAPTER

第五章
所得税

第一节　所得税核算的基本原理

　　企业的会计核算和税收处理遵循不同的原则、服务于不同的目的。在我国，会计的确认、计量和报告应当遵从企业会计准则的规定，真实、完整地反映企业的财务状况、经营成果和现金流量等信息，为投资者、债权人等会计信息使用者提供有用的决策依据。而税法则以课税为目的，即根据国家税收法律法规的规定，确定一定时期内纳税人应缴纳的所得税额。所得税会计的形成和发展是所得税法规和会计准则规定相互分离的必然结果，两者分离的程度与差异的种类、数量直接影响和决定了所得税会计处理方法的改进。

　　我国所得税会计采用了资产负债表债务法，要求企业从资产负债表出发，通过比较资产负债表上列示的资产、负债按照企业会计准则规定确定的账面价值与按照税法规定确定的计税基础，对于两者之间的差异分别应纳税暂时性差异与可抵扣暂时性差异，确认相关的递延所得税负债与递延所得税资产，在综合考虑当期应交所得税的基础上，确定每一会计期间的利润表中的所得税费用。

一、资产负债表债务法

　　所得税会计是会计与税收规定之间的差异在所得税会计核算中的具体体现。所得税准则规定，企业应当采用资产负债表债务法核算所得税。

　　资产负债表债务法在所得税的会计核算方面遵循了资产、负债等基本会计要素的界定，较为完整地体现了资产负债观。从资产负债表角度考虑，资产的账面价值代表的是某项资产在持续持有及最终处置的一定期间内为企业带来未来经济利益的总额；而其计税基础代表的是该期间内按照税法规定就该项资产可以税前扣除的总额。资产的账面价值小于其计税基础的，表明该项资产于未来期间产生的经济利益流入低于按照税法规定允许税前扣除的金额，产生可抵减未来期间应纳税所得额的因素，减少未来期间以所得税税款的方式流出企业的经济利益，应确认为递延所得税资产。反之，一项资产的账面价值大于其计税基础的，两者之间的差额会增加企业于未来期间的应纳税所得额及应交所得税，对企业形成经济利益流出的义务，则应确认为递延所得税负债。

资产负债表债务法是基于资产负债表中所列示的资产、负债账面价值和计税基础经济含义的基础上，分析按照会计原则列报的账面价值与税法规定的差异，并就有关差异确定相关所得税影响的会计方法。相较于仅将当期实际应交所得税作为利润表中所得税费用的核算方法，资产负债表债务法除了能够反映企业已经持有的资产、负债及其变动对当期利润的影响外，还能够反映有关资产、负债对未来期间的所得税影响，在所得税核算领域贯彻了资产负债观。

二、所得税核算的一般程序

在采用资产负债表债务法核算所得税的情况下，企业一般应于每一资产负债表日进行所得税的核算。企业合并等特殊交易或事项发生时，在确认因交易或事项取得的资产、负债时即应同时确认相关的所得税影响。企业进行所得税核算一般应遵循以下程序：

（1）按照相关会计准则规定，确定资产负债表中除递延所得税资产和递延所得税负债以外的其他资产和负债项目的账面价值。资产、负债的账面价值是指企业按照相关会计准则的规定进行核算后在资产负债表中列示的金额。对于计提了减值准备的各项资产，是指其账面余额减去已计提的减值准备后的余额。例如，企业持有的应收账款账面余额为 1 000 000 元，企业对该笔应收账款计提了 100 000 元的坏账准备，其账面价值为 900 000 元，也就是该应收账款在资产负债表中的列示金额。

（2）按照会计准则中对于资产和负债计税基础的确定方法，以适用的税收法规为基础，确定资产负债表中有关资产、负债项目的计税基础。

（3）比较资产、负债的账面价值与其计税基础，对于两者之间存在差异的，分析其性质，除准则中规定的特殊情况外，分别应纳税暂时性差异与可抵扣暂时性差异并乘以所得税税率，确定资产负债表日递延所得税负债和递延所得税资产的应有金额，并与期初递延所得税负债和递延所得税资产的余额相比较，确定当期应予进一步确认的递延所得税资产和递延所得税负债金额或应予转销的金额，作为利润表中所得税费用的一个组成部分即递延所得税。

（4）就企业当期发生的交易或事项，按照适用的税法规定，计算确定当期应纳税所得额，将应纳税所得额与适用的所得税税率计算的结果确认为当期应交所得税，作为利润表中所得税费用的另一个组成部分即当期所得税。

（5）确定利润表中的所得税费用。利润表中的所得税费用包括当期所得税（当期应交所得税）和递延所得税两个组成部分，企业在计算确定了当期所得税和递延所得税后，两者之和（或差），就是利润表中的所得税费用。

第二节　资产、负债的计税基础

所得税会计的关键在于确定资产、负债的计税基础。在确定资产、负债的计税基础时，应严格遵循税收法规中对于资产的税务处理以及可税前扣除的费用等的规定进行。

一、资产的计税基础

资产的计税基础是指企业收回资产账面价值过程中，计算应纳税所得额时，按照税法规定可以自应税经济利益中抵扣的金额，即某一项资产在未来期间计税时按照税法规定可以税前扣除的总金额。

资产在初始确认时，其计税基础一般为取得成本，即企业为取得某项资产支付的成本在未来期间准予税前扣除。在资产持续持有过程中，其计税基础是指资产的取得成本减去以前期间按照税法规定已经税前扣除的金额后的余额，即按照税法规定，该项资产在未来期间计税时仍然可以税前扣除的金额。如固定资产、无形资产等长期资产在某一资产负债表日的计税基础，是指其成本扣除按照税法规定已在以前期间税前扣除的累计折旧额或累计摊销额后的金额。

现举例说明部分资产项目计税基础的确定。

（一）固定资产

以各种方式取得的固定资产，初始确认时按照会计准则规定确定的入账价值基本上是被税法认可的，即取得时其账面价值一般等于其计税基础。

固定资产在持有期间进行后续计量时，由于会计与税法规定就折旧方法、折旧年限以及固定资产减值准备的提取处理的不同，可能造成固定资产的账面价值与计税基础的差异。

1. 折旧方法、折旧年限的差异

会计准则规定，企业应当根据与固定资产有关的经济利益的预期实现方式合理选择折旧方法，如可以按年限平均法计提折旧，也可以按双倍余额递减法、年数总和法等计提折旧，前提是企业选用的有关折旧方法反映相关固定资产包含经济利益的实现方式。税法中除某些按照规定可以加速折旧的情况外，基本上可以税前扣除的是按照年限平均法计提的折旧。

另外，税法还就每一类固定资产的最低折旧年限作出了规定，而会计准则规定折旧年限是由企业根据固定资产的性质和使用情况合理确定的。如企业进行会计处理时确定的折旧年限与税法规定不同，也会因每一期间折旧额的差异产生固定资产在资产负债表日账面价值与计税基础的差异。

2. 因计提固定资产减值准备产生的差异

持有固定资产期间内，在对固定资产计提了减值准备以后，因税法规定企业计提的资产减值准备在资产发生实质性损失前不允许税前扣除，在有关减值准备转变为实质性损失前也会造成固定资产的账面价值与计税基础的差异。

【例 5-1】　甲公司于 2017 年 12 月 30 日取得的某项固定资产，原价为 750 000 元，使用年限为 10 年，会计上采用年限平均法计提折旧，净残值为零。税法规定该类（由于技术进步、产品更新换代较快的）固定资产采用加速折旧法计提的折旧可予税前扣除，该企业在计税时采用双倍余额递减法计列折旧，净残值为零。2019 年 12 月 31 日，企业估计该项固定资产的可收回金额为 550 000 元。

2019 年 12 月 31 日，该项固定资产的账面余额＝750 000－75 000×2＝600 000（元），该账面余额大于其可收回金额 550 000 元，两者之间的差额应计提 50 000 元的固定资产减值准备。

2019 年 12 月 31 日，该项固定资产的账面价值＝750 000－75 000×2－50 000＝550 000（元），其计税基础＝750 000－750 000×20％－（750 000－750 000×20％）×20％＝480 000（元）。

该项固定资产的账面价值 550 000 元与其计税基础 480 000 元之间的 70 000 元差额，将于未来期间计入企业的应纳税所得额。

（二）无形资产

除内部研究开发形成的无形资产以外，其他方式取得的无形资产，初始确认时按照会计准则规定确定的入账价值与按照税法规定确定的计税基础之间一般不存在差异。无形资产的账面价值与计税基础之间的差异主要产生于内部研究开发形成的无形资产以及使用寿命不确定的无形资产。

1. 内部研究开发无形资产的差异

内部研究开发形成的无形资产，其成本为开发阶段符合资本化条件以后至达到预定用途前发生的支出，除此之外，研究开发过程中发生的其他支出应予费用化计入当期损益；税法规定，自行开发的无形资产，以开发过程中该资产符合资本化条件后至达到预定用途前发生的支出为计税基础。另外，对于研究开发费用的加计扣除，税法规定，企业为开发新技术、新产品、新工艺发生的研究开发费用，未形成无形资产计入当期损益的，在按照规定据实扣除的基础上，按照研究开发费用的75%加计扣除；形成无形资产的，按照无形资产成本的175%摊销。

另外，会计准则中规定有例外条款，即如该无形资产的确认不是产生于企业合并交易、同时在确认时既不影响会计利润也不影响应纳税所得额，则不确认该暂时性差异的所得税影响。该种情况下，无形资产在初始确认时，对于会计与税收规定之间存在的暂时性差异不予确认，持续持有过程中，在初始未予确认暂时性差异的所得税影响范围内的摊销额等的差异亦不予确认。

【例5-2】 甲公司当期为开发新技术发生研究开发支出共计3 000 000元，其中研究阶段支出600 000元，开发阶段符合资本化条件前发生的支出为400 000元，符合资本化条件后至达到预定用途前发生的支出为2 000 000元。税法规定，企业为开发新技术、新产品、新工艺发生的研究开发费用，未形成无形资产计入当期损益的，按照研究开发费用的75%加计扣除；形成无形资产的，按照无形资产成本的175%摊销。假定开发形成的无形资产在当期期末已达到预定用途（尚未开始摊销）。

甲公司当期发生的研究开发支出中，按照会计准则规定应予费用化的金额为1 000 000元，形成无形资产的成本为2 000 000元，即期末所形成无形资产的账面价值为2 000 000元。

甲公司当期发生的3 000 000元研究开发支出，按照税法规定可在税前扣除的金额为1 750 000元 [1 000 000×(1+75%)]。所形成无形资产在未来期间可予税前扣除的金额为3 500 000元 [2 000 000×(1+75%)]，其计税基础为3 500 000元，形成暂时性差异1 500 000元。

应予说明的是，上述 1 500 000 元暂时性差异因产生于无形资产的初始确认，该无形资产并非产生于企业合并，且该无形资产在初始确认时既未影响会计利润，也未影响到应纳税所得额，因此，该 1 500 000 元暂时性差异的所得税影响不予确认。

2. 无形资产后续计量产生的差异

无形资产在后续计量时，会计与税法的差异主要产生于无形资产是否需要摊销、摊销方法和年限的差异及无形资产减值准备的提取。

会计准则规定，无形资产取得后，企业应根据其使用寿命情况，区分为使用寿命有限的无形资产与使用寿命不确定的无形资产。对于使用寿命不确定的无形资产，不要求摊销，但持有期间每年应进行减值测试。税法规定，企业取得的无形资产成本，应在一定期限内摊销，即税法中没有界定使用寿命不确定的无形资产，所有的无形资产成本均应在一定期间内摊销。由此，对于使用寿命不确定的无形资产，会计处理时不予摊销，但计税时按照税法规定确定的摊销额允许税前扣除，造成该类无形资产账面价值与计税基础的差异。

在对无形资产计提减值准备的情况下，因税法规定计提的无形资产减值准备在转变为实质性损失前不允许税前扣除，即在提取无形资产减值准备的期间，无形资产的计税基础不会随减值准备的提取发生变化，但其账面价值会随减值准备的提取而下降，从而造成无形资产的账面价值与计税基础的差异。

【例 5-3】 甲公司于 2019 年 1 月 1 日取得某项无形资产，取得成本为 800 000 元，取得该项无形资产后，企业根据各方面情况判断，无法合理预计其使用期限，将其作为使用寿命不确定的无形资产。2019 年 12 月 31 日，对该项无形资产进行减值测试表明未发生减值。甲公司在计税时，对该项无形资产按照 10 年的期限采用直线法摊销，摊销金额允许税前扣除。

会计上将该项无形资产作为使用寿命不确定的无形资产，因未发生减值，其在 2019 年 12 月 31 日的账面价值为取得成本 800 000 元。

该项无形资产在 2019 年 12 月 31 日的计税基础为 720 000 元（成本 800 000 元－按照税法规定可予税前扣除的摊销额 80 000 元）。

该项无形资产的账面价值 800 000 元与其计税基础 720 000 元之间的差额 80 000 元，将计入未来期间的应纳税所得额，或者可以理解为因为该 80 000 元已经在当期计算应纳税所得额时税前扣除，从而减少了当期应交所得税，未来期间不会再予扣除，当企业于未来期间产生相关的经济利益流入时即应交税。

（三）以公允价值计量且其变动计入当期损益的金融资产

按照金融工具确认和计量准则的规定，以公允价值计量且其变动计入当期损益的金融资产，于某一会计期末的账面价值为其公允价值。税法规定，企业以公允价值计量的金融资产、金融负债以及投资性房地产等，持有期间公允价值的变动不计入应纳税所得额，在实际处置或结算时，处置取得的价款扣除其历史成本后的差额应计入处置或结算期间的应纳税所得额。按照该规定，以公允价值计量的金融资产在持有期间市价的波动在计税时不予考虑，有关金融资产在某一会计期末的计税基础为其取得成本，从而造成在公允价值变动的情况下，对以公允价值计量的金融资产的账面价值与计税基础之间的差异。

企业持有的以公允价值计量且其变动计入其他综合收益的金融资产，其计税基础的确定，与以公允价值计量且其变动计入当期损益的金融资产类似，可比照处理。

【例5-4】 2019年10月10日，甲公司自证券市场取得一项权益性投资，支付价款1 800 000元，作为交易性金融资产核算。2019年12月31日，该项权益性投资的市价为1 920 000元。

该项交易性金融资产的期末市价为1 920 000元，其按照会计准则规定进行核算的、在2019年资产负债表日的账面价值为1 920 000元。

因税法规定以公允价值计量的金融资产在持有期间公允价值的变动不计入应纳税所得额，其在2019年资产负债表日的计税基础应维持原取得成本不变，为1 800 000元。

该交易性金融资产的账面价值1 920 000元与其计税基础1 800 000元之间产生了120 000元的暂时性差异，该暂时性差异在未来期间转回时会增加未来期间的应纳税所得额。

（四）其他资产

因会计准则规定与税法规定不同，企业持有的其他资产，可能造成其账面价值与计税基础之间存在差异，如采用公允价值模式计量的投资性房地产以及其他计提了资产减值准备的各项资产（如应收账款、存货等）。

1. 投资性房地产

企业持有的投资性房地产进行后续计量时，会计准则规定可以采用两种模式：一种是成本模式，采用该种模式计量的投资性房地产，其账面价值与计税基础的确定与固定资产、无形资产相同；另一种是在符合规定条件的情况下，可以采用公允价值模式对投资性房地产进行后续计量。

对于采用公允价值模式进行后续计量的投资性房地产，其账面价值的确定类似于以公允价值计量的金融资产，因税法中没有投资性房地产的概念及专门的税收处理规定，其计税基础的确定类似于固定资产或无形资产的计税基础。

2. 其他计提了资产减值准备的各项资产

对于其他计提了资产减值准备的各项资产来说，计提了减值准备后，其账面价值会随之下降，而税法规定资产在发生实质性损失之前，预计的减值损失不允许税前扣除，即其计税基础不会因减值准备的提取而变化，造成在计提资产减值准备以后，资产的账面价值与其计税基础之间产生差异。

【例 5-5】　甲公司 2019 年 12 月 31 日应收账款余额为 8 000 000 元，期末，该公司对应收账款计提了 800 000 元的坏账准备。税法规定，不符合国务院财政、税务主管部门规定的各项资产减值准备不允许税前扣除。假定该公司应收账款及坏账准备的期初余额均为零。

该项应收账款在 2019 年资产负债表日的账面价值为 7 200 000 元（8 000 000－800 000），因有关的坏账准备不允许税前扣除，其计税基础为 8 000 000 元。该计税基础 8 000 000 元与其账面价值 7 200 000 元之间产生的 800 000 元暂时性差异，在应收账款发生实质性损失时，会减少未来期间的应纳税所得额。

二、负债的计税基础

负债的计税基础是指负债的账面价值减去未来期间计算应纳税所得额时按照税法规定可予抵扣的金额。用公式表示即为：

$$负债的计税基础 = 账面价值 - 未来期间按照税法规定可予税前扣除的金额$$

短期借款、应付票据、应付账款等负债的确认和偿还，一般不会影响企业的损益，也不会影响其应纳税所得额，未来期间计算应纳税所得额时按税法规定可予抵扣的金额为零，计税基础即为账面价值。但是，某些情况下，负债的确认可能会影响企业的损益，进而影响不同期间的应纳税所得额，使得其计税基础与账面价值之间产生差额，如按照会计规定确认的某些预计负债。

（一）企业因销售商品提供售后服务等原因确认的预计负债

按照或有事项准则的规定，企业对于预计提供售后服务将发生的支出在满足有关确认条件时，销售当期即应确认为费用，同时确认预计负债。如果税法规定，与销售产品相关的支出应于发生时税前扣除。因该类事项产生的预计负债在期末的计税基础为其账面价值与未来期间可税前扣除的金额之间的差额，即为零。

其他交易或事项确认的预计负债，应按照税法规定的计税原则确定其计税基础。某些情况下，因有些事项确认的预计负债，税法规定其支出无论是否实际发生均不允许税前扣除，即未来期间按照税法规定可予抵扣的金额为零，账面价值等于计税基础。

【例 5-6】 甲公司 2018 年因销售产品承诺提供 3 年期的免费保修服务，在当年度利润表中确认了 600 000 元的销售费用，同时确认为预计负债。2018 年未发生任何保修支出，2019 年发生保修支出 100 000 元。假定按照税法规定，与产品售后服务相关的费用在实际发生时允许税前扣除。

该项预计负债在甲公司 2018 年 12 月 31 日资产负债表中的账面价值为 600 000 元；因税法规定与产品保修相关的支出在未来期间实际发生时允许税前扣除，则该项预计负债 2018 年 12 月 31 日的计税基础＝账面价值－未来期间计算应纳税所得额时按照税法规定可予抵扣的金额＝600 000－600 000＝0（元）。

该项预计负债在甲公司 2019 年 12 月 31 日资产负债表中的账面价值为 500 000 元（600 000－100 000）；因税法规定与产品保修相关的支出在未来期间实际发生时允许税前扣除，则该项预计负债 2019 年 12 月 31 日的计税基础＝账面价值－未来期间计算应纳税所得额时按照税法规定可予抵扣的金额＝500 000－（600 000－100 000）＝0（元）。

该项预计负债的账面价值 600 000 元（或 500 000 元）与其计税基础零之间的暂时性差异可以理解为：未来期间企业实际发生 600 000 元（或 500 000 元）的经济利益流出用以履行产品保修义务时，税法规定允许税前扣除，即减少未来实际发生期间的应纳税所得额。

（二）预收账款

企业在收到客户预付的款项时，因不符合收入确认条件，会计上将其确认为负债。税法中对于收入的确认原则一般与会计规定相同，即会计上未确认收入时，计税时一般也不计入应纳税所得额，该部分经济利益在未来期间计税时可予税前扣除的金额为零，计税基础等于账面价值。

在某些情况下，因不符合会计准则规定的收入确认条件，未确认为收入的预收款项，按照税法规定应计入当期应纳税所得额时，有关预收账款的计税基础为零，即因其产生时已经计算缴纳所得税，未来期间可全额税前扣除。

【例 5-7】 甲公司于 2019 年 12 月 10 日收到客户一笔房产合同预付款，金额为 5 000 000 元，因不符合收入确认条件，作为预收账款核算。按照税法规定，该款项应计入取得当期应纳税所得额计算缴纳所得税。

该预收账款在甲公司 2019 年 12 月 31 日资产负债表中的账面价值为 5 000 000 元。

因按照税法规定，该项预收账款应计入取得当期的应纳税所得额计算缴纳所得税，与该项负债相关的经济利益已在取得当期计算缴纳所得税，未来期间按照会计准则规定应确认收入时，不再计入应纳税所得额，即未来期间计算应纳税所得额时可予税前扣除的金额=5 000 000÷（1+9%）=4 587 156（元），计税基础=账面价值—未来期间计算应纳税所得额时按照税法规定可予抵扣的金额=5 000 000—4 587 156=412 844（元）。

该项负债的账面价值 5 000 000 元与其计税基础 412 844 之间产生的 4 587 156 元暂时性差异，会减少企业于未来期间的应纳税所得额，使企业未来期间以应交所得税的方式流出的经济利益减少。

（三）应付职工薪酬

会计准则规定，企业为获得职工提供的服务给予的各种形式的报酬以及其他相关支出均应作为企业的成本费用，在未支付之前确认为负债。税法中对于合理的职工薪酬基本允许税前扣除，但税法中如果规定了税前扣除标准，按照会计准则规定计入成本费用支出的金额超过规定标准部分，应进行纳税调整。因超过部分在发生当期不允许税前扣除，在以后期间也不允许税前扣除，即该部分差额对未来期间计税不产生影响，所产生应付职工薪酬负债的账面价值等于计税基础。企业当期计提的职工教育经费支出超过了税法规定的允许税前扣除标准的，超过部分在发生当期不允许税前扣除，但可以结转以后纳税年度税前扣除，即该部分差额会对未来期间计税产生影响，这时应付职工薪酬的账面价值与其计税基础就会产生暂时性差异。

【例 5-8】 某企业 2019 年 12 月计入成本费用的职工薪酬 6 300 000 元均为合理的职工薪酬，其中：职工工资总额 4 000 000 元、工会经费 120 000 元、职工教育经费 380 000 元、社会保险费 1 320 000 元、住房公积金 480 000 元，至 2019 年 12 月 31 日尚未支付，在资产负债表中作为"应付职工薪酬"项目列示。按照税法规定，当期计入成本费用的 6 300 000 元职工薪酬支出中，可予税前扣除的职工薪酬支出为 6 200 000 元，其中：职工工资总额 4 000 000 元，工会经费 80 000 元、职工教育经费 320 000 元、社会保险费 1 320 000 元、住房公积金 480 000 元，超标的工会经费 40 000 元（120 000−80 000）不得结转以后纳税年度扣除，但超标的职工教育经费 60 000 元（380 000−320 000）可结转以后纳税年度扣除。

该项应付职工薪酬负债于 2019 年 12 月 31 日的账面价值为 6 300 000 元。

该项应付职工薪酬负债于 2019 年 12 月 31 日的计税基础＝账面价值−未来期间计算应纳税所得额时按照税法规定可予抵扣的金额＝6 300 000−60 000＝6 240 000（元）。

该项应付职工薪酬负债的账面价值 6 300 000 元与其计税基础 6 240 000 元之间产生的 60 000 元暂时性差异，在未来期间会减少企业的应纳税所得额。

另外，该事项中工会经费的会计处理与税收处理存在差异，之所以不形成暂时性差异的原因是两者之间的 40 000 元差异在产生当期不能税前扣除，在未来期间也不能税前扣除，从而构成一项永久性差异，其不会对未来期间的计税产生影响。

（四）其他负债

企业的其他负债项目，如应交的罚金、罚款和滞纳金等，在尚未支付之前，按照会计规定确认为费用，同时作为负债反映。税法规定，罚金、罚款和滞纳金不能税前扣除，即该部分费用无论是在发生当期还是在以后期间均不允许税前扣除，其计税基础为账面价值减去未来期间计税时可予税前扣除的金额零之间的差额，即计税基础等于账面价值。

其他交易或事项产生的负债，其计税基础的确定应当遵从适用税法的相关规定。

【例 5-9】 甲公司 2019 年 12 月因违反当地有关环保法规的规定，接到环保部门的处罚通知，要求其支付罚款 760 000 元。税法规定，企业因违反国家有关法律法规规定支付的罚金、罚款和滞纳金，计算应纳税所得额时不允许税前扣除。至 2019 年 12 月 31 日，该项罚款尚未支付。

对于该项罚款，甲公司应计入 2019 年利润表，同时在资产负债表中确认为一项负债。

其计税基础＝账面价值−未来期间计算应纳税所得额时按照税法规定可予抵扣的金额＝760 000−0＝760 000（元）。

该项负债的账面价值与其计税基础均为 760 000 元，不形成暂时性差异，不会对未来期间的计税产生影响。

三、特殊交易或事项中产生的资产、负债计税基础的确定

除企业在正常生产经营活动过程中取得的资产和负债以外，对于某些特殊交易中产生的资产、负债，其计税基础的确定应遵从税法规定，如企业合并过程中取得资产、负债计税基础的确定。

在企业合并准则中，视参与合并各方在合并前后是否为同一方或相同的多方最终控制，将企业合并分为同一控制下的企业合并与非同一控制下的企业合并两种类型。同一控制下的企业合并，合并中取得的有关资产、负债基本上维持其原账面价值不变，合并中不产生新的资产和负债；对于非同一控制下的企业合并，合并中取得的有关资产、负债应按其在购买日的公允价值计量，企业合并成本大于合并中取得可辨认净资产公允价值的份额部分确认为商誉，企业合并成本小于合并中取得可辨认净资产公允价值的份额部分计入合并当期损益。

对于企业合并的税收处理，通常情况下被合并企业应视为按公允价值转让、处置全部资产，计算资产的转让所得，依法缴纳所得税。合并企业接受被合并企业的有关资产，计税时可以按经评估确认的价值确定计税基础。

由于会计准则与税收法规对企业合并的划分标准不同，处理原则不同，某些情况下，会造成企业合并中取得的有关资产、负债的入账价值与其计税基础的差异。

第三节　暂时性差异

暂时性差异是指资产、负债的账面价值与其计税基础不同产生的差额。因资产、负债的账面价值与其计税基础不同，产生了在未来收回资产或清偿负债期间内，应纳税所得额增加或减少并导致未来期间应交所得税增加或减少的情况，形成企业的资产或负债，在有关暂时性差异发生当期，符合确认条件的情况下，应当确认相关的递延所得税负债或递延所得税资产。

根据暂时性差异对未来期间应纳税所得额的影响，分为应纳税暂时性差异和可抵扣暂时性差异。

除因资产、负债的账面价值与其计税基础不同产生的暂时性差异以外，按照

税法规定可以结转以后年度的未弥补亏损和税款抵减，也视同可抵扣暂时性差异进行处理。

一、应纳税暂时性差异

应纳税暂时性差异是指在确定未来收回资产或清偿负债期间的应纳税所得额时，将导致产生应税金额的暂时性差异，即在未来期间不考虑该事项影响的应纳税所得额的基础上，由于该暂时性差异的转回，会进一步增加转回期间的应纳税所得额和应交所得税金额，在其产生当期应当确认相关的递延所得税负债。

应纳税暂时性差异通常产生于以下两种情况。

（一）资产的账面价值大于其计税基础

资产的账面价值代表的是企业在持续使用及最终出售该项资产时将取得的经济利益的总额，而计税基础代表的是资产在未来期间可予税前扣除的总金额。资产的账面价值大于其计税基础，该项资产未来期间产生的经济利益不能全部税前抵扣，两者之间的差额需要交税，产生应纳税暂时性差异。例如，一项资产的账面价值为 280 000 元，计税基础如果为 140 000 元，两者之间的差额会造成未来期间应纳税所得额和应交所得税的增加，在其产生当期，应确认相关的递延所得税负债。

（二）负债的账面价值小于其计税基础

负债的账面价值为企业预计在未来期间清偿该项负债时的经济利益流出，而其计税基础代表的是账面价值在扣除税法规定未来期间允许税前扣除的金额之后的差额。负债的账面价值与其计税基础不同产生的暂时性差异，实质上是税法规定就该项负债在未来期间可以税前扣除的金额（即与该项负债相关的费用支出在未来期间可予税前扣除的金额）。负债的账面价值小于其计税基础，则意味着就该项负债在未来期间可以税前抵扣的金额为负数，即应在未来期间应纳税所得额的基础上调增，增加未来期间的应纳税所得额和应交所得税金额，产生应纳税暂时性差异，应确认相关的递延所得税负债。

二、可抵扣暂时性差异

可抵扣暂时性差异是指在确定未来收回资产或清偿负债期间的应纳税所得额时，将导致产生可抵扣金额的暂时性差异。该差异在未来期间转回时会减少转回期间的应纳税所得额，减少未来期间的应交所得税。在可抵扣暂时性差异产生当期，符合确认条件时，应当确认相关的递延所得税资产。

可抵扣暂时性差异一般产生于以下两种情况。

（一）资产的账面价值小于其计税基础

资产的账面价值小于其计税基础，意味着资产在未来期间产生的经济利益少，按照税法规定允许税前扣除的金额多，两者之间的差额可以减少企业在未来期间的应纳税所得额并减少应交所得税，符合有关条件时，应当确认相关的递延所得税资产。例如，一项资产的账面价值为 500 000 元，计税基础为 740 000 元，则企业在未来期间就该项资产可以在其自身取得经济利益的基础上多扣除 240 000 元，未来期间应纳税所得额会减少，应交所得税也会减少，形成可抵扣暂时性差异。

（二）负债的账面价值大于其计税基础

负债的账面价值大于其计税基础，负债产生的暂时性差异实质上是税法规定就该项负债可以在未来期间税前扣除的金额。即：

$$\begin{aligned}\text{负债产生的}\atop\text{暂时性差异} &= {\text{账面}\atop\text{价值}} - {\text{计税}\atop\text{基础}} \\ &= {\text{账面}\atop\text{价值}} - \left({\text{账面}\atop\text{价值}} - {\text{未来期间计税时按照税法}\atop\text{规定可予税前扣除的金额}}\right) \\ &= \text{未来期间计税时按照税法规定可予税前扣除的金额}\end{aligned}$$

负债的账面价值大于其计税基础，意味着未来期间按照税法规定与该项负债相关的全部或部分支出可以自未来应税经济利益中扣除，减少未来期间的应纳税所得额和应交所得税额。符合有关确认条件时，应确认相关的递延所得税资产。例如，企业对将发生的产品保修费用在销售当期确认预计负债 300 000 元，但税法规定有关费用支出只有在实际发生时才能够税前扣除，其计税基础为零；企业确认预计负债的当期相关费用不允许税前扣除，但在以后期间有关费用实际发生时允许税前扣除，使得未来期间的应纳税所得额和应交所得税减少，产生可抵扣暂时性差异。

三、特殊项目产生的暂时性差异

（一）未作为资产、负债确认的项目产生的暂时性差异

某些交易或事项发生以后，因为不符合资产、负债确认条件而未体现为资产

负债表中的资产或负债，但按照税法规定能够确定其计税基础的，其账面价值零与计税基础之间的差异也构成暂时性差异。如企业在开始正常的生产经营活动以前发生的筹建等费用，会计准则规定应于发生时计入当期损益，不体现为资产负债表中的资产。按照税法规定，企业发生的该类费用可以在开始正常生产经营活动后的 5 年内分期摊销，准予税前扣除。该类事项不形成资产负债表中的资产，但按照税法规定可以确定其计税基础，两者之间的差异也形成暂时性差异。

【例 5-10】 甲公司在开始正常生产经营活动之前发生了 1 000 000 元的筹建费用，在发生时已计入当期损益。税法规定，企业在筹建期间发生的费用，允许在开始正常生产经营活动之后 5 年内分期税前扣除。

该项费用支出因按会计准则规定在发生时已计入当期损益，不体现为资产负债表中的资产，即如果将其视为资产，其账面价值为零。

按照税法规定，该费用可以在开始正常的生产经营活动后 5 年内分期税前扣除，假定企业在 2019 年开始正常生产经营活动，当期税前扣除了 200 000 元，其于未来期间可税前扣除的金额为 800 000 元，即在 2019 年 12 月 31 日的计税基础为 800 000 元。

该项资产的账面价值零与其计税基础 800 000 元之间产生了 800 000 元暂时性差异，该暂时性差异在未来期间可减少企业的应纳税所得额，为可抵扣暂时性差异，符合确认条件时，应确认相关的递延所得税资产。

（二）可抵扣亏损及税款抵减产生的暂时性差异

按照税法规定可以结转以后年度的未弥补亏损及税款抵减，虽不是因资产、负债的账面价值与计税基础不同产生的，但与可抵扣暂时性差异具有同样的作用，均能够减少未来期间的应纳税所得额，进而减少未来期间的应交所得税，会计处理上视同可抵扣暂时性差异，符合条件的情况下，应确认与其相关的递延所得税资产。

【例 5-11】 甲公司于 2019 年发生经营亏损 2 000 000 元，按照税法规定，该亏损可用于抵减以后 5 个年度的应纳税所得额。该公司预计未来 5 年期间能够产生足够的应纳税所得额弥补该亏损。

该经营亏损不是资产、负债的账面价值与其计税基础不同产生的，但从性质上可以减少未来期间企业的应纳税所得额和应交所得税，属于可抵扣暂时性差异。企业预计未来期间能够产生足够的应纳税所得额利用该可抵扣亏损时，应确认相关的递延所得税资产。

第四节 递延所得税负债及递延所得税资产的确认和计量

企业在计算确定了应纳税暂时性差异与可抵扣暂时性差异后，应当按照所得税会计准则规定的原则确认递延所得税负债以及递延所得税资产。

一、递延所得税负债的确认和计量

(一) 递延所得税负债的确认

企业在确认因应纳税暂时性差异产生的递延所得税负债时，应遵循以下原则。

1. 基于谨慎性原则

除所得税准则中明确规定可不确认递延所得税负债的情况以外，企业对于所有的应纳税暂时性差异均应确认相关的递延所得税负债。除与直接计入所有者权益的交易或事项以及企业合并中取得资产、负债相关的以外，在确认递延所得税负债的同时，应增加利润表中的所得税费用。

与应纳税暂时性差异相关的递延所得税负债的确认，体现了会计上的谨慎性原则，即企业进行会计核算时不应高估资产、不应低估负债。

【例 5-12】 （承例 5-4）假定甲公司 2019 年除该交易性金融资产外，当期发生的交易和事项不存在其他会计与税收的差异。

2019 年资产负债表日，对该项交易性金融资产的账面价值 1 920 000 元与其计税基础 1 800 000 元之间产生 120 000 元应纳税暂时性差异，甲公司应确认递延所得税负债 30 000 元（120 000×25％）。

2. 不确认递延所得税负债的特殊情况

有些情况下，虽然资产、负债的账面价值与其计税基础不同，产生了应纳税暂时性差异，但出于各方面考虑，所得税准则中规定不确认相应的递延所得税负债。下面以商誉的初始确认为例予以说明。

非同一控制下的企业合并中，企业合并成本大于合并中取得的被购买方可辨认净资产公允价值份额的差额，按照会计准则规定应确认为商誉。因会计与税收的划分标准不同，会计上作为非同一控制下的企业合并，但如果按照税法规定计税时作为免税合并的情况下，商誉的计税基础为零，其账面价值与计税基础不同形成应纳税暂时性差异，准则中规定不确认与其相关的递延所得税负债。

【例5-13】　甲公司以增发市场价值为6 000 000元的自身普通股为对价购入乙公司100%的净资产，对乙公司进行吸收合并，合并前甲公司与乙公司不存在任何关联方关系。假定该项合并符合税法规定的免税合并条件，交易各方选择进行免税处理，购买日乙公司各项可辨认资产、负债的公允价值及其计税基础如表5-1所示。

表5-1　　　　　　乙公司资产、负债的公允价值及其计税基础情况表　　　　金额单位：元

项目	公允价值	计税基础	暂时性差异
固定资产	2 700 000	1 550 000	1 150 000
应收账款	2 100 000	2 100 000	0
存货	1 740 000	1 240 000	500 000
应付账款	(1 200 000)	(1 200 000)	0
其他应付款	(300 000)	0	(300 000)
不包括递延所得税的可辨认资产、负债的公允价值	5 040 000	3 690 000	1 350 000

乙公司适用的所得税税率为25%，预期在未来期间不会发生变化，该项交易中应确认递延所得税负债及商誉的金额计算如下：

可辨认净资产公允价值=5 040 000元

递延所得税资产=300 000×25%=75 000（元）

递延所得税负债=（1 150 000+500 000）×25%=1 650 000×25%=412 500（元）

考虑递延所得税后可辨认资产、负债的公允价值=5 040 000+75 000-412 500=4 702 500（元）

企业合并成本=6 000 000元

商誉=6 000 000-4 702 500=1 297 500（元）

因该项合并符合税法规定的免税合并条件，当事各方选择进行免税处理的情况下，购买方在免税合并中取得的被购买方有关资产、负债应维持其原计税基础不变。被购买方原账面上未确认商誉，即商誉的计税基础为零。

该项合并中所确认的商誉金额1 297 500元与其计税基础零之间产生的应纳税暂时性差异，不再进一步确认相关的所得税影响。

应予说明的是，按照会计准则规定在非同一控制下企业合并中确认了商誉，

并且按照所得税法的规定商誉在初始确认时计税基础等于账面价值的，该商誉在后续计量过程中因会计准则与税法规定不同产生暂时性差异的，应当确认相关的所得税影响。

(二) 递延所得税负债的计量

所得税准则规定，资产负债表日，对于递延所得税负债，应当根据适用税法规定，按照预期收回该资产或清偿该负债期间的适用税率计量。即递延所得税负债应以相关应纳税暂时性差异转回期间按照税法规定适用的所得税税率计量。无论应纳税暂时性差异的转回期间如何，相关的递延所得税负债不要求折现。

企业应设置"递延所得税负债"科目，核算企业根据所得税准则确认的应纳税暂时性差异产生的所得税负债。本科目可按应纳税暂时性差异的项目进行明细核算，科目期末贷方余额，反映企业已确认的递延所得税负债。

二、递延所得税资产的确认和计量

(一) 递延所得税资产的确认

1. 确认的一般原则

递延所得税资产产生于可抵扣暂时性差异。确认因可抵扣暂时性差异产生的递延所得税资产，应以未来期间很可能取得用来抵扣可抵扣暂时性差异的应纳税所得额为限。在可抵扣暂时性差异预期转回的未来期间内，企业无法产生足够的应纳税所得额用以利用可抵扣暂时性差异的影响，使得与可抵扣暂时性差异相关的经济利益无法实现的，不应确认递延所得税资产；企业有明确的证据表明其于可抵扣暂时性差异转回的未来期间能够产生足够的应纳税所得额，进而利用可抵扣暂时性差异的，则应以很可能取得的应纳税所得额为限，确认相关的递延所得税资产。

在判断企业于可抵扣暂时性差异转回的未来期间是否能够产生足够的应纳税所得额时，应考虑企业在未来期间通过正常的生产经营活动能够实现的应纳税所得额以及以前期间产生的应纳税暂时性差异在未来期间转回时将增加的应纳税所得额。

2. 不确认递延所得税资产的情况

某些情况下，企业发生的某项交易或事项不属于企业合并，并且交易发生时既不影响会计利润也不影响应纳税所得额，且该项交易中产生的资产、负债的初始确认金额与其计税基础不同，产生可抵扣暂时性差异的，所得税准则中规定在交易或事项发生时不确认相关的递延所得税资产。

【例 5-14】　甲公司进行内部研究开发所形成的无形资产成本为 2 000 000 元，因按照税法规定可于未来期间税前扣除的金额为 3 500 000 元，其计税基础为 3 500 000 元。

该项无形资产并非产生于企业合并，同时在初始确认时既不影响会计利润，也不影响应纳税所得额，确认其账面价值与计税基础之间产生暂时性差异的所得税影响，需要调整该项资产的历史成本，所得税准则中规定该种情况下不确认相应的递延所得税资产。

(二) 递延所得税资产的计量

1. 适用税率的确定

同递延所得税负债的计量原则相一致，确认递延所得税资产时，应当以预期收回该资产期间的适用所得税税率为基础计算确定。无论相关的可抵扣暂时性差异转回期间如何，递延所得税资产均不要求折现。

2. 递延所得税资产的减值

企业在确认了递延所得税资产以后，资产负债表日，应当对递延所得税资产的账面价值进行复核。如果未来期间很可能无法取得足够的应纳税所得额用以利用可抵扣暂时性差异带来的经济利益，应当减记递延所得税资产的账面价值。减记的递延所得税资产，除原确认时计入所有者权益的，其减记金额亦应计入所有者权益外，其他的情况均应增加当期的所得税费用。

因无法取得足够的应纳税所得额利用可抵扣暂时性差异减记递延所得税资产账面价值的，以后期间根据新的环境和情况判断能够产生足够的应纳税所得额利用可抵扣暂时性差异，使得递延所得税资产包含的经济利益能够实现的，应相应恢复递延所得税资产的账面价值。

企业应设置"递延所得税资产"科目，核算企业根据所得税准则确认的可抵扣暂时性差异产生的所得税资产。本科目应当按照可抵扣暂时性差异等项目进行明细核算，科目期末借方余额，反映企业已确认的递延所得税资产。

三、适用所得税税率变化对已确认递延所得税资产和递延所得税负债的影响

因税收法规的变化，导致企业在某一会计期间适用的所得税税率发生变化的，企业应对已确认的递延所得税资产和递延所得税负债按照新的税率进行重新

计量。递延所得税资产和递延所得税负债的金额代表的是有关可抵扣暂时性差异或应纳税暂时性差异于未来期间转回时，导致企业应交所得税金额的减少或增加的情况。在适用税率变动的情况下，应对原已确认的递延所得税资产及递延所得税负债的金额进行调整，反映税率变化带来的影响。

除直接计入所有者权益的交易或事项产生的递延所得税资产及递延所得税负债，相关的调整金额应计入所有者权益以外，其他情况下因税率变化产生的调整金额应确认为税率变化当期的所得税费用（或收益）。

第五节 所得税费用的确认和计量

所得税会计的主要目的之一是确定当期应交所得税以及利润表中的所得税费用。在按照资产负债表债务法核算所得税的情况下，利润表中的所得税费用包括当期所得税和递延所得税两个部分。

所得税费用是指企业因所得收益而缴纳的所得税费用。企业设置"所得税费用"科目，核算企业确认的应从当期利润总额中扣除的所得税费用。本科目可按"当期所得税费用""递延所得税费用"进行明细核算。期末，应将本科目余额转入"本年利润"科目，结转后本科目无余额。

一、当期所得税

当期所得税是指企业按照税法规定计算确定的针对当期发生的交易和事项，应交纳给税务部门的所得税金额，即当期应交所得税，当期所得税应以适用的税收法规为基础计算确定。即：

当期所得税＝当期应交所得税

企业在确定当期应交所得税时，对于当期发生的交易或事项，会计处理与税法处理不同的，应在会计利润的基础上，按照适用税收法规的规定进行调整，计算出当期应纳税所得额，按照应纳税所得额与适用所得税税率计算确定当期应交所得税。一般情况下，应纳税所得额可在会计利润的基础上，考虑会计与税收法规之间的差异，按照以下公式计算确定：

$$应纳税所得额 = 税前会计利润（利润总额）+ 按照会计准则规定计入利润表但计税时不允许税前扣除的费用 \pm$$

$$\begin{array}{l} \dfrac{\text{计入利润表的费用与按照税法规定}}{\text{可予税前抵扣的金额之间的差额}} \pm \\[2mm] \dfrac{\text{计入利润表的收入与按照税法规定}}{\text{应计入应纳税所得额的收入之间的差额}} - \dfrac{\text{税法规定的}}{\text{不征税收入}} \pm \\[2mm] \text{其他需要调整的因素} \end{array}$$

资产负债表日，企业按照税法规定计算确定的当期应交所得税，借记"所得税费用——当期所得税费用"科目，贷记"应交税费——应交所得税"科目。

二、递延所得税

递延所得税是指按照所得税准则规定当期应予确认的递延所得税资产和递延所得税负债在期末应有的金额相对于原已确认金额之间的差额，即递延所得税资产及递延所得税负债当期发生额的综合结果，但不包括计入所有者权益的交易或事项的所得税影响。用公式表示为：

$$\begin{aligned} \text{递延所得税} &= \dfrac{\text{当期递延所得税}}{\text{负债的增加}(-\text{减少})} - \dfrac{\text{当期递延所得税}}{\text{资产的增加}(+\text{减少})} \\[2mm] &= \left(\dfrac{\text{递延所得税}}{\text{负债的期末余额}} - \dfrac{\text{递延所得税}}{\text{负债的期初余额}}\right) - \\[2mm] &\quad \left(\dfrac{\text{递延所得税}}{\text{资产的期末余额}} - \dfrac{\text{递延所得税}}{\text{资产的期初余额}}\right) \end{aligned}$$

三、所得税费用

企业计算确定了当期所得税及递延所得税以后，利润表中应予确认的所得税费用为两者之和。即：

$$\text{所得税费用} = \text{当期所得税} + \text{递延所得税}$$

第六节 所得税的列报

企业对所得税的核算结果，除利润表中列示的所得税费用以外，在资产负债表中形成的应交税费（应交所得税）以及递延所得税资产和递延所得税负债应当遵循准则规定列报。其中，递延所得税资产和递延所得税负债一般应当分别作为非流动资产和非流动负债在资产负债表中列示，所得税费用应当在利润表中单独列示，同时还应在附注中披露与所得税有关的信息。

一般情况下，在个别财务报表中，当期所得税资产与负债及递延所得税资产及递延所得税负债可以以抵销后的净额列示。在合并财务报表中，纳入合并范围的企业中，一方的当期所得税资产或递延所得税资产与另一方的当期所得税负债或递延所得税负债一般不能予以抵销，除非所涉及的企业具有以净额结算的法定权利并且意图以净额结算。

第七节　综合案例分析

【例 5-15】　甲公司 2007 年 12 月 31 日与 2008 年 12 月 31 日资产负债表中部分项目账面价值与计税基础情况分别如表 5-2 和表 5-3 所示。假定 2007 年、2008 年该企业的应纳税所得额为 10 000 000 元、20 000 000 元。假定 2007 年 12 月 31 日前适用的所得税税率为 33％，2008 年 1 月 1 日起适用的所得税税率为 25％。2007 年初递延所得税资产和递延所得税负债的余额均为零。

根据上述资料，甲公司的会计处理如下：

表 5-2　　　　　2007 年部分项目账面价值与其计税基础情况表　　　金额单位：元

项　目	账面价值	计税基础	暂时性差异	
			应纳税暂时性差异	可抵扣暂时性差异
交易性金融资产	2 600 000	2 000 000	600 000	
存货	20 000 000	22 000 000		2 000 000
预计负债	1 000 000	0		1 000 000
合　计	—	—	600 000	3 000 000

表 5-3　　　　　2008 年部分项目账面价值与其计税基础情况表　　　金额单位：元

项　目	账面价值	计税基础	暂时性差异	
			应纳税暂时性差异	可抵扣暂时性差异
交易性金融资产	4 000 000	2 000 000	2 000 000	
存货	26 000 000	26 000 000		0
预计负债	1 600 000	0		1 600 000
合　计	—	—	2 000 000	1 600 000

（1）确认 2007 年所得税费用。

①计算递延所得税负债。

期初递延所得税负债＝0 元

期末应纳税暂时性差异＝600 000 元

期末递延所得税负债＝600 000×33％＝198 000（元）

递延所得税负债增加额＝198 000－0＝198 000（元）

②计算递延所得税资产。

期初递延所得税资产＝0 元

期末可抵扣暂时性差异＝3 000 000 元

期末递延所得税资产＝3 000 000×33％＝990 000（元）

递延所得税资产增加额＝990 000－0＝990 000（元）

③计算应交所得税和当期所得税。

应交所得税＝当期所得税＝10 000 000×33％＝3 300 000（元）

④计算递延所得税。

递延所得税＝递延所得税负债增加额－递延所得税资产增加额

$$＝198 000－990 000＝－792 000（元）$$

⑤计算所得税费用。

所得税费用＝当期所得税＋递延所得税

$$＝3 300 000－792 000＝2 508 000（元）$$

⑥会计分录。

借：递延所得税资产	990 000
所得税费用——当期所得税费用	3 300 000
贷：应交税费——应交所得税	3 300 000
递延所得税负债	198 000
所得税费用——递延所得税费用	792 000

（2）确认 2008 年所得税费用。

由于自 2008 年 1 月 1 日起，企业适用的所得税税率由 33％调整为 25％，因此，企业应对已确认的递延所得税资产和递延所得税负债于 2008 年 1 月 1 日按照新的所得税税率进行调整。

①计算递延所得税负债。

期初递延所得税负债调整额＝600 000×（25％－33％）＝－48 000（元）

期初递延所得税负债＝198 000－48 000＝150 000（元）

期末应纳税暂时性差异＝2 000 000 元

期末递延所得税负债＝2 000 000×25％＝500 000（元）

递延所得税负债增加额＝500 000－150 000＝350 000（元）

②计算递延所得税资产。

期初递延所得税资产调整额＝3 000 000×（25％－33％）＝－240 000（元）

期初递延所得税资产＝990 000－240 000＝750 000（元）

期末可抵扣暂时性差异＝1 600 000（元）

期末递延所得税资产＝1 600 000×25％＝400 000（元）

递延所得税资产增加额＝400 000－750 000＝－350 000（元）

③计算应交所得税和当期所得税。

应交所得税＝当期所得税＝20 000 000×25％＝5 000 000（元）

④计算递延所得税。

期初递延所得税调整额＝－48 000－（－240 000）＝192 000（元）

递延所得税＝350 000－（－350 000）＝700 000（元）

⑤计算所得税费用。

所得税费用＝5 000 000＋192 000＋700 000＝5 892 000（元）

⑥会计分录。

调整期初递延所得税资产和递延所得税负债：

借：递延所得税负债	48 000	
所得税费用——递延所得税费用	192 000	
贷：递延所得税资产		240 000

期末确认所得税费用：

借：所得税费用——当期所得税费用	5 000 000	
——递延所得税费用	700 000	
贷：递延所得税资产		350 000
应交税费——应交所得税		5 000 000
递延所得税负债		350 000

【例 5-16】 甲公司于 2013 年 12 月底购入一台机器设备，成本为 525 000 元，预计使用年限为 6 年，预计净残值为零。会计上按年数总和法计提折旧，计税时采用直线法计提折旧，假定税法规定的使用年限及净残值均与会计相同。本

例中，假定该公司各会计期间均未对固定资产计提减值准备，除该项固定资产产生的会计与税法之间的差异外，不存在其他会计与税收的差异。假定在固定资产使用期间能够取得足够的应纳税所得额用以利用可抵扣暂时性差异。

根据上述资料，甲公司的会计处理如下：

（1）计算确认递延所得税。

甲公司每年因固定资产账面价值与计税基础不同应予确认的递延所得税情况如表5-4所示。

表5-4　　　　　　　　　因固定资产账面价值与其计税基础不同
应予确认的递延所得税情况表

金额单位：元

项目	2013 年末	2014 年末	2015 年末	2016 年末	2017 年末	2018 年末	2019 年末
实际成本①	525 000	525 000	525 000	525 000	525 000	525 000	525 000
累计会计折旧②	0	150 000	275 000	375 000	450 000	500 000	525 000
账面价值 ③＝①－②	525 000	375 000	250 000	150 000	75 000	25 000	0
累计计税折旧④	0	87 500	175 000	262 500	350 000	437 500	525 000
计税基础 ⑤＝①－④	525 000	437 500	350 000	262 500	175 000	87 500	0
可抵扣暂时性差异 ⑥＝⑤－③	0	62 500	100 000	112 500	100 000	62 500	0
适用税率⑦	25%	25%	25%	25%	25%	25%	25%
递延所得税资产余额⑧＝⑥×⑦	0	15 625	25 000	28 125	25 000	15 625	0
当期递延所得税资产增加额 ⑨＝⑧期末－⑧期初	0	15 625	9 375	3 125	−3 125	−9 375	−15 625

（2）编制会计分录。

①2013 年资产负债表日。

2013 年末，该项固定资产的账面价值和计税基础均为 525 000 元，两者之间不存在暂时性差异，不需要确认递延所得税资产，即不需要进行账务处理。

②2014 年资产负债表日。

账面价值＝实际成本－累计会计折旧＝525 000－150 000＝375 000（元）

计税基础＝实际成本－累计税前扣除的折旧额

　　　　＝525 000－87 500＝437 500（元）

因资产的账面价值 375 000 元小于其计税基础 437 500 元，两者之间产生的

62 500 元差异会减少未来期间的应纳税所得额和应交所得税，属于可抵扣暂时性差异，应确认与其相关的递延所得税资产 15 625 元（62 500×25%）。账务处理如下：

借：递延所得税资产　　　　　　　　　　　　　　　　　　15 625

　　贷：所得税费用——递延所得税费用　　　　　　　　　　　　15 625

③2015 年资产负债表日。

账面价值＝525 000－275 000＝250 000（元）

计税基础＝525 000－175 000＝350 000（元）

因资产的账面价值 250 000 元小于其计税基础 350 000 元，两者之间产生的 100 000 元差异为可抵扣暂时性差异，应确认与其相关的递延所得税资产 25 000 元（100 000×25%），但递延所得税资产的期初余额为 15 625 元，当期应进一步确认递延所得税资产 9 375 元。账务处理如下：

借：递延所得税资产　　　　　　　　　　　　　　　　　　9 375

　　贷：所得税费用——递延所得税费用　　　　　　　　　　　　9 375

④2016 年资产负债表日。

账面价值＝525 000－375 000＝150 000（元）

计税基础＝525 000－262 500＝262 500（元）

因资产的账面价值 150 000 元小于其计税基础 262 500 元，两者之间产生的 112 500 元差异为可抵扣暂时性差异，应确认与其相关的递延所得税资产 28 125 元（112 500×25%），但递延所得税资产的期初余额为 25 000 元，当期应进一步确认递延所得税资产 3 125 元。账务处理如下：

借：递延所得税资产　　　　　　　　　　　　　　　　　　3 125

　　贷：所得税费用——递延所得税费用　　　　　　　　　　　　3 125

⑤2017 年资产负债表日。

账面价值＝525 000－450 000＝75 000（元）

计税基础＝525 000－350 000＝175 000（元）

因资产的账面价值 75 000 元小于其计税基础 175 000 元，两者之间产生的 100 000 元差异为可抵扣暂时性差异，应确认与其相关的递延所得税资产 25 000 元（100 000×25%），但递延所得税资产的期初余额为 28 125 元，当期应转回原已确认的递延所得税资产 3 125 元。账务处理如下：

借：所得税费用——递延所得税费用　　　　　　　　　　　　3 125

　　　　贷：递延所得税资产　　　　　　　　　　　　　　　　　　　　3 125

　　⑥2018年资产负债表日。

　　账面价值＝525 000－500 000＝25 000（元）

　　计税基础＝525 000－437 500＝87 500（元）

　　因资产的账面价值25 000元小于其计税基础87 500元，两者之间产生的62 500元差异为可抵扣暂时性差异，应确认与其相关的递延所得税资产15 625元（62 500×25%），但递延所得税资产的期初余额为25 000元，当期应转回递延所得税资产9 375元。账务处理如下：

　　　　借：所得税费用——递延所得税费用　　　　　　　　　　　　9 375

　　　　　　贷：递延所得税资产　　　　　　　　　　　　　　　　　　　　9 375

　　⑦2019年资产负债表日。

　　账面价值＝525 000－525 000＝0（元）

　　计税基础＝525 000－525 000＝0（元）

　　该项固定资产的账面价值及计税基础均为零，两者之间不存在暂时性差异，前期已确认的与该项资产相关的递延所得税资产应予全额转回。账务处理如下：

　　　　借：所得税费用——递延所得税费用　　　　　　　　　　　15 625

　　　　　　贷：递延所得税资产　　　　　　　　　　　　　　　　　　　15 625

　　【例 5-17】　甲公司2019年度利润表中利润总额为18 700 000元，该公司适用的所得税税率为25%。递延所得税资产期初余额为300 000元，递延所得税负债期初余额为零。2019年发生的有关交易和事项中，会计处理与税收处理存在差别的有：

　　（1）当期取得作为交易性金融资产核算的股票投资成本为8 000 000元，2019年12月31日的公允价值为13 000 000元。税法规定，以公允价值计量的金融资产持有期间市价变动不计入应纳税所得额。

　　（2）期末，存货的成本为16 600 000元，计提了600 000元的存货跌价准备。

　　（3）2018年1月开始计提折旧的一项固定资产，成本为12 000 000元，使用年限为10年，净残值为零，会计处理按双倍余额递减法计提折旧，税收处理按直线法计提折旧。假定税法规定的使用年限及净残值与会计规定相同。2018年，会计上计提折旧2 400 000元，税法上计提折旧1 200 000元；2019年，会计上计提折旧1 920 000元，税法上计提折旧1 200 000元，年末计提固定资产减值准备400 000元。

（4）违反环保法规定应支付罚款 1 000 000 元。

（5）预计产品质量保证维修费 6 500 000 元。

根据上述资料，甲公司的会计处理如下：

（1）2019 年度应交所得税。

应纳税所得额＝18 700 000－（13 000 000－8 000 000）＋600 000＋（1 920 000－

1 200 000）＋400 000＋1 000 000＋6 500 000

＝22 920 000（元）

应交所得税＝22 920 000×25％＝5 730 000（元）

（2）2019 年度递延所得税。

该公司 2019 年年末资产负债表相关项目金额及其计税基础如表 5-5 所示。

表 5-5　　　　　　　2019 年部分项目账面价值与其计税基础情况表　　　　　金额单位：元

项　目	账面价值	计税基础	暂时性差异	
			应纳税 暂时性差异	可抵扣 暂时性差异
交易性金融资产	13 000 000	8 000 000	5 000 000	
存货	16 000 000	16 600 000		600 000
固定资产	7 280 000	9 600 000		2 320 000
固定资产原价	12 000 000	12 000 000		
减：累计折旧	4 320 000	2 400 000		
固定资产减值准备	400 000	0		
其他应付款	1 000 000	1 000 000		0
预计负债	6 500 000	0		6 500 000
总　计	—	—	5 000 000	9 420 000

递延所得税资产增加额＝9 420 000×25％－300 000＝2 055 000（元）

递延所得税负债增加额＝5 000 000×25％－0＝1 250 000（元）

递延所得税＝1 250 000－2 055 000＝－805 000（元）

（3）利润表中应确认的所得税费用。

所得税费用＝5 730 000－805 000＝4 925 000（元）

（4）会计分录。

借：所得税费用——当期所得税费用　　　　　　　　　　　　5 730 000

递延所得税资产　　　　　　　　　　　　　　　　　　2 055 000

  贷：应交税费——应交所得税   5 730 000

    递延所得税负债   1 250 000

    所得税费用——递延所得税费用   805 000

自测题

一、名词解释

1. 资产的计税基础

2. 负债的计税基础

3. 应纳税暂时性差异

4. 可抵扣暂时性差异

5. 递延所得税负债

6. 递延所得税资产

7. 当期所得税

8. 递延所得税

9. 所得税费用

二、简答题

1. 资产负债表债务法核算所得税的一般程序。

2. 举例说明有关资产项目计税基础的确定。

3. 确认递延所得税资产的一般原则。

4. 确认递延所得税负债的一般原则。

三、单项选择题

1. 在企业收回资产账面价值过程中，计算应纳税所得额时按照税法规定可以自应税经济利益中抵扣的金额，称为（ ）。

A. 资产的计税基础   B. 资产的账面价值

C. 负债的计税基础   D. 应纳税所得额

2. 资产的计税基础是指企业收回资产（ ）过程中，计算应纳税所得额时按照税法规定可以自应税经济利益中抵扣的金额。

A. 账面价值   B. 可收回金额

C. 未来净现金流量现值   D. 公允价值

3. 负债的计税基础是指负债的（ ）减去未来期间计算应纳税所得额时

按照税法规定可予抵扣的金额。

    A. 账面价值　　　　　　　　　　B. 可收回金额

    C. 未来净现金流量现值　　　　　D. 公允价值

4. 企业 2019 年购入库存商品 8 000 000 元，年末该存货的账面余额为 6 000 000 元，已计提存货跌价准备 800 000 元，则存货的计税基础是（　　）元。

    A. 8 000 000　　　　　　　　　　B. 6 000 000

    C. 5 200 000　　　　　　　　　　D. 800 000

5. 企业于 2019 年 3 月借入 1 年期借款 3 000 000 元，年末短期借款余额为 3 000 000 元。则年末资产负债表日该负债的计税基础是（　　）元。

    A. 0　　　　　　　　　　　　　　B. 3 000 000

    C. 1 500 000　　　　　　　　　　D. 2 000 000

6. 暂时性差异是指（　　）。

    A. 会计利润与应税利润由于计算口径不一致所产生的差额

    B. 会计利润与应税利润由于计算时间不一致所产生的差额

    C. 资产、负债的账面价值与其计税基础不同产生的差额

    D. 资产、负债的可收回金额与其计税基础之间的差额

7. 在确定未来收回资产或清偿负债期间的应纳税所得额时，将导致产生应税金额的暂时性差异的是（　　）。

    A. 永久性差异　　　　　　　　　B. 时间性差异

    C. 应纳税暂时性差异　　　　　　D. 可抵扣暂时性差异

8. 某公司 2019 年末存货账面余额 2 000 000 元，已提存货跌价准备 100 000 元，则形成的可抵扣暂时性差异是（　　）元。

    A. 0　　　　　　　　　　　　　　B. 2 000 000

    C. 1 900 000　　　　　　　　　　D. 100 000

9. 对于可抵扣暂时性差异可能产生的未来经济利益，应以很可能取得用来抵扣可抵扣暂时性差异的应纳税所得额为限，确认相关的（　　）。

    A. 递延所得税资产　　　　　　　B. 递延所得税负债

    C. 应交所得税　　　　　　　　　D. 暂时性差异

10. 甲公司所得税税率为 25%，2019 年年末交易性金融资产账面价值为 2 200 000 元，其中投资成本为 2 000 000 元。则应确认的递延所得税负债是（　　）元。

    A. 500 000　　　　　　　　　　B. 550 000

C. 50 000　　　　　　　　　　　　D. 33 000

11. 资产、负债的（　　　）与其计税基础存在差异的，应当按照所得税会计准则规定的原则确认为递延所得税资产、递延所得税负债。

A. 公允价值　　　　　　　　　　　B. 净值

C. 实际成本　　　　　　　　　　　D. 账面价值

12. 因（　　　）产生的所得税，不应当作为所得税费用或收益计入当期损益。

A. 其他权益工具投资的账面价值与其计税基础之间的差额

B. 固定资产的账面价值与其计税基础之间的差额

C. 无形资产的账面价值与其计税基础之间的差额

D. 预计负债的账面价值与其计税基础之间的差额

13. 资产负债表日，企业应当对递延所得税资产或递延所得税负债的（　　　）进行复核。

A. 公允价值　　　　　　　　　　　B. 折现价值

C. 账面价值　　　　　　　　　　　D. 净值

14. 下列项目中，产生可抵扣暂时性差异的有（　　　）。

A. 期末固定资产账面价值大于其计税基础

B. 其他债权投资期末公允价值大于其取得成本

C. 持有至到期投资国债利息收入

D. 期末无形资产账面价值小于其计税基础

15. 按照《企业会计准则第 18 号——所得税》的规定，下列资产、负债项目的账面价值与其计税基础之间的差额，不确认递延所得税的是（　　　）。

A. 固定资产计提减值准备

B. 期末按公允价值调增交易性金融资产的金额

C. 因非同一控制下免税改组的企业合并初始确认的商誉

D. 企业因销售商品提供售后服务确认的预计负债

16. 某企业采用年数总和法计提折旧，税法规定按平均年限法计提折旧。2019 年税前会计利润为 3 100 000 元，按平均年限法计提折旧为 900 000 元，按年数总和法计提折旧为 1 800 000 元，所得税税率为 25%。2019 年应交所得税税额为（　　　）元。

A. 775 000　　　　　　　　　　　B. 550 000

C. 1 000 000   D. 4 000 000

四、多项选择题

1. 按照准则规定，在确认递延所得税资产时，可能计入的项目有（   ）。

A. 所得税费用   B. 预计负债

C. 其他综合收益   D. 商誉

2. 暂时性差异可以分为（   ）。

A. 可抵扣暂时性差异   B. 应纳税暂时性差异

C. 永久性差异   D. 时间性差异

3. 下列项目中，将形成应纳税暂时性差异的有（   ）。

A. 资产的账面价值小于其计税基础

B. 负债的账面价值大于其计税基础

C. 资产的账面价值大于其计税基础

D. 负债的账面价值小于其计税基础

4. 下列项目中，会影响可抵扣暂时性差异的有（   ）。

A. 资产账面余额   B. 资产计税基础

C. 资产减值准备   D. 所有者权益账面价值

5. 下列项目中，会影响所得税费用的有（   ）。

A. 当期所得税   B. 递延所得税资产

C. 递延所得税负债   D. 未分配利润

6. 下列说法中，正确的有（   ）。

A. 资产的账面价值等于资产的计税基础时，不产生暂时性差异

B. 只有资产和负债的账面价值与其计税基础不一致时，才会产生暂时性差异

C. 当资产的账面价值小于其计税基础时，会产生应纳税暂时性差异

D. 产生的应纳税暂时性差异除特殊情况以外均应确认递延所得税负债

7. 下列项目产生的递延所得税资产中，应计入所得税费用的有（   ）。

A. 弥补亏损   B. 交易性金融资产

C. 预计负债   D. 可供出售金融资产

8. 资产、负债的账面价值与其计税基础存在差异的，符合条件时应确认所产生的（   ）。

A. 递延所得税资产   B. 递延所得税负债

C. 时间性差异　　　　　　　　　D. 永久性差异

9. 下列说法中，错误的是（　　）。

A. 递延所得税资产和递延所得税负债应当分别作为非流动资产和非流动负债在资产负债表中列示

B. 递延所得税资产大于递延所得税负债的差额应当作为资产列示

C. 所得税费用应当在利润表中单独列示

D. 所得税费用应当在资产负债表所有者权益中单独列示

10. 下列说法中，正确的有（　　）。

A. 因商誉的初始确认产生的应纳税暂时性差异应当确认为递延所得税负债

B. 因商誉的初始确认产生的应纳税暂时性差异应当确认为递延所得税资产

C. 因公允价值计价的交易性金融资产产生的应纳税暂时性差异应当确认为递延所得税负债

D. 当某项交易同时具有"不是企业合并"及"交易发生时既不影响会计利润也不影响应纳税所得额"特征时，企业不应当确认该项应纳税暂时性差异产生的递延所得税负债

11. 下列项目中，可能使本期所得税费用减少的有（　　）。

A. 本期应交所得税借方发生额

B. 本期递延所得税资产借方发生额

C. 本期递延所得税负债借方发生额

D. 本期递延所得税负债贷方发生额

12. 关于所得税，下列说法中不正确的有（　　）。

A. 本期递延所得税资产发生额不一定会影响本期所得税费用

B. 企业应将所有应纳税暂时性差异确认为递延所税负债

C. 企业应将所有可抵扣暂时性差异确认为递延所得税资产

D. 资产账面价值大于其计税基础产生可抵扣暂时性差异

五、判断题

1. 暂时性差异是指资产、负债的账面价值与其计税基础之间的差额；此外，所有者权益的账面价值与其计税基础之间也可能形成暂时性差异。（　　）

2. 固定资产的账面价值小于其计税基础所形成的暂时性差异，属于可抵扣暂时性差异。（　　）

3. 购入交易性金融资产后，公允价值持续增加，这将形成可抵扣暂时性差

异。（　　）

4. 对于可抵扣暂时性差异，应一律确认递延所得税资产。（　　）

5. 企业合并中形成的暂时性差异，应在资产负债表日确认递延所得税资产或负债，同时调整所得税费用。（　　）

6. 企业应当对递延所得税资产和递延所得税负债进行折现。（　　）

7. 资产的计税基础是指企业收回资产实际成本过程中，计算应纳税所得额时按照税法规定可以自应税经济利益中抵扣的金额。（　　）

8. 负债的计税基础是指负债的账面价值减去未来期间计算应纳税所得额时按照税法规定可予抵扣的金额。（　　）

9. 企业应当以很可能取得用来抵扣应纳税暂时性差异的应纳税所得额为限，确认由应纳税暂时性差异产生的递延所得税负债。（　　）

10. 适用税率发生变化的，不应对已确认的递延所得税资产或递延所得税负债进行重新计量。（　　）

11. 在计量递延所得税资产和递延所得税负债时，应当采用与预期收回资产或清偿债务的期间的适用税率计量。（　　）

12. 递延所得税资产不能计提减值准备。（　　）

13. 本期递延所得税资产发生额不一定会影响本期所得税费用。（　　）

14. 除直接计入所有者权益的交易或事项产生的递延所得税资产及递延所得税负债，相关的调整金额应计入所有者权益以外，其他情况下因税率变化产生的调整金额应确认为税率变化当期的所得税费用（或收益）。（　　）

六、核算题

1. 甲公司所得税采用资产负债表债务法核算，所得税税率为 25%。甲公司于 2014 年 12 月底购入一台机器设备，成本为 500 000 元，预计使用年限为 5 年，预计净残值为零。会计上按双倍余额递减法计提折旧，计税时采用直线法计提折旧，假定税法规定的使用年限及净残值均与会计相同。本例中，假定该公司各会计期间均未对固定资产计提减值准备，除该项固定资产产生的会计与税法之间的差异外，不存在其他会计与税收的差异。假定在固定资产使用期间能够取得足够的应纳税所得额用以利用可抵扣暂时性差异。

要求：根据上述资料，计算 2014 年末至 2019 年末因该固定资产形成或转回的递延所得税资产，并编制相关会计分录。

2. 甲公司所得税采用资产负债表债务法核算，所得税税率为 25%。2019 年度有关所得税会计处理的资料如下：

（1）2019 年度实现税前会计利润 1 150 000 元。

（2）2019 年 11 月，甲公司购入交易性金融资产，入账价值为 400 000 元；年末按公允价值计价为 500 000 元。按照税法规定，成本在持有期间保持不变。

（3）甲公司存货采用先进先出法核算，库存商品年末账面余额为 2 000 000 元，计提存货跌价准备 20 000 元。按照税法规定，存货在销售时可按实际成本在税前抵扣。

（4）2018 年 12 月，甲公司购入一台管理用电子设备，入账价值为 3 000 000 元，预计使用年限为 5 年，预计净残值为零，按年数总和法计提折旧。按照税法规定，应采用直线法计提折旧，预计使用年限和净残值与会计一致。

（5）2019 年 12 月末，甲公司确认了产品保修费用 50 000 元，同时确认为一项预计负债。按税法规定，产品保修费在实际发生时准予税前抵扣。

假设 2019 年初递延所得税资产和所得税负债的余额均为零。除上述事项外，甲公司不存在其他与所得税计算缴纳相关的事项，暂时性差异在可预见的未来很可能转回，而且以后年度很可能取得用来抵扣可抵扣暂时性差异的应纳税所得额。

要求：

（1）计算 2019 年应交所得税；

（2）确认 2019 年末递延所得税资产和递延所得税负债；

（3）计算 2019 年所得税费用；

（4）进行所得税的相关账务处理。

6
CHAPTER

第六章
外币折算

■ 第一节　记账本位币的确定和变更

一、记账本位币的定义

记账本位币是指企业经营所处的主要经济环境中的货币。主要经济环境，通常是指企业主要产生和支出现金的环境，使用该环境中的货币最能反映企业主要交易的经济结果。我国企业一般以人民币作为记账本位币。记账本位币以外的货币称为外币。

二、记账本位币的确定

《中华人民共和国会计法》（以下简称《会计法》）规定，"会计核算以人民币为记账本位币""业务收支以人民币以外的货币为主的单位，可以选定其中一种货币作为记账本位币，但是编报的财务会计报告应当折算为人民币"。可见，《会计法》允许企业选择非人民币作为记账本位币，但是，对如何选择记账本位币没有作出详细规定。外币折算准则对此进行了规范，规定了确定记账本位币需要考虑的因素。

企业选定记账本位币，应当考虑下列因素：

一是从日常活动收入的角度看，所选择的货币能够对企业商品和劳务的销售价格起主要作用，通常以该货币进行商品和劳务销售价格的计价和结算。

二是从日常活动支出的角度看，所选择的货币能够对商品和劳务所需人工、材料和其他费用产生主要影响，通常以该货币进行这些费用的计价和结算。

三是融资活动获得的资金以及保存从经营活动中收取款项时所使用的货币。即视融资活动获得的资金在其生产经营活动中的重要性，或者企业通常留存销售收入的货币而定。

【例6-1】 国内甲公司为外贸自营出口企业，超过70%的营业收入来自向各国的出口，其商品销售价格主要受美元的影响，一般以美元计价和结算。因此，从影响商品和劳务销售价格的角度看，甲公司应选择美元作为记账本位币。

如果甲公司除厂房设施、30%的人工成本在国内以人民币采购外，生产所需原材料、机器设备及70%以上的人工成本都以美元在国际市场采购，则可进一步确定甲公司的记账本位币是美元。

但是，如果甲公司的人工成本、原材料及相应的厂房设施、机器设备等95%以上在国内采购并以人民币计价，则难以判定甲公司的记账本位币应选择美元还是人民币。这时，就要考虑融资活动获得的资金以及保存从经营活动中收取款项时所使用的货币的情况。如甲公司取得的美元营业收入在汇回国内时可随时兑换成人民币存款，且甲公司对所有以美元结算的资金往来的外币风险都进行了套期保值，降低了汇率波动对企业取得的外币销售收入的影响，则甲公司应当选择人民币作为其记账本位币。

需要说明的是，在确定企业的记账本位币时，上述因素的重要程度因企业具体情况的不同而不同，需要企业管理当局根据实际情况进行判断。但是，这并不能说明企业管理当局可以根据需要随意选择记账本位币，企业管理当局根据实际情况只能确定其中的一种货币作为记账本位币。

三、境外经营记账本位币的确定

（一）境外经营的含义

境外经营是指企业在境外的子公司、合营企业、联营企业、分支机构。当企业在境内的子公司、合营企业、联营企业或者分支机构，选定的记账本位币不同于企业的记账本位币时，也应当视同境外经营。

区分某实体是否为该企业的境外经营的关键有两项：一是该实体与企业的关系是否为企业的子公司、合营企业、联营企业、分支机构；二是该实体的记账本位币是否与企业记账本位币相同，而不是以该实体是否在企业所在地的境外作为标准。

（二）境外经营记账本位币的确定

企业选定境外经营的记账本位币，除了考虑前面所讲的因素以外，还应考虑该境外经营与企业的关系。

（1）境外经营对其所从事的活动是否拥有很强的自主性。如果境外经营所从事的活动是视同企业经营活动的延伸，该境外经营应当选择与企业记账本位币相同的货币作为记账本位币；如果境外经营所从事的活动拥有极大的自主性，应根据所处的主要经济环境选择记账本位币。

（2）境外经营活动中与企业的交易是否在境外经营活动中占有较大比重。如果境外经营与企业的交易在境外经营活动中所占的比例较高，境外经营应当选择与企业记账本位币相同的货币作为记账本位币；反之，应根据所处的主要经济环境选择记账本位币。

（3）境外经营活动产生的现金流量是否直接影响企业的现金流量、是否可以随时汇回。如果境外经营活动产生的现金流量直接影响企业的现金流量，并可随时汇回，境外经营应当选择与企业记账本位币相同的货币作为记账本位币；反之，应根据所处的主要经济环境选择记账本位币。

（4）境外经营活动产生的现金流量是否足以偿还其现有债务和可预期的债务。如果境外经营活动产生的现金流量在企业不提供资金的情况下，难以偿还其现有债务和正常情况下可预期的债务，境外经营应当选择与企业记账本位币相同的货币作为记账本位币；反之，应根据所处的主要经济环境选择记账本位币。

四、记账本位币变更的会计处理

企业记账本位币一经确定，不得随意变更，除非企业经营所处的主要经济环境发生重大变化。

企业因经营所处的主要经济环境发生重大变化，确需变更记账本位币的，应当采用变更当日的即期汇率将所有项目折算为变更后的记账本位币，折算后的金额作为新的记账本位币的历史成本。由于采用同一即期汇率进行折算，因此，不会产生汇兑差额。当然，企业需要提供确凿的证据证明其经营所处的主要经济环境确实发生了重大变化，并应当在附注中披露变更的理由。

企业记账本位币发生变更的，其比较财务报表应当以可比当日的即期汇率折算所有资产负债表和利润表项目。

第二节　外币交易的会计处理

一、汇　率

（一）汇率的概念及种类

汇率是指两种货币相兑换的比率，是一种货币单位用另一种货币单位所表示的价格。

我们通常在银行见到的汇率表示方法有三种：买入价、卖出价和中间价。买入价是指银行买入其他货币的价格，卖出价是指银行卖出其他货币的价格，中间价是银行买入价与卖出价的平均价。银行的卖出价一般高于买入价，以获取其中的差价。

（二）即期汇率和即期汇率的近似汇率

企业会计准则规定，企业在处理外币交易和对外币财务报表进行折算时，应当采用交易发生日的即期汇率将外币金额折算为记账本位币金额反映；也可以采用按照系统合理的方法确定的、与交易发生日即期汇率近似的汇率折算。

1. 即期汇率的选择

即期汇率是相对于远期汇率而言的。远期汇率是在未来某一日交付时的结算价格。即期汇率通常是指中国人民银行公布的人民币汇率的中间价。但是，在企业发生单纯的货币兑换交易或涉及货币兑换的交易时，仅用中间价不能反映货币买卖的损益，需要使用买入价或卖出价折算。

企业发生的外币交易只涉及人民币与美元、欧元、日元、港元等之间折算的，可直接采用中国人民银行每日公布的人民币汇率的中间价作为即期汇率进行折算；企业发生的外币交易涉及人民币与其他货币之间折算的，应按照国家外汇管理局公布的各种货币对美元折算率采用套算的方法进行折算，发生的外币交易涉及人民币以外的货币之间折算的，可直接采用国家外汇管理局公布的各种货币对美元折算率进行折算。

2. 即期汇率的近似汇率

当汇率变动不大时，为简化核算，企业在外币交易日或对外币报表的某些项目进行折算时，也可以选择即期汇率的近似汇率折算。即期汇率的近似汇率是指按照系统合理的方法确定的、与交易发生日即期汇率近似的汇率，通常是指当期平均汇率或加权平均汇率等。加权平均汇率需要采用外币交易的外币金额作为权重进行计算。

二、外币交易的记账方法

外币交易的记账方法有外币统账制和外币分账制两种。外币统账制是指企业在发生外币交易时，即折算为记账本位币入账。外币分账制是指企业在日常核算时分别币种记账，资产负债表日分别货币性项目和非货币性项目进行调整：货币性项目按资产负债表日即期汇率折算，非货币性项目按交易日即期汇率折算；产生的汇兑差额计入当期损益。目前，我国绝大多数企业采用外币统账制折算，只有银行等少数金融企业由于外币交易频繁，涉及外币币种较多，可以采用外币分账制进行日常核算。无论是采用统账制记账方法，还是采用分账制记账方法，只是账务处理的程序不同，但产生的结果应当相同，即计算出的汇兑差额相同；相应的会计处理也相同，即均计入当期损益。

三、外币交易的核算程序

本章主要介绍外币统账制方法下的账户设置及其会计核算的基本程序。

1. 账户设置

外币统账制方法下，对外币交易的核算不单独设置科目，对外币交易金额因汇率变动而产生的差额，可在"财务费用"科目下设置二级科目"汇兑差额"反映。该科目借方反映因汇率变动而产生的汇兑损失，贷方反映因汇率变动而产生的汇兑收益。期末余额结转入"本年利润"科目后无余额。

2. 会计核算的基本程序

企业发生外币交易时，其会计核算的基本程序为：

第一，将外币金额按照交易日的即期汇率或即期汇率的近似汇率折算为记账本位币金额，按照折算后的记账本位币金额登记有关账户；在登记有关记账本位币账户的同时，按照外币金额登记相应的外币账户。

第二，期末，将所有外币货币性项目的外币余额，按照期末即期汇率折算为记账本位币金额，并与原记账本位币金额相比较，其差额记入"财务费用——汇兑差额"科目。

第三，结算外币货币性项目时，将其外币结算金额按照当日即期汇率折算为记账本位币金额，并与原记账本位币金额相比较，其差额记入"财务费用——汇兑差额"科目。

四、外币交易的主要内容

外币是企业记账本位币以外的货币。外币交易是指企业发生以外币计价或者结算的交易。包括：①买入或者卖出以外币计价的商品或者劳务；②借入或者借出外币资金；③其他以外币计价或者结算的交易。

买入或者卖出以外币计价的商品或者劳务，通常情况下是指以外币买卖商品，或者以外币结算劳务合同。这里所说的商品是一个泛指的概念，可以是有实物形态的存货、固定资产等，也可以是无实物形态的无形资产、债权或股权等。企业与银行发生货币兑换业务，包括与银行进行结汇或售汇，也属于外币交易。

借入或者借出外币资金是指企业向银行或非银行金融机构借入以记账本位币以外的货币表示的资金，以及发行以外币计价或结算的债券等。

其他以外币计价或者结算的交易是指以记账本位币以外的货币计价或结算的其他交易。例如，接受外币现金捐赠等。

五、外币交易的会计处理

（一）初始确认

企业发生外币交易的，应在初始确认时采用交易日的即期汇率或即期汇率的近似汇率将外币金额折算为记账本位币金额。按照折算后的记账本位币金额登记有关账户；同时，按照外币金额登记相应的外币账户。

1. 外币购销业务

企业出口商品时，按照当日的即期汇率或即期汇率的近似汇率将外币销售收入折算为人民币入账；对于出口销售取得的款项或发生的债权，按照折算的人民币入账，同时按照外币金额登记有关外币账户。

【例6-2】 甲公司的记账本位币为人民币，对外币交易采用交易日的即期汇率折算。2019年9月2日，向美国乙公司出口商品一批，货款共计100 000美元，货款尚未收到，当日汇率为1美元＝7.087 9元人民币。出口该商品免征增值税。

根据上述资料，甲公司的会计处理如下：

借：应收账款——美元（100 000美元）（100 000×7.087 9）　　708 790
　　贷：主营业务收入　　　　　　　　　　　　　　　　　　　　　　708 790

企业从国外或境外购进原材料、商品或引进设备时，按照当日的即期汇率或即期汇率的近似汇率将支付的外币或应支付的外币折算为人民币记账，以确定购入原材料等货物及债务的入账价值，同时按照外币的金额登记有关外币账户。

【例6-3】 甲公司的记账本位币为人民币，对外币交易采用交易日的即期汇率折算。甲公司属于增值税一般纳税人。2019年9月6日，从国外购入某原材料，货款共计 50 000 美元，当日的即期汇率为 1 美元＝7.085 5 元人民币，按照规定应缴纳进口关税为人民币 35 428 元，支付进口增值税为人民币 50 661 元，货款尚未支付，进口关税和增值税已由银行存款支付。

根据上述资料，甲公司的会计处理如下：

借：原材料 389 703
　　应交税费——应交增值税（进项税额） 50 661
　贷：应付账款——美元（50 000 美元）(50 000×7.085 5) 354 275
　　银行存款——人民币（35 428＋50 661） 86 089

2. 外币借款业务

企业借入外币时，按照借入外币时的即期汇率或即期汇率的近似汇率折算为记账本位币入账。同时，按照借入外币金额登记相关的外币账户。

【例 6-4】 某企业选定的记账本位币为人民币，对外币交易采用交易日的即期汇率折算。2019 年 9 月 25 日，从中国工商银行借入 10 000 欧元，期限为 6 个月，年利率为 6%，当日的即期汇率为 1 欧元＝7.793 5 元人民币。借入的欧元暂存银行。

根据上述资料，某企业的会计处理如下：

借：银行存款——欧元（10 000 欧元）(10 000×7.793 5) 77 935
　贷：短期借款——欧元（10 000 欧元） 77 935

3. 接受外币投资业务

企业收到投资者以外币投入的资本，无论是否有合同约定汇率，均不采用合同约定汇率和即期汇率的近似汇率折算，而是采用交易日即期汇率折算。这样外币投入资本与相应的货币性项目的记账本位币金额相等，不产生外币资本折算差额。

【例 6-5】 甲公司的记账本位币为人民币，对外币交易采用交易日的即期汇率折算。2019 年 9 月 2 日，甲公司与某外商签订投资合同，合同约定汇率为 1 美元＝7.087 9 元人民币。2019 年 9 月 25 日收到外商汇来的出资款 50 000 美元，当日的即期汇率为 1 美元＝7.072 4 元人民币。

根据上述资料，甲公司的会计处理如下：

借：银行存款——美元（50 000 美元）(50 000×7.072 4) 353 620
　贷：实收资本 353 620

4. 外币兑换业务

外币兑换业务是指企业从银行等金融机构购入外币或向银行等金融机构售出

外币。企业发生的外币兑换业务或涉及外币兑换的交易事项，应当以交易实际采用的汇率，即银行买入价或卖出价折算。由于汇率变动产生的折算差额计入当期损益。

企业卖出外币时，一方面，将实际收取的记账本位币（按照外汇买入价折算的记账本位币金额）登记入账，借记"银行存款——人民币"；另一方面，按照当日的即期汇率将卖出的外币折算记账本位币金额，记入"银行存款——外币"的贷方。由此而发生的记账差额，作为当期汇兑损益处理。

【例 6-6】 甲公司的记账本位币为人民币，对外币交易采用交易日的即期汇率折算。2019 年 9 月 27 日，将 60 000 美元到中国银行兑换为人民币，当日即期汇率（中间价）为 1 美元＝7.073 1 元人民币。银行当日的美元现汇买入价为 1 美元＝7.118 0 元人民币。

根据上述资料，甲公司的会计处理如下：

借：银行存款——人民币（60 000×7.118 0）   427 080

 贷：银行存款——美元（60 000 美元）(60 000×7.073 1) 424 386

  财务费用——汇兑差额   2 694

企业买入外币时，一方面，要按外币卖出价折算应向银行支付的记账本位币，记入"银行存款——人民币"账户的贷方；另一方面，将买入的外币金额按当日的即期汇率折算的人民币金额，记入"银行存款——外币"账户的借方，并在该账户登记相应的外币金额。实际支付的人民币金额与买入外币按记账汇率折算的人民币金额之间的差额，作为当期汇兑损益处理。

【例 6-7】 乙公司的记账本位币为人民币，对外币交易采用交易日的即期汇率折算。2019 年 8 月 16 日，以人民币向中国银行购入 5 000 美元，当日的即期汇率（中间价）为 1 美元＝7.026 8 元人民币。中国银行当日美元现汇卖出价为 1 美元＝7.051 5 元人民币。

根据上述资料，乙公司的会计处理如下：

借：银行存款——美元（5 000 美元）(5 000×7.026 8)   35 134

  财务费用——汇兑差额   124

 贷：银行存款——人民币（5 000×7.051 5）   35 258

(二) 期末调整或结算

期末，企业应当分别外币货币性项目和外币非货币性项目进行处理。

1．货币性项目

货币性项目是企业持有的货币和将以固定或可确定金额的货币收取的资产或者偿付的负债。货币性项目分为货币性资产和货币性负债，货币性资产包括库存现金、银行存款、应收账款、应收票据、其他应收款、长期应收款，以及债权投资等，货币性负债包括应付票据、应付账款、其他应付款、短期借款、应付债券、长期借款、长期应付款等。

汇兑差额是指对同样数量的外币金额采用不同的汇率折算为记账本位币金额所产生的差额。期末或结算货币性项目时，应以当日即期汇率折算外币货币性项目，该项目因当日即期汇率不同于该项目初始入账时或前一期末即期汇率而产生的汇兑差额计入当期损益。

期末或结算日，对于货币性项目因汇率波动而产生的汇兑差额，符合资本化条件的应当予以资本化，否则作为财务费用处理，同时调增或调减外币货币性项目的记账本位币金额。外币汇兑差额资本化的确定请参见"借款费用"章节的相关内容。

【例 6-8】　某企业的记账本位币为人民币。2019 年 9 月 6 日，向国外某公司出口商品一批，货款共计 100 000 美元尚未收到，当日汇率为 1 美元＝7.085 5元人民币。假定 2019 年 9 月 30 日的即期汇率为 1 美元＝7.072 9 元人民币（假定出口免征增值税）。

根据上述资料，某企业的会计处理如下：

（1）交易日与期末汇率差异的确认。

该笔交易中，外币货币性项目"应收账款"应采用 2019 年 9 月 30 日的即期汇率，按照 1 美元＝7.072 9 元人民币折算为记账本位币为 707 290 元人民币（100 000×7.072 9），与其交易日折算为记账本位币的金额 708 550 元人民币的差额为－1 260 元人民币，应当计入当期损益，同时调整货币性项目的原记账本位币金额。

借：财务费用——汇兑差额　　　　　　　　　　　　　　1 260

　　贷：应收账款——美元　　　　　　　　　　　　　　　　　1 260

（2）结算日与期末汇率差异的确认。

假定 2019 年 10 月 22 日收到上述货款（即结算日），当日的即期汇率为 1 美元＝7.068 0 元人民币，甲公司实际收到的货款 100 000 美元折算为人民币是706 800 元人民币（100 000×7.068 0），与当日应收账款中该笔货币资金的账面金额 707 290 元人民币的差额为－490 元人民币。

借：银行存款——美元（100 000 美元）(100 000×7.068 0)   706 800

　　财务费用——汇兑差额   490

　　贷：应收账款——美元（100 000 美元）   707 290

【例 6-9】 甲公司的记账本位币为人民币。2019 年 8 月 31 日市场汇率为 1 美元＝7.085 8 元人民币，该日美元货币性项目的外币和记账本位币余额如表 6-1 所示。

表 6-1　　　　　　　　　外币货币性项目账户期初余额表

货币性项目	外币余额（美元）	汇率	记账本位币（人民币）
银行存款	30 000	7.085 8	212 574
应收账款	20 000	7.085 8	141 716
应付账款	15 000	7.085 8	106 287

甲公司 2019 年 9 月份发生的有关外币业务承例 6-2、例 6-3、例 6-5、例 6-6 资料。9 月 30 日即期汇率为 1 美元＝7.072 9 元人民币。

根据上述会计处理，9 月 30 日按当日即期汇率折算的有关货币性项目的外币与记账本位币余额，如表 6-2 所示。

表 6-2　　　　　　　　外币货币性项目账户期末汇兑损益计算表

货币性项目	外币余额（美元）	期末账面余额	期末汇率	按期末即期汇率折算的记账本位币余额（人民币）	汇兑差额*
银行存款	20 000	141 808	7.072 9	141 458	−350
应收账款	120 000	850 506	7.072 9	848 748	−1 758
应付账款	65 000	460 562	7.072 9	459 739	−823

注：* 汇兑差额＝按期末即期汇率折算的记账本位币余额−期末账面余额。

根据上述资料，甲公司的会计处理如下：

借：应付账款——美元   823

　　财务费用——汇兑差额   1 285

　　贷：银行存款——美元   350

　　　　应收账款——美元   1 758

2. 非货币性项目

非货币性项目是货币性项目以外的项目，如存货、交易性金融资产（股票、基金）、其他债权投资、其他权益工具投资、长期股权投资、固定资产、无形资产等。

（1）对于以历史成本计量的外币非货币性项目，已在交易发生日按当日即期汇率折算，资产负债表日不应改变其原记账本位币金额，不产生汇兑差额。

【例 6-10】　　（承例 6-5）外商投入甲公司的外币资本 50 000 美元，已按当日的即期汇率折算为人民币并记入"实收资本"账户。"实收资本"为非货币性项目，因此，期末不需要按照当日即期汇率进行调整。

（2）对于以成本与可变现净值孰低计量的存货，在以外币购入存货并且该存货在资产负债表日的可变现净值以外币反映的情况下，在计提存货跌价准备时应当考虑汇率变动的影响。即在确定存货的期末价值时，应先将以国际市场价格为基础确定的可变现净值折算为记账本位币，再与以记账本位币反映的存货成本进行比较，确定其应提的存货跌价准备。

【例 6-11】　　甲公司以人民币为记账本位币。2019 年 9 月 6 日，以每台 1 000 美元的价格从美国供货商手中购入国内市场尚无的 A 商品 20 台，并于当日支付了货款。2019 年 9 月 30 日尚有 10 台未售出，该商品的国际市场价格已降至每台 980 美元。

9 月 6 日的即期汇率是 1 美元＝7.085 5 元人民币，9 月 30 日的即期汇率是 1 美元＝7.072 9 元人民币。假定不考虑增值税等相关税费。

根据上述资料，甲公司的会计处理如下：

（1）2019 年 9 月 6 日，购入 A 商品时：

借：库存商品　　　　　　　　　　　　　　　　　　　　141 710

　　贷：银行存款——美元（20 000 美元）(1 000×20×7.085 5)　　141 710

（2）2019 年 9 月 30 日，应计提存货跌价准备时：

借：资产减值损失　　　　　　　　　　　　　　　　　　1 541

　　贷：存货跌价准备（980×10×7.072 9－1 000×10×7.085 5）　　1 541

（3）对于以公允价值计量的股票、基金等非货币性项目，如果期末的公允价值以外币反映，则应当先将该外币的公允价值按照当日的即期汇率折算为记账本位币金额，再与原记账本位币金额进行比较，其差额作为公允价值变动损益，计入当期损益。

【例 6-12】　　甲公司的记账本位币为人民币。2019 年 8 月 6 日，以每股 1.5 美元的价格购入乙公司 B 股 10 000 股作为交易性金融资产，当日即期汇率为 1 美元＝6.968 3 元人民币，款项已付。2019 年 8 月 31 日，由于市价变动，当月购入的乙公司 B 股的市价变为每股 2 美元，当日即期汇率为 1 美元＝7.154 3 元人民币。2019 年 9 月 25 日，甲公司将所购乙公司 B 股股票按当日市价 2.5 美元全部售出（即结算日），所得价款为 25 000 美元，当日即期汇率为 1 美元＝7.072 4 元人民币。假定不考虑相关税费的影响。

根据上述资料，甲公司的会计处理如下：

（1）2019 年 8 月 6 日，取得交易性金融资产时：

　　借：交易性金融资产——成本　　　　　　　　　　　　　104 525

　　　贷：银行存款——美元（15 000 美元）(15 000×6.968 3)　104 525

（2）2019 年 8 月 31 日，确定公允价值变动损益时：

根据《企业会计准则第 22 号——金融工具》的规定，交易性金融资产以公允价值计量。由于该项交易性金融资产是以外币计价，在资产负债表日不仅应考虑美元市价的变动，还应一并考虑美元与人民币之间汇率变动的影响。上述交易性金融资产在资产负债表日的人民币金额为 143 086 元（2×10 000×7.154 3），与原账面价值 104 525 元的差额为 38 561 元人民币，应计入公允价值变动损益。38 561 元人民币既包含甲公司所购乙公司 B 股股票公允价值变动的影响，又包含人民币与美元之间汇率变动的影响。

　　借：交易性金融资产——公允价值变动　　　　　　　　　38 561

　　　贷：公允价值变动损益　　　　　　　　　　　　　　　　38 561

（3）2019 年 9 月 25 日，确认售出当日的投资收益时：

2019 年 9 月 25 日，甲公司将所购乙公司 B 股股票按当日市价 2.5 美元全部售出（即结算日），所得价款为 25 000 美元，按当日汇率为 1 美元＝7.072 4 元人民币折算的人民币金额为 176 810 元，与其原账面价值 143 086 元人民币的差额为 33 724 元人民币。对于汇率的变动和股票市价的变动不进行区分，均作为投资收益进行处理。

　　借：银行存款——美元（25 000 美元）(25 000×7.072 4)　176 810

　　　贷：交易性金融资产——成本　　　　　　　　　　　　　104 525

　　　　　　　　　　　——公允价值变动　　　　　　　　　　38 561

　　　　投资收益　　　　　　　　　　　　　　　　　　　　　33 724

第三节　外币财务报表折算

在将企业的境外经营通过合并、权益法核算等纳入到企业的财务报表中时，需要将企业境外经营的财务报表折算为以企业记账本位币反映的财务报表，这一过程就是外币财务报表的折算。

一、境外经营财务报表的折算

在对企业境外经营财务报表进行折算前，应当调整境外经营的会计期间和会计政策，使之与企业会计期间和会计政策相一致，根据调整后会计政策及会计期间编制相应货币（记账本位币以外的货币）财务报表，再按照规定的方法对境外经营财务报表进行折算。

（一）折算方法

（1）资产负债表中的资产和负债项目，采用资产负债表日的即期汇率折算，所有者权益项目除"未分配利润"项目外，其他项目采用发生时的即期汇率折算。

（2）利润表中的收入和费用项目，采用交易发生日的即期汇率或即期汇率的近似汇率折算。

（3）产生的外币报表折算差额，应在所有者权益"其他综合收益"项目中列示。在编制合并财务报表时，应在合并资产负债表中所有者权益"其他综合收益"项目中列示。

比较财务报表折算比照上述规定处理。

（二）特殊项目的处理

（1）少数股东应分担的外币报表折算差额。在企业境外经营为其子公司的情况下，企业在编制合并财务报表时，应按少数股东在境外经营所有者权益中所享有的份额计算少数股东应分担的外币报表折算差额，并入少数股东权益列示于合并资产负债表。

（2）实质上构成对境外经营净投资的外币货币性项目产生的汇兑差额的处理。母公司含有实质上构成对子公司（境外经营）净投资的外币货币性项目的情况下，在编制合并财务报表时，应分别以下两种情况编制抵销分录：

①实质上构成对子公司净投资的外币货币性项目以母公司或子公司的记账本位币反映，则应在抵销长期应收应付项目的同时，将其产生的汇兑差额转入"其他综合收益"项目。即借记或贷记"财务费用——汇兑差额"科目，贷记或借记"其他综合收益"。

②实质上构成对子公司净投资的外币货币性项目以母、子公司的记账本位币以外的货币反映，则应将母、子公司此项外币货币性项目产生的汇兑差额相互抵销，差额转入"其他综合收益"。

如果合并财务报表中各子公司之间也存在实质上构成对另一子公司（境外经营）净投资的外币货币性项目，在编制合并财务报表时，应比照上述规定编制相应的抵销分录。

二、境外经营的处置

企业可能通过出售、清算、返还股东或放弃全部或部分权益等方式处置其在境外经营中的利益。在境外经营为子公司的情况下，企业处置境外经营应当按照合并财务报表处置子公司的原则进行相应的会计处理。在包含境外经营的财务报表中，将已列入其他综合收益的外币报表折算差额中与该境外经营相关部分，自所有者权益项目中转入处置当期损益；如果是部分处置境外经营，应当按处置的比例计算处置部分的外币报表折算差额，转入处置当期损益；处置的境外经营为子公司的，将已列入其他综合收益的外币报表折算差额中归属于少数股东的部分，视全部处置或部分处置分别予以终止确认或转入少数股东权益。

第四节　综合案例分析

【例 6-13】　甲公司为增值税一般纳税人，适用的增值税税率为 13%。甲公司以人民币作为记账本位币，外币业务采用发生时的即期汇率折算，按月计算汇兑损益。2019 年 8 月 31 日，甲公司有关外币货币性项目账户余额如表 6-3 所示。

表 6-3　　　　　　　　　外币货币性项目账户期末余额表

货币性项目	外币余额（美元）	汇率	记账本位币余额（人民币元）
银行存款	20 000	7.154 3	143 086
应收账款	50 000	7.154 3	357 715
应付账款	40 000	7.154 3	286 172

甲公司 2019 年 9 月份发生如下外币交易：

（1）2 日，收到国外乙公司追加的外币资本投资款 250 000 美元，当日的即期汇率为 1 美元＝7.087 9 元人民币，款项已由银行收妥。甲公司与国外乙公司的投资合同于 2019 年 8 月 6 日签订，签约当日的即期汇率为 1 美元＝6.968 3 元人民币。

（2）6 日，从国外购进一批原材料，货款总额为 90 000 美元，当日汇率为 1 美元＝7.085 5 元人民币，货款暂欠，原材料已验收入库。另外，以银行存款支付该原材料的进口关税 63 770 元人民币，增值税 91 190 元人民币。

（3）20 日，对外销售一批免税货物，价款共计 150 000 美元，当日的即期汇率为 1 美元＝7.073 0 元人民币，款项尚未收到。

（4）25 日，用 200 000 美元向中国银行兑换人民币，当日的银行美元买入价为 1 美元＝7.101 6 元人民币，中间价为 1 美元＝7.072 4 元人民币。

（5）27 日，以外币存款偿还 8 月份的应付账款 40 000 美元，当日的即期汇率为 1 美元＝7.073 1 元人民币。

（6）30 日，收到 8 月份发生的应收账款 50 000 美元，当日的即期汇率为 1 美元＝7.072 9 元人民币。

根据上述资料，甲公司的会计处理如下：

（1）编制 2019 年 9 月份外币交易发生时的会计分录。

①接受外币投资业务时：

借：银行存款——美元（250 000 美元）（250 000×7.087 9）　1 771 975

　　贷：实收资本　　　　　　　　　　　　　　　　　　　　　　　1 771 975

②发生外币采购业务时：

借：原材料　　　　　　　　　　　　　　　　　　　　　　　701 465

　　应交税费——应交增值税（进项税额）　　　　　　　　　91 190

　　贷：应付账款——美元（90 000 美元）（90 000×7.085 5）　637 695

　　　　银行存款——人民币（63 770＋91 190）　　　　　　　154 960

③发生外币销售业务时：

借：应收账款——美元（150 000 美元）（150 000×7.073 0）　1 060 950

　　贷：主营业务收入　　　　　　　　　　　　　　　　　　　　　1 060 950

④发生外币兑换业务时：

借：银行存款——人民币（200 000×7.101 6）　　　　　　　1 420 320

贷：银行存款——美元（200 000 美元）（200 000×7.072 4）　1 414 480

　　财务费用——汇总差额　5 840

⑤发生外币付款业务时：

借：应付账款——美元（40 000 美元）（40 000×7.073 1）　282 924

贷：银行存款——美元（40 000 美元）　282 924

⑥发生外币收款业务时：

借：银行存款——美元（50 000 美元）（50 000×7.072 9）　353 645

贷：应收账款——美元（50 000 美元）　353 645

（2）计算 2019 年 9 月份发生的汇兑损益并编制相关会计分录。

①计算 9 月份发生的汇兑损益。

根据上述会计处理，9 月 30 日按当日即期汇率折算的有关货币性项目的记账本位币余额与记账本位币的账面余额，如表 6-4 所示。

表 6-4　　　　　　　　货币性项目账户期末汇兑损益计算表　　　　金额单位：元

货币性项目	外币余额（美元）	期末账面余额	期末汇率	按期末即期汇率折算的记账本位币余额（人民币）	汇兑差额
银行存款	80 000	571 302	7.072 9	565 832	−5 470
应收账款	150 000	1 065 020	7.072 9	1 060 935	−4 085
应付账款	90 000	640 943	7.072 9	636 561	−4 382

②会计分录。

借：应付账款——美元　4 382

　　财务费用——汇兑差额　5 173

贷：银行存款——美元　5 470

　　应收账款——美元　4 085

【例 6-14】　国内甲公司的记账本位币为人民币，该公司有一境外全资子公司乙公司，乙公司确定的记账本位币为美元。甲公司采用当期平均汇率折算乙公司利润表项目。2018 年 12 月 31 日，甲公司准备编制合并财务报表，需要先将乙公司的美元财务报表折算为人民币表述。乙公司有关资料如下：

2018 年 12 月 31 日的即期汇率为 1 美元＝6.875 5 元人民币，2018 年的平均汇率为 1 美元＝6.617 4 元人民币，实收资本为 530 000 美元，发生日的即期汇率为 1 美元＝6.515 9 元人民币。截至 2018 年年初，累计盈余公积为 14 000 美元，折算为人民币 93 868 元，累计未分配利润为 80 000 美元，折算为人民币 536 390 元，累计外币报表折算差额为－23 754 元。甲、乙公司均在年末提取盈余公积，乙公司在 2018 年年末提取盈余公积 12 000 美元。

报表折算如表 6-5、表 6-6、表 6-7 所示。

表 6-5 　　　　　　　　　　　　**利润表**
编制单位：乙公司　　　　　　　　　　2018 年　　　　　　　　　金额单位：元

项目	本年累计数（美元）	折算汇率	折算为人民币金额
一、营业收入	420 000	6.617 4	2 779 308
减：营业成本	160 000	6.617 4	1 058 784
税金及附加	24 000	6.617 4	158 818
销售费用	32 000	6.617 4	211 757
管理费用	48 000	6.617 4	317 635
财务费用	40 000	6.617 4	264 696
二、营业利润	116 000	—	767 618
加：营业外收入	20 000	6.617 4	132 348
减：营业外支出	16 000	6.617 4	105 878
三、利润总额	120 000	—	794 088
减：所得税费用	40 000	6.617 4	264 696
四、净利润	80 000	—	529 392
五、每股收益	—	—	—
六、其他综合收益	0	—	227 275
七、综合收益总额	80 000	—	756 667

表 6-6

所有者权益变动表

2018 年度

编制单位：乙公司 金额单位：元

项目	实收资本 美元	实收资本 折算汇率	实收资本 人民币	盈余公积 美元	盈余公积 折算汇率	盈余公积 人民币	未分配利润 美元	未分配利润 人民币	其他综合收益	所有者权益（或股东权益）合计
一、上年年末余额	530 000	6.515 9	3 453 427	14 000		93 868	80 000	536 390	−23 754	4 059 931
二、本年年初余额	530 000	6.515 9	3 453 427	14 000		93 868	80 000	536 390	−23 754	4 059 931
三、本年增减变动金额				12 000		79 409	68 000	449 983	251 029	780 421
（一）净利润							80 000	529 392		529 392
（二）其他综合收益									251 029	251 029
其中：外币报表折算差额									251 029	251 029
（三）利润分配				12 000	6.617 4	79 409	−12 000	−79 409		0
1. 提取盈余公积				12 000	6.617 4	79 409	−12 000	−79 409		0
四、本年年末余额	530 000	—	3 453 427	26 000	—	173 277	148 000	986 373	227 275	4 840 352

表6-7

编制单位：乙公司

资产负债表

2018 年 12 月 31 日

金额单位：元

资产	期末数（美元）	折算汇率	折算为人民币金额	负债和所有者权益（或股东权益）	期末数（美元）	折算汇率	折算为人民币金额
流动资产：				流动负债：			
货币资金	80 000	6.875 5	550 040	短期借款	40 000	6.875 5	275 020
交易性金融资产	40 000	6.875 5	275 020	应付票据	8 000	6.875 5	55 004
应收票据款	32 000	6.875 5	220 016	应付账款	60 000	6.875 5	412 530
应收账款	88 000	6.875 5	605 044	应付职工薪酬	48 000	6.875 5	330 024
存货	160 000	6.875 5	1 100 080	应交税费	12 000	6.875 5	82 506
流动资产合计	400 000	—	2 750 200	流动负债合计	168 000	—	1 155 084
非流动资产：				非流动负债：			
固定资产	480 000	6.875 5	3 300 240	长期借款	48 000	6.875 5	330 024
无形资产	120 000	6.875 5	825 060	长期应付款	80 000	6.875 5	550 040
非流动资产合计	600 000	—	4 125 300	非流动负债合计	128 000	—	880 064
				负债合计	296 000	—	2 035 148
				所有者权益（或股东权益）：			
				实收资本	530 000	6.515 9	3 453 427
				盈余公积	26 000		173 277
				未分配利润	148 000		986 373
				其他综合收益	0		227 275*
				所有者权益合计	704 000	—	4 840 352
资产总计	1 000 000	—	6 875 500	负债和所有者权益（或股东权益）总计	1 000 000	—	6 875 500

注：①当期计提的盈余公积采用当期平均汇率折算，期初盈余公积为以前年度平均汇率折算的本位币金额的累计。②其他综合收益项下外币报表折算差额为记账本位币反映的净资产减去以记账本位币反映的净资产的差额。③＊其他综合收益项下外币报表折算差额＝资产总计－负债总计－（实收资本＋盈余公积＋未分配利润）＝6 875 500－2 035 148－（3 453 427＋173 277＋986 373）＝227 275（元）。

自测题

一、名词解释

1. 记账本位币

2. 外币

3. 汇率

4. 外币交易

5. 即期汇率

6. 即期汇率的近似汇率

7. 汇兑差额

二、简答题

1. 什么是记账本位币？企业选定记账本位币时应考虑的因素有哪些？

2. 什么是汇率？什么是即期汇率和即期汇率的近似汇率？

3. 什么是汇兑差额？期末哪些项目产生汇兑差额？如何处理？

4. 我国企业会计准则对外币报表折算有哪些规定？

三、单项选择题

1. 企业发生外币业务，应当将有关外币金额折算为（　　）记账。

A. 记账本位币　　　　　　　　B. 记账本位币以外的货币

C. 人民币　　　　　　　　　　D. 本国货币

2. 作为折算汇率的市场汇价，一般采用（　　）。

A. 买入价　　　　　　　　　　B. 中间价

C. 卖出价　　　　　　　　　　D. 现钞买入价

3. 汇兑损益通过（　　）账户核算。

A. "管理费用"　　　　　　　　B. "营业外支出"

C. "财务费用"　　　　　　　　D. "汇兑损益"

4. 下列各项中，属于外币兑换业务的是（　　）。

A. 从银行取得外币借款　　　　B. 进口材料发生的外币应付账款

C. 归还外币借款　　　　　　　D. 从银行购入外汇

5. 接受外币投入资本时，对应的资产账户采用的折算汇率是（　　）。

A. 收到外币资本时的即期汇率　　B. 投资合同约定汇率

C. 签订投资合同时的即期汇率　　D. 第一次收到外币资本时的即期汇率

6. 外币报表折算为人民币报表时，资产负债表中的"货币资金"项目应当
（ ）。

A. 根据折算后所有者权益变动表中的其他项目的数额计算确定

B. 按即期汇率折算

C. 按历史汇率折算

D. 按平均汇率折算

7. 销售商品所形成的外币应收账款由于市场汇率提高引起的折算差额，在
期末确认时，应（ ）。

A. 增加财务费用　　　　　　　B. 冲减财务费用

C. 增加主营业务收入　　　　　D. 冲减主营业务收入

8. 某企业采用人民币作为记账本位币。下列项目中，不属于该企业外币业
务的是（ ）。

A. 与外国企业发生的以人民币计价结算的购货业务

B. 与国内企业发生的以美元计价的销售业务

C. 与外国企业发生的以美元计价结算的购货业务

D. 与中国银行之间发生的美元与人民币的兑换业务

9. 我国某企业记账本位币为美元，下列说法中错误的是（ ）。

A. 该企业以人民币计价和结算的交易属于外币交易

B. 该企业以美元计价和结算的交易不属于外币交易

C. 该企业的编报货币为美元

D. 该企业的编报货币为人民币

10. 某股份有限公司对外币业务采用业务发生日的市场汇率进行折算，按
月计算汇兑差额。2019 年 8 月 6 日从境外购买零配件一批，价款总额为
10 000 000 美元，货款尚未支付，当日的市场汇率为 1 美元＝6.968 3 元人民
币。8 月 31 日的市场汇率为 1 美元＝7.154 3 元人民币。9 月 30 日的市场汇率
为 1 美元＝7.072 9 元人民币。该外币债务 9 月份所发生的汇兑差额为（ ）
元人民币。

A. 814 000　　　　　　　　　B. −1 046 000

C. −814 000　　　　　　　　D. 1 046 000

11. 按我国会计准则的规定，母公司编制合并财务报表时，应对子公司外币

资产负债表进行折算，表中"实收资本"项目折算为母公司记账本位币所采用的汇率为（　　）。

 A. 合并报表决算日的即期汇率 B. 实收资本入账时的即期汇率

 C. 本年度平均市场汇率   D. 本年度年初即期汇率

12. 我国会计准则中"外币财务报表折算差额"在财务报表中应（　　）。

 A. 在所有者权益项目下"其他综合收益"项目中列示

 B. 在长期股权投资项下列示

 C. 作为管理费用列示

 D. 作为非流动负债列示

四、多项选择题

1. 下列交易中，属于外币交易的有（　　）。

 A. 买入以外币计价的商品或者劳务

 B. 卖出以外币计价的商品或者劳务

 C. 借入外币资金

 D. 向国外销售以记账本位币计价和结算的商品

 E. 借出外币资金

2. 汇兑损益可能记入的账户有（　　）。

 A. 在建工程   B. 实收资本

 C. 财务费用   D. 资本公积

 E. 管理费用

3. 企业对境外经营的财务报表进行折算时，下列项目中可用资产负债表日的即期汇率折算的有（　　）。

 A. 应付款项   B. 交易性金融资产

 C. 长期借款   D. 盈余公积

 E. 资本公积

4. 企业发生外币业务时，将外币金额折算为记账本位币金额，可以采用（　　）作为折算汇率。

 A. 即期汇率   B. 即期汇率的近似汇率

 C. 账面汇率   D. 业务发生当期期初市场汇率

 E. 平均汇率

5. 外币交易应当在初始确认时将外币金额折算为记账本位币金额，可以采用的汇率有（　　）。

 A.　交易发生日的即期汇率

 B.　按照系统合理的方法确定的、与交易发生日即期汇率近似的汇率

 C.　与交易发生日即期汇率相差较大的汇率

 D.　当汇率波动较大时，当年1月1日的汇率

 E.　年初汇率

6.　境外经营的子公司在选择确定记账本位币时，应当考虑的因素有（　　）。

 A.　境外经营所在地货币管制状况

 B.　与母公司交易占其交易总量的比重

 C.　境外经营所产生的现金流量是否直接影响母公司的现金流量

 D.　境外经营所产生的现金流量是否足以偿付现有及可预期的债务

 E.　相对于境内母公司，其经营活动是否具有很强的自主性

7.　下列项目中属于货币性项目的有（　　）。

 A.　应收账款   B.　应付债券

 C.　存货   D.　其他权益工具投资

 E.　长期股权投资

8.　企业在资产负债表日，应当按照准则规定对外币货币性项目和外币非货币性项目进行处理，下列说法中正确的有（　　）。

 A.　外币货币性项目，采用资产负债表日即期汇率折算

 B.　外币货币性项目，资产负债表日即期汇率与初始确认时或者前一资产负债表日即期汇率不同而产生的汇兑差额，计入当期损益

 C.　外币货币性项目，因资产负债表日即期汇率与初始确认时或者前一资产负债表日即期汇率不同而产生的汇兑差额，计入递延损益

 D.　以历史成本计量的外币非货币性项目，仍采用交易发生日的即期汇率折算，不改变其记账本位币金额

 E.　以公允价值计量的外币非货币性项目，采用公允价值确定日的即期汇率折算，折算后的记账本位币金额与记账本位币金额的差额，作为公允价值变动损益，计入当期损益

9.　企业对境外经营的财务报表进行折算时，应采用发生时的即期汇率折算的有（　　）。

 A.　存货   B.　实收资本

C. 管理费用　　　　　　　　D. 营业收入

E. 投资性房地产

10. 企业对境外经营的财务报表进行折算时，下列项目中可用资产负债表日的即期汇率折算的有（　　　）。

A. 应收账项　　　　　　　　B. 交易性金融资产

C. 债权投资　　　　　　　　D. 盈余公积

E. 实收资本

11. 下列项目中，企业应当计入当期损益的有（　　　）。

A. 兑换外币时发生的折算差额

B. 外币银行存款账户发生的汇兑差额

C. 外币应收账款账户期末折算差额

D. 外币报表折算差额

E. 外币应付账款账户期末折算差额

五、判断题

1. 在本期未发生外币交易的情况下，不会产生汇兑损益。（　　　）

2. 对于外币报表折算差额，我国规定必须将其计入当期损益。（　　　）

3. 编制报表货币与记账本位币应当保持一致。（　　　）

4. 按我国会计准则规定，期末各外币账户的外币金额按期末即期汇率折算为人民币的金额与外币账户账面余额的差额，均应计入当期损益。（　　　）

5. 外币报表折算差额与汇兑差额均应计入当期损益。（　　　）

6. 当企业在境内的子公司、合营企业、联营企业或者分支机构，选定的记账本位币不同于企业的记账本位币时，也应视同境外经营。（　　　）

7. 我国外币资产负债表中的折算差额，应在所有者权益"其他综合收益"项目中列示。（　　　）

8. 企业只能选择人民币作为记账本位币。（　　　）

9. 企业因经营所处的主要经济环境发生重大变化，确需变更记账本位币的，应当采用变更当日的即期汇率将所有项目折算为变更后的记账本位币，折算后的金额作为新的记账本位币的历史成本。（　　　）

10. 企业收到投资者以外币投入的资本，无论是否有合同约定汇率，均不采用合同约定汇率和即期汇率的近似汇率折算，而是采用交易日即期汇率折算。（　　　）

六、核算题

甲公司为增值税一般纳税人，适用的增值税税率为 13%。甲公司以人民币作为记账本位币，外币业务采用发生时的即期汇率折算，按月计算汇兑损益。2019 年 8 月 31 日，甲公司有关外币货币性项目账户余额如表 1 所示。

表 1 　　　　　　　　　外币货币性项目账户期末余额表

货币性项目	外币余额（美元）	汇率	记账本位币余额（人民币元）
银行存款	280 000	7.154 3	2 003 204
应收账款	130 000	7.154 3	930 059
应付账款	90 000	7.154 3	643 887

甲公司 2019 年 9 月份发生外币交易如下：

（1）6 日，向国外 A 公司销售一批免税货物，价款 100 000 美元，货款未收，当日的即期汇率为 1 美元＝7.085 5 元人民币。

（2）12 日，从中国银行借入 9 个月期贷款 200 000 美元，当日的即期汇率为 1 美元＝7.115 3 元人民币，借入的款项存入银行。

（3）16 日，从中国银行购入 100 000 美元，当日银行美元的卖出价为 1 美元＝7.094 6 元人民币，中间价为 1 美元＝7.084 6 元人民币。

（4）20 日，以每股 10 美元的价格购入美国某公司的股票 10 000 股作为交易性金融资产，当日的即期汇率为 1 美元＝7.073 0 元人民币。

（5）30 日，当日的即期汇率为 1 美元＝7.072 9 元人民币。

要求：

（1）编制 2019 年 9 月份外币交易的会计分录；

（2）计算 2019 年 9 月份汇兑损益并编制相关会计分录。

7
CHAPTER

第七章
会计政策、会计估计变更和差错更正

第一节 会计政策及其变更

一、会计政策概述

（一）会计政策的概念

会计政策是指企业在会计确认、计量和报告中所采用的原则、基础和会计处理方法。其中，原则是指按照企业会计准则规定的、适合企业会计核算的具体会计原则；基础是指为了将会计原则应用于交易或者事项而采用的基础，如计量基础（即计量属性），包括历史成本、重置成本、可变现净值、现值和公允价值等；会计处理方法是指企业在会计核算中按照法律、行政法规或者国家统一的会计制度等规定采用或者选择的、适合本企业的具体会计处理方法。

（二）会计政策的特点

会计政策具有以下特点：

（1）选择性。会计政策是在允许的会计原则、计量基础和会计处理方法中作出指定或具体选择。由于企业经济业务的复杂性和多样化，某些经济业务在符合会计原则和计量基础的要求下，可以有多种会计处理方法，即存在不止一种可供选择的会计政策。例如，确定发出存货的实际成本时，可以在先进先出法、加权平均法或者个别计价法中进行选择。

（2）强制性，即会计政策应当在会计准则规定的范围内选择。在我国，会计准则和会计制度属于行政法规，会计政策所包括的具体会计原则、计量基础和具体会计处理方法由会计准则或会计制度规定，具有一定的强制性。企业必须在法规所允许的范围内选择适合本企业实际情况的会计政策。即企业在发生某项经济业务时，必须从允许的会计原则、计量基础和会计处理方法中选择出适合本企业特点的会计政策。

（3）层次性。会计政策包括会计原则、计量基础和会计处理方法三个层次。会计原则是指导企业会计核算的具体原则，例如，《企业会计准则第13号——或有事项》规定的以该义务是企业承担的现时义务、履行该义务很可能导致经济利益流出企业、该义务的金额能够可靠地计量作为预计负债的确认条件就是确认预计负债要遵循的具体会计原则；会计基础是为将会计原则体现在会计核算中而采用的基础，例如，《企业会计准则第8号——资产减值》中涉及的公允价值就是计量基础；会计处理方法是按照会计原则和计量基础的要求，由企业在会计核算中采用或者选择的、适合于本企业的具体会计处理方法，例如，企业按照《企业会计准则第2号——长期股权投资》规定采用的成本法或者权益法就是会计处理方法。会计原则、计量基础和会计处理方法三者构成一个具有逻辑性的、密不可分的整体，通过这个整体，会计政策才能得以应用和落实。

（三）企业应当披露的重要会计政策

企业应当披露采用的重要会计政策，不具有重要性的会计政策可以不予披露。判断会计政策是否重要，应当考虑与会计政策相关的项目的性质和金额。企业应当披露的重要会计政策包括：

（1）发出存货成本的计量，是指企业确定发出存货成本所采用的会计处理。例如，企业发出存货成本的计量是采用先进先出法，还是采用其他计量方法。

（2）长期股权投资的后续计量，是指企业取得长期股权投资后的会计处理。例如，企业对被投资单位的长期股权投资是采用成本法，还是采用权益法核算。

（3）投资性房地产的后续计量，是指企业在资产负债表日对投资性房地产进行后续计量所采用的计量方法。例如，企业对投资性房地产的后续计量是采用成本模式，还是采用公允价值模式。

（4）固定资产的初始计量，是指对取得的固定资产初始成本的计量。例如，企业取得的固定资产初始成本是以购买价款，还是以购买价款的现值为基础进行计量。

（5）无形资产的确认，是指对无形项目的支出是否确认为无形资产。例如，企业内部研究开发项目开发阶段的支出是确认为无形资产，还是在发生时计入当期损益。

（6）非货币性资产交换的计量，是指非货币性资产交换事项中对换入资产成本的计量。例如，非货币性资产交换是以换出资产的公允价值作为确定换入资产成本的基础，还是以换出资产的账面价值作为确定换入资产成本的基础。

（7）收入的确认，是指收入确认所采用的会计原则。例如，企业与客户之间的合同同时满足收入准则规定的 5 个条件的，企业应当在客户取得相关商品控制权时确认收入。

（8）借款费用的处理，是指借款费用的会计处理方法，即是采用资本化，还是采用费用化。

（9）合并政策，是指编制合并财务报表所采用的原则。例如，母公司与子公司的会计年度不一致的处理原则、合并范围的确定原则等。

（10）其他重要会计政策。

二、会计政策变更

会计政策变更是指企业对相同的交易或事项由原来采用的会计政策改用另一会计政策的行为。

（一）企业变更会计政策的条件

为保证会计信息的可比性，使财务报表使用者在比较企业一个以上期间的财务报表时，能够正确判断企业的财务状况、经营成果和现金流量的趋势。一般情况下，企业采用的会计政策在每一会计期间和前后各期应当保持一致，不得随意变更。否则，势必削弱会计信息的可比性。

但是，在以下两种情形下，企业可以变更会计政策：

（1）法律、行政法规或者国家统一的会计制度等要求变更。这种情况是指，按照法律、行政法规以及国家统一的会计制度的规定，要求企业采用新的会计政策，则企业应当按照法律、行政法规以及国家统一的会计制度的规定改变原会计政策，按照新的会计政策执行。例如，《企业会计准则第 1 号——存货》对发出存货实际成本的计价排除了后进先出法，这就要求执行企业会计准则体系的企业按照新规定，将原来以后进先出法核算发出存货成本改为准则规定可以采用的其他发出存货成本计价方法。

（2）会计政策变更能够提供更可靠、更相关的会计信息。由于经济环境、客观情况的改变，使企业原采用的会计政策所提供的会计信息，已不能恰当地反映企业的财务状况、经营成果和现金流量等情况。在这种情况下，应改变原有会计政策，按变更后新的会计政策进行会计处理，以便对外提供更可靠、更相关的会计信息。例如，企业一直采用成本模式对投资性房地产进行后续计量，如果企业能够从房地产交易市场上持续地取得同类或类似房地产的市场价格及其他相关信息，从而能够对投资性房地产的公允价值作出合理的估计，此时，企业可以将投资性房地产的后续计量方法由成本模式变更为公允价值模式。

(二) 不属于企业会计政策变更的情形

对会计政策变更的认定，直接影响会计处理方法的选择。因此，在会计实务中，企业应当正确认定属于会计政策变更的情形。下列三种情况不属于会计政策变更：

(1) 本期发生的交易或者事项与以前相比具有本质差别而采用新的会计政策。这是因为，会计政策是针对特定类型的交易或事项，如果发生的交易或事项与其他交易或事项有本质区别，那么，企业实际上是为新的交易或事项选择适当的会计政策，并没有改变原有的会计政策。例如，企业以往租入的设备均为临时需要而租入的，企业按经营租赁会计处理方法核算，但自本年度起租入的设备均采用融资租赁方式，则该企业自本年度起对新租赁的设备采用融资租赁会计处理方法核算。由于该企业原租入的设备均为经营性租赁，本年度起租赁的设备均改为融资租赁，经营租赁和融资租赁有着本质差别，因而改变会计政策不属于会计政策变更。

(2) 对初次发生的或不重要的交易或者事项采用新的会计政策。对初次发生的某类交易或事项采用适当的会计政策，并未改变原有的会计政策。

对不重要的交易或事项采用新的会计政策，不按会计政策变更作出会计处理，并不影响会计信息的可比性，所以也不作为会计政策变更。例如，企业之前在生产经营过程中使用少量的低值易耗品，并且价值较低，故企业在领用低值易耗品时一次计入费用；该企业于近期投产新产品，所需低值易耗品比较多，且价值较大，企业对领用的低值易耗品处理方法改为五五摊销法。该企业低值易耗品在企业生产经营中所占的费用比例并不大，改变低值易耗品处理方法后，对损益的影响也不大，属于不重要的事项，会计政策在这种情况下的改变不属于会计政策变更。

需要说明的是，应当注意区分会计政策变更与会计差错的区别，会计政策变更并不意味着以前期间的会计政策是错误的，而是由于情况发生了变化，或者掌握了新的信息，积累了更多的经验，使得变更会计政策能够更好地反映企业的财务状况、经营成果以及现金流量。如果以前期间会计政策的运用是错误的，则属于前期差错，应按前期差错更正的会计处理办法进行处理。

三、会计政策变更的会计处理

（一）会计政策变更的会计处理方法

发生会计政策变更时，其会计处理方法有追溯调整法和未来适用法两种，分别适用于不同情形。

1. 追溯调整法

追溯调整法是指对某项交易或事项变更会计政策，视同该项交易或事项初次发生时即采用变更后的会计政策，并以此对财务报表相关项目进行调整的方法。采用追溯调整法时，对于比较财务报表期间的会计政策变更，应调整各期间净损益各项目和财务报表其他相关项目，视同该政策在比较财务报表期间一直采用。对于比较财务报表可比期间以前的会计政策变更的累积影响数，应调整比较财务报表最早期间的期初留存收益，财务报表其他相关项目的数字也应一并调整。

（1）追溯调整法的运用步骤。

追溯调整法通常由以下步骤构成：

第一步，计算会计政策变更的累积影响数。

第二步，编制相关项目的调整分录，涉及损益的，不通过"以前年度损益调整"科目核算，应直接调整"利润分配——未分配利润"科目。

第三步，调整列报前期财务报表相关项目及其金额。

第四步，附注说明。

（2）计算会计政策变更累积影响数。

会计政策变更累积影响数是指按照变更后的会计政策对以前各期追溯计算的列报前期最早期初留存收益应有金额与现有金额之间的差额。根据上述定义的表述，会计政策变更的累积影响数可以分解为以下两项金额之间的差额：①在变更会计政策当期，按变更后的会计政策对以前各期追溯计算，得到的列报前期最早期初留存收益金额。②在变更会计政策当期，列报前期最早期初留存收益金额。上述留存收益金额，包括盈余公积和未分配利润等项目，不考虑由于损益的变化而应当补分的利润或股利。例如，由于会计政策变化，增加了以前期间可供分配的利润，该企业通常按净利润的20%分派股利。但在计算调整会计政策变更当期期初的留存收益时，不应当考虑由于以前期间净利润的变化而需要分派的股利。

在财务报表只提供列报项目上一个可比会计期间比较数据的情况下，上述第②项，在变更会计政策当期，列报前期最早期初留存收益金额即为上期资产负债表所反映的期初留存收益，可以从上年资产负债表项目中获得；需要计算确定的是第①项，即按变更后的会计政策对以前各期追溯计算，所得到的上期期初留存收益金额。

累积影响数通常可以通过以下各步计算获得：

第一步，根据新会计政策重新计算受影响的前期交易或事项。

第二步，计算两种会计政策下的差异。

第三步，计算差异的所得税影响金额。

第四步，确定前期中的每一期的税后差异。

第五步，计算会计政策变更的累积影响数。

需要说明的是，对以前年度损益进行追溯调整或追溯重述的，应当重新计算各列报期间的每股收益。

【例 7-1】　甲公司于 2004 年 1 月 6 日对乙公司投资 10 000 000 元，占乙公司有表决权股份的 60％，能够对乙公司实施有效控制，按当时企业会计准则的规定，该长期股权投资应当采用权益法核算。自 2007 年 1 月 1 日起，执行新的企业会计准则，即投资企业对被投资企业因投资取得有效控制时，长期股权投资应采用成本法核算。甲公司与乙公司适用的所得税税率均为 33％。甲公司按净利润的 10％提取法定盈余公积。假定甲公司除净利润外，无其他所有者权益变动事项。

甲公司于 2005 年、2006 年从乙公司分得的现金股利为 200 000 元、600 000 元。乙公司 2004 年、2005 年、2006 年实现的净利润分别为 1 000 000 元、500 000 元、1 500 000 元。

根据上述资料，甲公司的会计处理如下：

根据新企业会计准则的规定，自 2007 年 1 月 1 日起，对控制被投资单位的长期股权投资应由权益法改为成本法核算，属于会计政策变更，应当采用追溯调整法进行会计处理。

1. 计算会计政策变更的累积影响数（见表 7-1）。

表 7-1   **累积影响数计算表**   金额单位：元

时间	按原会计政策（权益法）确定的投资收益①	按新会计政策（成本法）确定的投资收益②	所得税前差异③=②-①	所得税影响④	累积影响数（所得税后差异）⑤=③-④
2004 年	600 000	0	−600 000	0	−600 000
2005 年	300 000	200 000	−100 000	0	−100 000
2006 年	900 000	600 000	−300 000	0	−300 000
合计	1 800 000	800 000	−1 000 000	0	−1 000 000

注：甲公司与乙公司的所得税税率相等，甲公司从乙公司分回的利润已在乙公司缴纳了所得税，故不需要再计算缴纳所得税，按权益法核算与按成本法核算对所得税均无影响，因此所得税影响为零，从而导致所得税前差异与所得税后差异相等。

2. 编制有关项目的调整分录。

(1) 对 2004 年有关事项的调整分录。

①调整长期股权投资时：

    借：利润分配——未分配利润   600 000

        贷：长期股权投资   600 000

②调整利润分配时：

    借：盈余公积   60 000

        贷：利润分配——未分配利润（600 000×10%）   60 000

(2) 对 2005 年有关事项的调整分录。

①调整长期股权投资时：

    借：利润分配——未分配利润   100 000

        贷：长期股权投资   100 000

②调整利润分配时：

    借：盈余公积   10 000

        贷：利润分配——未分配利润（100 000×10%）   10 000

(3) 对 2006 年有关事项的调整分录。

①调整长期股权投资时：

    借：利润分配——未分配利润   300 000

        贷：长期股权投资   300 000

②调整利润分配时：

    借：盈余公积   30 000

        贷：利润分配——未分配利润（300 000×10%）   30 000

3. 财务报表调整和重述。

甲公司在列报 2007 年财务报表时，应调整 2007 年资产负债表有关项目的年初数、利润表有关项目的上年金额，所有者权益变动表有关项目的上年金额和本年金额也应进行调整。

（1）调整资产负债表相关项目的年初数（见表 7-2）。

表 7-2　　　　　　　　　　　　**资产负债表（局部）**

编制单位：甲公司　　　　　　　　2007 年 12 月 31 日　　　　　　　　金额单位：元

资产	年末余额	年初余额	负债和所有者权益	年末余额	年初余额
……	…	…	……	…	…
长期股权投资	…	…－1 000 000	盈余公积	…	…－100 000
……	…	…	未分配利润	…	…－900 000
资产总计	…	…－1 000 000	负债和所有者权益总计	…	…－1 000 000

（2）调整利润表相关项目的上年金额（见表 7-3）。

表 7-3　　　　　　　　　　　　**利润表（局部）**

编制单位：甲公司　　　　　　　　2007 年度　　　　　　　　金额单位：元

项目	本年金额	上年金额
一、营业收入	…	…
……	…	…
加：投资收益（损失以"－"号列示）	…	…－300 000
二、营业利润（亏损以"－"号列示）	…	…－300 000
……	…	…
三、利润总额（亏损以"－"号列示）	…	…－300 000
减：所得税费用	…	…－0
四、净利润（亏损以"－"号列示）	…	…－300 000
五、其他综合收益的税后净额	…	…
六、综合收益总额	…	…－300 000
七、每股收益	…	…

（3）调整所有者权益变动表相关项目（见表 7-4）。

表 7-4 所有者权益变动表（局部）

编制单位：甲公司 2007 年度 金额单位：元

项目	本年金额				上年金额			
	……	盈余公积	未分配利润	……	……	盈余公积	未分配利润	……
一、上年年末余额	……	…	…	……	……	…	…	……
加：会计政策变更	……	…−100 000	…−900 000	……	……	…−70 000	…−630 000	……
前期差错更正	……	—	—	……	……	—	—	……
二、本年年初余额	……	…−100 000	…−900 000	……	……	…−70 000	…−630 000	……
三、本年增减变动金额（减少以"—"填列）	……	…	…	……	……	…−30 000	…−270 000	……
（一）综合收益总额	……	…	…	……	……	…	…−300 000	……
……								
（三）利润分配	……	…	…	……	……	…−30 000	…+30 000	……
1．提取盈余公积	……	…	…	……	……	…−30 000	…+30 000	……
……								
四、本年年末余额	……	…−100 000	…−900 000	……	……	…−100 000	…−900 000	……

2. 未来适用法

未来适用法是指将变更后的会计政策应用于变更日及以后发生的交易或者事项，或者在会计估计变更当期和未来期间确认会计估计变更影响数的方法。

在未来适用法下，不需要计算会计政策变更产生的累积影响数，也无须重编以前年度的财务报表。企业会计账簿记录及财务报表上反映的金额，变更之日仍保留原有的金额，不因会计政策变更而改变以前年度的既定结果，并在现有金额的基础上再按新的会计政策进行核算。

【例 7-2】 乙公司原对发出存货采用后进先出法，根据新企业会计准则的规定，公司从 2007 年 1 月 1 日起改用先进先出法。2007 年 1 月 1 日存货的价值为 2 500 000 元，公司当年购入存货的实际成本为 18 000 000 元，2007 年 12 月 31 日按先进先出法计算确定的存货价值为 4 500 000 元，当年销售额为 25 000 000 元，假设该年度其他费用为 1 200 000 元，所得税税率为 33%。2007 年 12 月 31 日按后进先出法计算的存货价值为 2 200 000 元。

根据上述资料，乙公司的会计处理如下：

乙公司由于法律环境变化而改变会计政策，假定对其采用未来适用法进行处理，即对存货采用先进先出法从 2007 年及以后才适用，不需要对 2007 年 1 月 1 日以前按先进先出法计算存货应有的余额以及对留存收益的影响金额。

计算确定会计政策变更对当期净利润的影响数，如表 7-5 所示。

表 7-5 　　　　　　　　　　　当期净利润的影响数计算表 　　　　　　　　金额单位：元

项目	后进先出法（旧政策）	先进先出法（新政策）
营业收入	25 000 000	25 000 000
减：营业成本	18 300 000	16 000 000
其他费用	1 200 000	1 200 000
利润总额	5 500 000	7 800 000
减：所得税费用	1 815 000	2 574 000
净利润	3 685 000	5 226 000
差　　额	1 541 000	

公司由于会计政策变更使当期净利润增加了 1 541 000 元。其中：

采用后进先出法的销售成本＝期初存货＋购入存货实际成本－期末存货

$$= 2\,500\,000 + 18\,000\,000 - 2\,200\,000$$

$$= 18\,300\,000（元）$$

采用先进先出法的销售成本＝期初存货＋购入存货实际成本－期末存货

$$= 2\,500\,000 + 18\,000\,000 - 4\,500\,000$$

$$= 16\,000\,000（元）$$

（二）会计政策变更会计处理方法的选择

对于会计政策变更，企业应当根据具体情况分别采用不同的会计处理方法。

1. 法律、行政法规或者国家统一的会计制度等要求变更

法律、行政法规或者国家统一的会计制度等要求变更的情况下，企业应当分别以下情况进行处理：①国家发布相关的会计处理办法，则按照国家发布的相关会计处理规定进行处理；②国家没有发布相关的会计处理办法，则采用追溯调整法进行会计处理。

2. 会计政策变更能够提供更可靠、更相关的会计信息

会计政策变更能够提供更可靠、更相关的会计信息的情况下，企业应当采用追溯调整法进行会计处理，将会计政策变更累积影响数调整列报前期最早期初留

存收益，其他相关项目的期初余额和列报前期披露的其他比较数据也应当一并调整。

3. 确定会计政策变更对列报前期影响数不切实可行

确定会计政策变更对列报前期影响数不切实可行的，应当从可追溯调整的最早期间期初开始应用变更后的会计政策；在当期期初确定会计政策变更对以前各期累积影响数不切实可行的，应当采用未来适用法处理。

不切实可行是指企业在采取所有合理的方法后，仍然不能获得采用某项规定所必需的相关信息，而导致无法采用该项规定，则该项规定在此时是不切实可行的。

四、会计政策变更的披露

企业应当在附注中披露与会计政策变更有关的下列信息。

（1）会计政策变更的性质、内容和原因。包括：对会计政策变更的简要阐述、变更的日期、变更前采用的会计政策和变更后所采用的新会计政策及会计政策变更的原因。

（2）当期和各个列报前期财务报表中受影响的项目名称和调整金额。包括：采用追溯调整法时，计算出的会计政策变更的累积影响数；当期和各个列报前期财务报表中需要调整的净损益及其影响金额，以及其他需要调整的项目名称和调整金额。

（3）无法进行追溯调整的，说明该事实和原因以及开始应用变更后的会计政策的时点、具体应用情况。包括：无法进行追溯调整的事实；确定会计政策变更对列报前期影响数不切实可行的原因；在当期期初确定会计政策变更对以前各期累积影响数不切实可行的原因；开始应用新会计政策的时点和具体应用情况。

需要说明的是，在以后期间的财务报表中，不需要重复披露在以前期间的附注中已披露的会计政策变更的信息。

【例7-3】　（承例7-1）应在财务报表附注中作如下说明：

本公司2007年初按照会计准则规定，对长期股权投资由权益法改为成本法核算，为会计政策变更，应当采用追溯调整法，2007年比较财务报表已重新表述。2006年期初运用新会计政策追溯计算的会计政策变更累积影响数为－700 000元，调减2006年的期初留存收益700 000元，其中：调减未分配利润630 000元，调减盈余公积70 000元。会计政策变更对2007年度财务报表上年金额栏的本年金额的影响为调减未分配利润270 000元，调减盈余公积30 000元，调减净利润 300 000 元。

【例 7-4】 （承例 7-2）应在财务报表附注中作如下说明：

本公司对存货原采用后进先出法计价，由于施行新会计准则，改用先进先出法计价。按照《企业会计准则第 38 号——首次执行企业会计准则》的规定，对该项会计政策变更应当采用未来适用法。由于该项会计政策变更，当期净利润增加 1 541 000 元。

第二节 会计估计及其变更

一、会计估计概述

（一）会计估计的概念

会计估计是指企业对结果不确定的交易或事项以最近可利用的信息为基础所作的判断。

（二）会计估计的特点

会计估计具有如下特点：

（1）会计估计的存在是由于经济活动中内在的不确定性因素的影响。在会计核算中，企业总是力求保持会计核算的准确性，但有些经济业务本身具有不确定性。例如，坏账、固定资产折旧年限、固定资产残余价值，无形资产摊销年限等，因而需要根据经验作出估计。可以说，在进行会计核算和相关信息披露的过程中，会计估计是不可避免的。

（2）进行会计估计时，应当以最近可利用的信息或资料为基础。企业在会计核算中，由于经营活动中内在的不确定性，不得不经常进行估计。一些估计的主要目的是确定资产、负债的账面价值，或是确定将在某一期间记录的收益、费用的金额。企业在进行会计估计时，通常应根据当时的情况和经验，以一定的信息或资料为基础进行。但是，随着时间的推移、环境的变化，进行会计估计的基础可能会发生变化，因此，进行会计估计所依据的信息或者资料不得不经常发生变化。由于最新的信息是最接近目标的信息，以其为基础所作的估计最接近实际，所以进行会计估计时，应以最近可利用的信息或资料为基础。

（3）进行会计估计并不会削弱会计确认和计量的可靠性。企业为了定期、及时地提供有用的会计信息，将连续不断的经营活动人为划分为一定的期间，并在权责发生制的基础上对企业的财务状况和经营成果进行定期确认和计量。例如，在会计分期的情况下，许多企业的交易跨越若干会计年度，以至于需要在一定程度上作出决定：某一年度发生的开支，哪些可以合理地预期能够产生其他年度以收益形式表示的利益，从而全部或部分向后递延，哪些可以合理地预期在当期能够得到补偿，从而确认为费用。由于会计分期和货币计量的前提，在确认和计量过程中，不得不对许多尚在延续中、其结果尚未确定的交易或事项予以估计入账。

（三）应当披露的重要会计估计

企业应当披露重要的会计估计，不具有重要性的会计估计可以不披露。判断会计估计是否重要，应当考虑与会计估计相关项目的性质和金额。企业应当披露的重要会计估计包括：

（1）存货可变现净值的确定。

（2）采用公允价值模式计量的投资性房地产公允价值的确定。

（3）固定资产的预计使用寿命与净残值；固定资产的折旧方法。

（4）使用寿命有限的无形资产的预计使用寿命与净残值。

（5）可收回金额按照资产组的公允价值减去处置费用后的净额确定的，确定公允价值减去处置费用后的净额的方法。可收回金额按照资产组预计未来现金流量的现值确定的，预计未来现金流量的确定。

（6）合同完工进度的确定。

（7）权益工具公允价值的确定。

（8）债务人债务重组中转让的非现金资产的公允价值、由债务转成的股份的公允价值和修改其他债务条件后债务的公允价值的确定。债权人债务重组中受让的非现金资产的公允价值、由债权转成的股份的公允价值和修改其他债务条件后债权的公允价值的确定。

（9）预计负债初始计量的最佳估计数的确定。

（10）承租人对未确认融资费用的分摊；出租人对未实现融资收益的分配。

（11）金融资产公允价值的确定。

（12）非同一控制下企业合并成本的公允价值的确定。

（13）其他重要会计估计。

二、会计估计变更

（一）会计估计变更的概念

会计估计变更是指由于资产和负债的当前状况及预期经济利益和义务发生了变化，从而对资产或负债的账面价值或者资产的定期消耗金额进行调整。

由于企业经营活动中内在的不确定因素，许多财务报表项目不能准确地计量，只能加以估计，估计过程涉及以最近可以得到的信息为基础所作的判断。但是，估计毕竟是就现有资料对未来所作的判断，随着时间的推移，如果赖以进行估计的基础发生变化，或者由于取得了新的信息、积累了更多的经验或后来的发展可能不得不对估计进行修订，但会计估计变更的依据应当真实、可靠。

（二）会计估计变更的情形

会计估计变更的情形包括：

（1）赖以进行会计估计的基础发生了变化。企业进行会计估计，总是依赖于一定的基础。如果其所依赖的基础发生了变化，则会计估计也应相应发生变化。例如，企业的某项固定资产折旧年限原定为 10 年，以后发生的情况表明，该资产的受益年限已不足 10 年，则应相应调减折旧年限。

（2）取得了新的信息、积累了更多的经验。企业进行会计估计是就现有资料对未来所作的判断，随着时间的推移，企业有可能取得新的信息、积累更多的经验，在这种情况下，企业可能不得不对会计估计进行修订，即发生会计估计变更。例如，企业原根据当时能够得到的信息，每年年末对应收账款按其余额的 5‰计提坏账准备。现在掌握了新的信息，判定不能收回的应收账款比例已达 5%，企业改按 5% 的比例计提坏账准备。

会计估计变更，并不意味着以前期间的会计估计是错误的，只是由于情况发生变化或者掌握了新的信息、积累了更多的经验，使得变更会计估计能够更好地反映企业的财务状况和经营成果。如果以前期间的会计估计是错误的，则属于前期差错，应按前期差错更正的会计处理办法进行处理。

三、会计政策变更与会计估计变更的划分

企业应当正确划分会计政策变更与会计估计变更，并按照不同的方法进行相关会计处理。企业应当以变更事项的会计确认、计量基础和列报项目是否发生变更作为该变更是会计政策变更，还是会计估计变更的划分基础。

（1）以会计确认是否发生变更作为判断基础。《企业会计准则——基本准则》规定了资产、负债、所有者权益、收入、费用和利润6项会计要素的确认标准，是会计处理的首要环节。一般地，对会计确认的指定或选择是会计政策，其相应的变更是会计政策变更。会计确认的变更一般会引起列报项目的变更。例如，企业在前期将某项内部研究开发项目开发阶段的支出计入当期损益，而当期按照《企业会计准则第6号——无形资产》的规定，该项支出符合无形资产的确认条件，应当确认为无形资产。该事项的会计确认发生变更，即前期将研发费用确认为一项费用，而当期将其确认为一项资产。该事项中会计确认发生了变化，所以该变更是会计政策变更。

（2）以计量基础是否发生变更作为判断基础。《企业会计准则——基本准则》规定了历史成本、重置成本、可变现净值、现值和公允价值5项会计计量属性，是会计处理的计量基础。一般地，对计量基础的指定或选择是会计政策，其相应的变更是会计政策变更。例如，企业在前期对购入的价款超过正常信用条件延期支付的固定资产初始计量采用历史成本，而当期按照《企业会计准则第4号——固定资产》的规定，该类固定资产的初始成本应以购买价款的现值为基础确定。该事项的计量基础发生了变化，所以该变更是会计政策变更。

（3）以列报项目是否发生变更作为判断基础。《企业会计准则第30号——财务报表列报》规定了财务报表项目应采用的列报原则。一般地，对列报项目的指定或选择是会计政策，其相应的变更是会计政策变更。例如，某商业企业在前期按原会计准则规定将商品采购费用列入营业费用，当期根据《企业会计准则第1号——存货》的规定，将采购费用列入存货成本。因为列报项目发生了变化，所以该变更是会计政策变更。

（4）根据会计确认、计量基础和列报项目所选择的、为取得与资产负债表项目有关的金额或数值（如预计使用寿命、净残值等）所采用的处理方法，不是会计政策，而是会计估计，其相应的变更是会计估计变更。例如，企业需要对某项资产采用公允价值进行计量，而公允价值的确定需要根据市场情况选择不同的处理方法。相应地，当企业面对的市场情况发生变化时，其采用的确定公允价值的方法变更是会计估计变更，不是会计政策变更。

企业可以采用以下具体方法划分会计政策变更与会计估计变更：分析并判断该事项是否涉及会计确认、计量基础选择或列报项目的变更，当至少涉及上述一项划分基础变更时，该事项是会计政策变更；不涉及上述划分基础变更时，该事项可以判断为会计估计变更。例如，企业在前期按原会计准则规定将购建固定资产相关的一般借款利息计入当期损益，当期根据新的会计准则的规定，将其予以资本化，企业因此将对该事项进行变更。该事项的计量基础未发生变更，即都是以历史成本作为计量基础；该事项的会计确认发生变更，即前期将借款费用确认为一项费用，而当期将其确认为一项资产；同时，会计确认的变更导致该事项在资产负债表和利润表相关项目的列报也发生变更。该事项涉及会计确认和列报的变更，所以属于会计政策变更。又如，企业原采用双倍余额递减法计提固定资产折旧，根据固定资产使用的实际情况，企业决定改用直线法计提固定资产折旧。该事项前后采用的两种计提折旧方法都是以历史成本作为计量基础，对该事项的会计确认和列报项目也未发生变更，只是固定资产折旧、固定资产净值等相关金额发生了变化。因此，该事项属于会计估计变更。

四、会计估计变更的会计处理

（一）会计估计变更适用的方法

企业对会计估计变更应当采用未来适用法处理。未来适用法是指企业在会计估计变更当期及以后期间，采用新的会计估计，不改变以前期间会计估计，不计算会计估计变更的累积影响数，也不调整以前期间报告结果的会计处理方法。

（二）会计估计变更的会计处理

1. 会计估计变更仅影响变更当期的处理

会计估计变更仅影响变更当期的，其影响数应当在变更当期予以确认。

【例7-5】 甲公司2018年末应收款项余额10 000 000元，坏账计提比例为2%。2019年起坏账计提比例调整为3%，年末应收款项余额为15 000 000元。

根据上述资料，甲公司的会计处理如下：

变更坏账准备计提比例，为会计估计变更，只影响变更当期。因此，应于变更当期2019年确认。

借：信用减值损失   250 000
　　贷：坏账准备（15 000 000×3%－10 000 000×2%）   250 000

2. 会计估计变更既影响变更当期又影响未来期间的处理

会计估计变更既影响变更当期又影响未来期间的，其影响数应当在变更当期和未来期间予以确认。例如，企业的某项可计提折旧的固定资产，其有效使用年限或预计净残值的估计发生的变更，常常影响变更当期及资产以后使用年限内各个期间的折旧费用，这类会计估计的变更，应于变更当期及以后各期确认。

会计估计变更的影响数应计入变更当期与前期相同的项目。为了保证不同期间的财务报表具有可比性，如果以前期间的会计估计变更的影响数计入企业日常经营活动损益，则以后期间也应计入日常经营活动损益；如果以前期间的会计估计变更的影响数计入特殊项目，则以后期间也应计入特殊项目。

【例 7-6】 甲公司 2015 年 12 月购入一台管理用设备，原值 1 000 000 元，预计净残值 50 000 元，预计使用寿命 10 年，采用直线法计提折旧。2019 年 1 月，由于新技术的发展等原因，需要对原预计使用寿命和净残值作出修正，修改后的预计使用寿命为 8 年，净残值为 20 000 元。甲公司适用所得税税率为 25%。假定税法允许按变更后的折旧额在税前扣除。

根据上述资料，甲公司的会计处理如下：

甲公司变更固定资产预计使用寿命和净残值，为会计估计变更，应采用未来适用法进行处理。

（1）不调整以前各期折旧，也不计算会计估计变更的累积影响数。

（2）会计估计变更以后发生的经济业务，改按新估计的使用寿命和净残值计算确定年折旧额。

按原会计估计各年计提的折旧额＝(1 000 000－50 000)÷10＝95 000(元)

按新会计估计各年计提的折旧额＝(1 000 000－95 000×3－20 000)÷(8－3)

$$=139 000(元)$$

借：管理费用　　　　　　　　　　　　　　　　　　　139 000

贷：累计折旧　　　　　　　　　　　　　　　　　　　139 000

3. 会计估计变更与会计政策变更不易分清时的处理

企业应当正确划分会计政策变更和会计估计变更，并按不同的方法进行相关会计处理。企业通过判断会计政策变更和会计估计变更划分基础仍然难以对某项变更进行区分的，应当将其作为会计估计变更处理。

五、会计估计变更的披露

企业应当在附注中披露与会计估计变更有关的下列信息：

（1）会计估计变更的内容和原因。包括：变更的内容、变更日期以及为什么要对会计估计进行变更。

（2）会计估计变更对当期和未来期间的影响数。包括：会计估计变更对当期和未来期间损益的影响金额，以及对其他各项目的影响金额。

（3）会计估计变更的影响数不能确定的，披露这一事实和原因。

【例7-7】 （承例7-6）应在财务报表附注中作如下说明：

甲公司2015年12月购入一台管理用设备，原值1 000 000元，原预计使用寿命为10年，净残值为50 000元，按直线法计提折旧。由于新技术的发展，需对该设备原估计的使用年限和净残值进行修正，于2019年初将该设备的折旧年限变更为8年，预计净残值变更为20 000元，以反映该设备的真实耐用寿命和净残值。此会计估计变更使本年度净利润减少33 000元 [（139 000－95 000）×（1－25%）]。

第三节 前期差错及其更正

一、前期差错概述

（一）前期差错的概念

为了保证经营活动的正常进行，企业应当建立健全内部稽核制度，按照会计制度的规定进行会计确认、计量、记录和报告，并应定期或不定期进行检查，发现差错应及时进行更正，以保证会计资料的真实、完整。但是，在会计核算中，也可能由于各种原因发生差错。

前期差错是指由于没有运用或错误运用下列两种信息，而对前期财务报表造成省略或错报：①编报前期财务报表时预期能够取得并加以考虑的可靠信息；②前期财务报告批准报出时能够取得的可靠信息。前期差错通常包括计算错误、应用会计政策错误、疏忽或曲解事实、舞弊产生的影响以及存货、固定资产盘盈等。

（二）形成前期差错的情形

没有运用或者错误运用上述两种信息而形成前期差错的情形主要有：

（1）计算以及账户分类错误。例如，企业购入的5年期国债，意图长期持有，但在记账时记入了交易性金融资产，导致账户分类上的错误，并导致在资产负债表上流动资产和非流动资产的分类也有误。

（2）采用法律、行政法规或者国家统一的会计制度等不允许的会计政策。例如，按照《企业会计准则第 17 号——借款费用》的规定，为购建固定资产的专门借款而发生的借款费用，满足一定条件的，在固定资产达到预定可使用状态前发生的，应予资本化，计入所购建固定资产的成本；在固定资产达到预定可使用状态后发生的，计入当期损益。如果企业固定资产已达到预定可使用状态后发生的借款费用，也计入该项固定资产的价值，予以资本化，则属于采用法律或会计准则等行政法规、规章所不允许的会计政策。

（3）对事实的疏忽或曲解，以及舞弊。例如，企业应在本期摊销的费用，在期末未予摊销。

（4）漏记已完成的交易。例如，企业销售一批商品，商品已经发出，开出增值税专用发票，商品销售收入确认条件均已满足，但企业在期末时未将已实现的销售收入入账。

（5）资本性支出与收益性支出划分差错等。例如，企业发生的管理人员的工资一般作为收益性支出，而发生的在建工程人员工资一般作为资本性支出。如果企业将在建工程人员工资计入了当期损益，则属于资本性支出与收益性支出的划分差错。

需要说明的是，就会计估计的性质来说，它是个近似值，随着更多信息的获得，估计可能需要进行修正，但是会计估计变更不属于前期差错更正。

二、前期差错更正的会计处理

企业应将前期差错区分为重要的前期差错与不重要的前期差错，分别进行会计处理。

如果财务报表项目的遗漏或错误表述可能影响财务报表使用者根据财务报表所作出的经济决策，则该项目的遗漏或错误是重要的。重要的前期差错是指足以影响财务报表使用者对企业财务状况、经营成果和现金流量作出正确判断的前期差错。不重要的前期差错是指不足以影响财务报表使用者对企业财务状况、经营成果和现金流量作出正确判断的会计差错。

前期差错的重要性取决于在相关环境下对遗漏或错误表述的规模和性质的判断。前期差错所影响的财务报表项目的金额或性质，是判断该前期差错是否具有重要性的决定性因素。一般来说，前期差错所影响的财务报表项目的金额越大、性质越严重，其重要性水平越高。

（一）不重要的前期差错的会计处理

对于不重要的前期差错，企业不需调整财务报表相关项目的期初数，但应调整发现当期与前期相同的相关项目。属于影响损益的，应直接计入本期与上期相同的净损益项目；属于不影响损益的，应调整本期与前期相同的相关项目。

【例 7-8】 甲公司在 2017 年 12 月 26 日发现，一台价值 9 600 元、应计入固定资产、并于 2016 年 1 月 1 日开始计提折旧的管理用设备，在 2015 年 12 月份计入了当期费用。该公司固定资产折旧采用直线法，该资产估计使用年限为 4 年，假设不考虑净残值因素。

根据上述资料，甲公司更正前期差错的会计处理如下：

借：固定资产　　　　　　　　　　　　　　　　　　　9 600

　　贷：管理费用　　　　　　　　　　　　　　　　　4 800

　　　　累计折旧　　　　　　　　　　　　　　　　　4 800

假设该项差错直到 2020 年 1 月份以后才发现，则不需要作任何分录，因为该项差错已经抵销了。

（二）重要的前期差错的会计处理

企业应当采用追溯重述法更正重要的前期差错，但确定前期差错累积影响数不切实可行的除外。

1. 能够追溯重述的

追溯重述法是指在发现前期差错时，视同该项前期差错从未发生过，从而对财务报表相关项目进行更正的方法。

对于重要的前期差错，企业应当在其发现当期的财务报表中，调整前期比较数据。具体地说，企业应当在重要的前期差错发现当期的财务报表中，通过下述处理对其进行追溯更正：

（1）追溯重述差错发生期间列报的前期比较金额。

（2）如果前期差错发生在列报的最早前期之前，则追溯重述列报的最早前期的资产、负债和所有者权益相关项目的期初余额。

对于发生的重要的前期差错，如影响损益，应将其对损益的影响数调整发现当期的期初留存收益，财务报表其他相关项目的期初数也应一并调整；如不影响损益，应调整财务报表相关项目的期初数。

在编制比较财务报表时，对于比较财务报表期间的重要的前期差错，应调整各该期间的净损益和其他相关项目，视同该差错在产生的当期已经更正；对于比较财务报表期间以前的重要的前期差错，应调整比较财务报表最早期间的期初留存收益，财务报表其他相关项目的数字也应一并调整。

企业设置"以前年度损益调整"科目，核算企业本年度发生的调整以前年度损益的事项，以及本年度发现的重要前期差错更正涉及调整以前年度损益的事项。本科目结转后应无余额。具体核算请参见"资产负债表日后事项"章节的相关内容。

【例 7-9】 甲公司所得税采用资产负债表债务法核算，适用的所得税税率为 25％，按净利润的 10％提取法定盈余公积。甲公司 2018 年度财务报告在 2019 年 4 月 22 日批准对外报出。如果 2019 年 6 月 20 日，发现 2018 年 3 月管理用固定资产漏提折旧 200 000 元（属于重要前期差错）。2018 年度所得税申报在 2019 年 5 月 15 日完成，但在所得税纳税申报中扣除了该项折旧费用，假定无其他纳税调整事项。

根据上述资料，甲公司的会计处理如下：

2019 年 6 月 20 日发现 2018 年 3 月漏提管理用设备折旧费 200 000 元，为前期重要差错，应按追溯重述法进行更正。

（1）编制有关项目的调整分录。

①补提折旧，调整管理费用时：

借：以前年度损益调整　　　　　　　　　　　　　　　　200 000

　　贷：累计折旧　　　　　　　　　　　　　　　　　　　　200 000

②调减递延所得税负债和所得税费用时：

借：递延所得税负债　　　　　　　　　　　　　　　　　50 000

　　贷：以前年度损益调整　　　　　　　　　　　　　　　　50 000

注：因 2018 年度所得税申报时扣除了该项折旧，致使固定资产的账面价值与计税基础不一致，形成了应纳税暂时性差异，从而确认递延所得税负债 50 000 元（200 000×25％）。2019 年 6 月 20 日发现漏提的折旧并更正，补提折旧后，固定资产的账面价值与计税基础归于一致，因此，应冲减已确认的递延所得税负债。

③将"以前年度损益调整"科目余额转入未分配利润时：

借：利润分配——未分配利润　　　　　　　　　　　　　150 000

　　贷：以前年度损益调整　　　　　　　　　　　　　　　　150 000

④调减盈余公积时：

借：盈余公积   15 000

  贷：利润分配——未分配利润   15 000

（2）财务报表调整和重述。

①调整资产负债表相关项目的年初数（见表7-6）。

表7-6   **资产负债表（局部）**

编制单位：甲公司   2019年12月31日   金额单位：元

资产	年末余额	年初余额	负债和所有者权益	年末余额	年初余额
……	…	…	……	…	…
固定资产	…	…－200 000	递延所得税负债	…	…－50 000
……	…	…	盈余公积	…	…－15 000
			未分配利润	…	…－135 000
资产总计	…	…－200 000	负债和所有者权益总计	…	…－200 000

②调整利润表相关项目的上年金额（见表7-7）。

表7-7   **利润表（局部）**

编制单位：甲公司   2019年度   金额单位：元

项目	本年金额	上年金额
一、营业收入	…	…
……	…	…
减：管理费用	…	…＋200 000
二、营业利润（亏损以"－"号列示）	…	…－200 000
……		…
三、利润总额（亏损以"－"号列示）	…	…－200 000
减：所得税费用	…	…－50 000
四、净利润（亏损以"－"号列示）	…	…－150 000
五、其他综合收益的税后净额	…	…
六、综合收益总额	…	…－150 000
七、每股收益	…	…

③调整所有者权益变动表相关项目的上年金额和本年金额（见表7-8）。

表 7-8 　　　　　　　　　**所有者权益变动表（局部）**

编制单位：甲公司　　　　　　　　2019 年度　　　　　　　　金额单位：元

项目	......	本年金额 盈余公积	未分配利润	......	......	上年金额 盈余公积	未分配利润	......
一、上年年末余额	......	...	...	......	......	...	...	......
加：会计政策变更	......	—	—	......	......	—	—	......
前期差错更正	......	···—15 000	···—135 000	......	......	—	—	—
二、本年年初余额	......	···—15 000	···—135 000	......	......	...	...	......
三、本年增减变动金额（减少以"—"填列）	......	...	...	......	......	···—15 000	···—135 000	......
（一）综合收益总额	......	...	...	......	......	...	···—150 000	......
......	......	...	...	......	......	...	...	......
（三）利润分配	......	...	...	......	......	···—15 000	···+15 000	......
1. 提取盈余公积	......	...	...	......	......	···—15 000	···+15 000	......
......	......	...	...	......	......	...	...	......
四、本年年末余额	......	···—15 000	···—135 000	......	......	···—15 000	···—135 000	......

　　2. 无法追溯重述的

　　确定前期差错影响数不切实可行的，可以从可追溯重述的最早期间开始调整留存收益的期初余额，财务报表其他相关项目的期初余额也应当一并调整；也可以采用未来适用法。当企业确定前期差错对列报的一个或者多个前期比较信息的特定期间的累积影响数不切实可行时，应当追溯重述切实可行的最早期间的资产、负债和所有者权益相关项目的期初余额（可能是当期）；当企业在当期期初确定前期差错对所有前期的累积影响数不切实可行时，应当从确定前期差错影响数切实可行的最早日期开始，采用未来适用法追溯重述比较信息。

　　（三）资产负债表日后期间发现的前期差错

　　对于年度资产负债表日至财务报告批准报出日之间发现的报告年度的会计差错及报告年度前不重要的前期差错，请参见"资产负债表日后事项"章节的相关内容。

三、前期差错更正的披露

　　企业应当在附注中披露与前期差错更正有关的下列信息：

　　（1）前期差错的性质。

（2）各个列报前期财务报表中受影响的项目名称和更正金额。

（3）无法进行追溯重述的，说明该事实和原因以及对前期差错开始进行更正的时点、具体更正情况。

在以后期间的财务报表中，不需要重复披露在以前期间的附注中已披露的前期差错更正的信息。

【例 7-10】 （承例 7-9）应在财务报表附注中作如下说明：

本年度发现 2018 年漏计了一项管理用固定资产折旧费用 200 000 元，在编制 2019 年和 2018 年比较财务报表时，已对该项差错进行了更正。更正后，调减 2018 年净利润，调增累计折旧 200 000 元，调减递延所得税负债 50 000 元，调减盈余公积 15 000 元，调减未分配利润 135 000 元。

自测题

一、名词解释

1. 会计政策

2. 会计政策变更

3. 会计估计

4. 会计估计变更

5. 前期差错

6. 会计政策变更累计影响数

7. 追溯调整法

8. 未来适用法

9. 追溯重述法

二、简答题

1. 会计政策变更的条件及不属于会计政策变更的情形有哪些？

2. 会计政策变更的会计处理方法有哪些？追溯调整法适合于何种情形？

3. 如何进行会计估计变更的会计处理？

4. 如何进行前期差错更正的会计处理？

三、单项选择题

1. 下列会计核算的原则和方法中，不属于企业会计政策的是（   ）。

A. 会计核算应遵循及时性原则

B. 长期股权投资采用权益法核算

C. 存货采用成本与可变现净值孰低法计价

D. 对坏账采用备抵法核算

2. 甲公司一台 2018 年 1 月开始计提折旧的设备，原值 15 500 元，预计使用年限 5 年，预计净残值 500 元，采用年数总和法计提折旧。2019 年 1 月起，该企业将固定资产的折旧方法改为平均年限法，设备的预计使用年限由 5 年改为 4 年，预计净残值由 500 元改为 300 元。该设备 2019 年的折旧额为（　　）元。

A. 3 400　　　　　　　　　　B. 3 000

C. 3 100　　　　　　　　　　D. 4 000

3. 在采用追溯调整法时，不应考虑的因素是（　　）。

A. 会计政策变更后法定盈余公积金

B. 会计政策变更后留存收益

C. 会计政策变更导致损益变化所带来的所得税变动

D. 会计政策变更导致损益变化而应补分的利润或股利

4. 下列关于会计估计的说法中不正确的是（　　）。

A. 会计估计变更应采用追溯调整法进行处理

B. 会计估计变更应采用未来适用法进行处理

C. 会计估计变更不计算估计变更累计影响数

D. 如果会计估计的变更既影响变更当期又影响未来期间，有关估计变更的影响在当期及以后期间确认

5. 按新企业会计准则规定，上市公司本年度发现的前期重要差错，应（　　）。

A. 作本年度事项处理

B. 修改以前年度的财务报表

C. 不作处理

D. 调整本年度财务报表的年初数、上年金额和本年金额

6. 对本期发生的属于本期的会计差错，采取的会计处理方法是（　　）。

A. 不作任何调整　　　　　　B. 调整前期相同的相关项目

C. 调整本期相关项目　　　　D. 直接计入当期净损益项目

7. 当很难区分某种会计变更是属于会计政策变更还是会计估计变更的情况下，通常将这种会计变更（　　）。

A. 视为会计估计变更，采用未来适用法处理

B. 视为会计政策变更处理

C. 视为会计差错处理

D. 视为会计估计变更，采用追溯调整法处理

8. 甲公司 2019 年实现净利润 5 000 000 元。该公司 2019 年发生和发现的下列交易或事项中，会影响其年初未分配利润的是（　　）。

A. 发现 2018 年少计财务费用 3 000 000 元

B. 发现 2018 年少提折旧费用 1 000 元

C. 为 2018 年售出的设备提供售后服务发生支出 500 000 元

D. 因客户资信状况明显改善，将应收账款坏账准备计提比例由 20% 改为 5%

9. 企业发生会计估计变更时，下列各项目中不需要在财务报表附注中披露的是（　　）。

A. 会计估计变更的内容

B. 会计估计变更的累计影响数

C. 会计估计变更的理由

D. 会计估计变更对当期损益的影响金额

10. 甲公司从 2018 年起按销售额的 1% 预提产品质量保证费用。该公司 2019 年度前 3 个季度改按销售额的 10% 预提产品质量保证费用，并分别在 2019 年度第一季度报告、半年度报告和第三季度报告中作了披露。该公司在编制 2019 年年度财务报告时，董事会决定将第一季度至第三季度预提的产品质量保证费用全额冲回，并重新按 2019 年度销售额的 1% 预提产品质量保证费用。假定以上事项均具有重大影响，且每年按销售额 1% 预提的产品质量保证费用与实际发生的产品质量保证费用大致相符，则甲公司在 2019 年年度财务报告中对上述事项的会计处理，正确的是（　　）。

A. 作为会计政策变更予以调整，并在财务报表附注中披露

B. 作为会计估计变更予以调整，并在财务报表附注中披露

C. 作为重要前期差错更正予以调整，并在财务报表附注中披露

D. 不作为会计政策变更、会计估计变更或重要前期差错更正予以调整，不在财务报表附注中披露

11. 甲公司 2019 年 6 月在上年度财务报告批准报出之后，发现 2017 年 10 月购入的专利权摊销金额错误，该专利权 2017 年应摊销的金额为 1 200 000 元，

2018 年应摊销的金额为 4 800 000 元。2017、2018 年实际摊销金额均为 4 800 000 元。甲公司对此重要前期差错采用追溯重述法进行会计处理，适用的所得税税率为 25%，按净利润的 10% 提取法定盈余公积。甲公司 2019 年年初未分配利润应调增的金额是（　　）元。

A. 2 430 000
B. 2 700 000
C. 3 240 000
D. 3 600 000

四、多项选择题

1. 下列事项中属于会计政策变更的有（　　）。

A. 固定资产折旧方法由平均年限法改为双倍余额递减法

B. 长期股权投资核算方法由成本法改为权益法

C. 存货期末计价由成本法改为成本与可变现净值孰低法

D. 对初次发生的交易采用新的会计政策

2. 下列各项中应采用未来适用法处理会计政策变更的情况有（　　）。

A. 企业因账簿超过法定保存期限而销毁，引起会计政策变更累积影响数无法确定

B. 企业账簿因不可抗力而毁坏，引起会计政策变更累积影响数无法确定

C. 会计政策变更累积影响数能够合理确定，但法律、法规等要求采用未来适用法

D. 经济环境改变引起会计政策变更累积影响数无法确定

3. 下列各项中属于会计估计变更披露的内容有（　　）。

A. 会计估计变更的内容和原因

B. 会计估计变更对当期和未来期间的影响数

C. 会计估计变更的影响数不能确定的，披露这一事实和原因

D. 会计估计变更累积影响数

4. 下列事项中属于会计估计变更的有（　　）。

A. 固定资产折旧年限的改变

B. 坏账准备计提比例的改变

C. 存货期末计价由成本法改为成本与可变现净值孰低法

D. 无形资产摊销期限的改变

5. 对于前期差错更正，应当在财务报表附注中披露的内容有（　　）。

A. 前期差错的性质

B. 各个列报前期财务报表中受影响的项目名称和更正金额

C. 重要前期差错对除净损益以外的其他项目的影响金额

D. 无法进行追溯重述的，说明该事实和原因以及对前期差错开始进行更正的时点、具体更正情况

6. 企业对于发生的会计政策、会计估计变更及前期差错更正的处理方法有（　　　）。

A. 追溯调整法　　　　　　　　B. 未来适用法

C. 追溯重述法　　　　　　　　D. 实际利率法

7. 追溯调整法的运用步骤包括（　　　）。

A. 计算确定会计政策变更累积影响数

B. 进行相关的账务处理

C. 调整财务报表相关项目

D. 附注说明

8. 对下列交易或事项进行会计处理时，不应调整年初未分配利润的有（　　　）。

A. 对以前年度收入确认差错进行更正

B. 对不重要的交易或事项采用新的会计政策

C. 累积影响数无法合理确定的会计政策变更

D. 因出现相关新技术而变更无形资产的摊销年限

9. 企业当年发生的下列会计事项中，需要调整年初未分配利润的有（　　　）。

A. 长期股权投资的核算由成本法改为权益法

B. 因租约条件的改变而将经营性租赁改为融资租赁核算

C. 将坏账准备的计提比例由上期的10%提高至15%

D. 将发出存货的计价方法由移动加权平均法改为先进先出法

10. 下列有关会计差错的会计处理中，符合现行会计制度规定的有（　　　）。

A. 对于当期发生的重要会计差错，调整当期相关项目的金额

B. 对于发现的以前年度影响损益的重要前期差错，应当调整发现当期的期初留存收益

C. 对于比较财务报表期间的重要前期差错，编制比较财务报表时应调整各期间的净损益及其他相关项目

D. 对于年度资产负债表日至财务报告批准报出日发现的报告年度的重要前期差错，作为资产负债表日后调整事项处理

11. 关于会计政策变更的会计处理方法，下列说法中正确的有（   ）。

A. 会计政策变更能够提供更可靠、更相关的会计信息的，应当采用追溯调整法处理，将会计政策变更累积影响数调整列报前期最早期初留存收益，其他相关项目的期初余额和列报前期披露的其他比较数据也应当一并调整，但确定该项会计政策变更累积影响数不切实可行的除外

B. 企业根据法律、行政法规或者国家统一的会计制度等要求变更会计政策的，应当按照国家相关会计规定执行

C. 当期期初确定会计政策变更对以前各期累积影响数不切实可行的，应当采用未来适用法处理

D. 会计政策变更一定采用追溯调整法处理

五、判断题

1. 变更固定资产折旧年限时，只影响变更当期和该项资产未来使用期间的折旧费用，而不影响变更前已计提的折旧费用。（   ）

2. 对于会计政策变更，只要能够合理确定其累积影响数，就应当采用追溯调整法进行处理。（   ）

3. 对于企业以前年度存在但本期发现的非重要前期差错，只需调整本期相关项目的发生数。（   ）

4. 会计实务中，如果不能分清会计政策变更和会计估计变更，则应按会计估计变更进行会计处理。（   ）

5. 将债权投资溢折价的摊销方法由直线法改为实际利率法，为会计政策变更。（   ）

6. 因投资目的的改变，将长期股权投资改为其他权益工具投资而改变核算方法，不属于会计政策变更。（   ）

7. 在当期期初确定会计政策变更对以前各期累积影响数不切实可行的，应当采用未来适用法处理。（   ）

8. 企业采用的会计政策，可以根据企业的实际情况随意变更。（   ）

9. 会计估计变更，意味着以前期间的会计估计是错误的。（   ）

10. 在企业财务报表附注中，不需要披露会计政策变更的累积影响数。（   ）

六、核算题

1. 甲公司为增值税一般纳税人，所得税核算采用资产负债表债务法，适用的所得税税率为 33%。该公司按净利润的 10% 提取法定盈余公积。该公司于

2006 年 12 月 31 日前对坏账采用直接转销法核算，从 2007 年 1 月 1 日起改按备抵法核算，按应收账款年末余额的 5% 计提坏账准备。该公司 2005 年未发生坏账，2005 年 12 月 31 日应收账款余额为 400 000 元，2006 年发生坏账 20 000 元；2006 年 12 月 31 日应收账款余额为 1 000 000 元。

要求：

（1）编制 2007 年 1 月 1 日会计政策变更累积影响数计算表；

（2）对该项会计政策变更进行账务处理；

（3）调整财务报表相关项目的数字。

2. 甲公司所得税核算采用资产负债表债务法，适用的所得税税率为 25%。该公司按净利润的 10% 提取法定盈余公积。该公司于 2019 年 5 月 15 日完成 2018 年度所得税汇算清缴。有关资料如下：

（1）该公司于 2017 年 1 月 1 日开始计提折旧的一台管理用设备，原值 31 000 元，预计净残值 1 000 元，原估计使用年限 6 年，按平均年限法计提折旧。由于技术因素，2019 年 1 月 1 日将该设备的预计使用年限由 6 年改为 4 年，预计净残值不变。

（2）该公司 2019 年 6 月 10 日发现 2017 年度一台管理用设备少提折旧 1 000 元。

（3）该公司 2019 年 6 月 10 日发现 2018 年度漏计了一项管理用无形资产的摊销费用 100 000 元，但在所得税纳税申报中扣除了该项摊销费用，该项业务对财务报表使用者阅读公司财务报告有重大影响。

要求：

（1）区分上述业务属于会计政策变更、会计估计变更，还是前期差错更正；

（2）对上述业务区分情况进行相关账务处理；

（3）调整财务报表相关项目的数字。

8 CHAPTER 第八章
资产负债表日后事项

第一节 资产负债表日后事项概述

一、资产负债表日后事项的定义

资产负债表日后事项是指资产负债表日至财务报告批准报出日之间发生的有利或不利事项。理解这一定义，需要注意以下方面。

（一）资产负债表日

资产负债表日是指会计年度末和会计中期期末。中期是指短于一个完整的会计年度的报告期间，包括半年度、季度和月度。按照《会计法》规定，我国会计年度采用公历年度，即 1 月 1 日至 12 月 31 日。因此，年度资产负债表日是指每年的 12 月 31 日，中期资产负债表日是指各会计中期期末。例如，提供第一季度财务报告时，资产负债表日是该年度的 3 月 31 日；提供半年度财务报告时，资产负债表日是该年度的 6 月 30 日。

如果母公司或者子公司在国外，无论该母公司或子公司如何确定会计年度和会计中期，其向国内提供的财务报告都应根据我国《会计法》和会计准则的要求确定资产负债表日。

（二）财务报告批准报出日

财务报告批准报出日是指董事会或类似机构批准财务报告报出的日期，通常是指对财务报告的内容负有法律责任的单位或个人批准财务报告对外公布的日期。

财务报告的批准者包括所有者、所有者中的多数、董事会或类似的管理单位、部门和个人。根据《公司法》规定，董事会有权制订公司的年度财务预算方案、决算方案、利润分配方案和弥补亏损方案，董事会有权批准对外公布财务报告。因此，对于设置董事会的公司制企业，财务报告批准报出日是指董事会批准财务报告报出的日期；对于其他企业，财务报告批准报出日一般是指经理（厂长）会议或类似机构批准财务报告报出的日期。

（三）有利事项和不利事项

资产负债表日后事项包括有利和不利事项。"有利或不利事项"是指资产负债表日后对企业财务状况、经营成果等具有一定影响（既包括有利影响也包括不利影响）的事项。如果某些事项的发生对企业并无任何影响，那么，这些事项既不是有利事项，也不是不利事项，也就不属于这里所说的资产负债表日后事项。

二、资产负债表日后事项涵盖的期间

资产负债表日后事项涵盖的期间是自资产负债表日次日起至财务报告批准报出日止的一段时间。对上市公司而言，这一期间内涉及几个日期，包括完成财务报告编制日、注册会计师出具审计报告日、董事会批准财务报告可以对外公布日、实际对外公布日等。具体而言，资产负债表日后事项涵盖的期间应当包括：

（一）资产负债表日后期间

指报告期间下一期间的第一天至董事会或类似机构批准财务报告对外公布的日期。资产负债表日后期间的起点，就年度报告而言，以报告年度次年的 1 月 1 日（含 1 月 1 日，下同）为起点；就中期报告而言，以报告期间下一期的第一天为起点（例如，半年度财务报告涉及的资产负债表日后事项所涵盖的期间，以 7 月 1 日为起点）。资产负债表的截止日期为财务报告批准报出日。

（二）再次确定资产负债表日后期间

财务报告批准报出以后、实际报出之前又发生与资产负债表日后事项有关的事项，并由此影响财务报告对外公布日期的，应以董事会或类似机构再次批准财务报告对外公布的日期为截止日期。

如果公司管理层由此修改了财务报表，注册会计师应当根据具体情况实施必要的审计程序，并针对修改后的财务报表出具新的审计报告。

【例 8-1】 某上市公司 2018 年度财务报告于 2019 年 2 月 20 日编制完成，注册会计师完成年度财务报表审计工作并签署审计报告的日期为 2019 年 4 月 19 日，董事会批准财务报告对外公布的日期为 2019 年 4 月 22 日，财务报告实际对外公布的日期为 2019 年 4 月 23 日，股东大会召开日期为 2019 年 5 月 13 日。

根据资产负债表日后事项涵盖期间的规定，本例中，该公司 2018 年度资产负债表日后事项涵盖的期间为 2019 年 1 月 1 日至 2019 年 4 月 22 日。如果在 4 月 22 日至 23 日之间发生了重大事项，需要调整财务报表相关项目的数字或需要在财务报表附注中披露，经调整或说明后的财务报告再经董事会批准报出的日期为 2019 年 4 月 25 日，实际对外公布的日期为 2019 年 4 月 26 日，则资产负债表日后事项涵盖的期间为 2019 年 1 月 1 日至 2019 年 4 月 25 日。

三、资产负债表日后事项的内容

资产负债表日后事项包括资产负债表日后调整事项和资产负债表日后非调整事项。

（一）资产负债表日后调整事项

资产负债表日后调整事项是指对资产负债表日已经存在的情况提供了新的或进一步证据的事项。

如果资产负债表日及所属会计期间已经存在某种情况，但当时并不知道其存在或者不能知道确切结果，资产负债表日后至财务报告批准报出日之间发生的事项能够证实该情况的存在或者确切结果，则该事项属于资产负债表日后事项中的调整事项。如果资产负债表日后事项对资产负债表日的情况提供了进一步的证据，证据表明的情况与原来的估计和判断不完全一致，则需要对原来的会计处理进行调整。

企业发生的资产负债表日后调整事项，通常包括下列事项：①资产负债表日后诉讼案件结案，法院判决证实了企业在资产负债表日已经存在的现时义务，需要调整原先确认的与该诉讼案件相关的预计负债，或确认一项新负债；②资产负债表日后取得确凿证据，表明某项资产在资产负债表日发生了减值或者需要调整该项资产原先确认的减值金额；③资产负债表日后进一步确定了资产负债表日前购入资产的成本或售出资产的收入；④资产负债表日后发现了财务报表舞弊或差错。

【例 8-2】 甲公司因产品质量问题被消费者起诉。2018 年 12 月 31 日法院尚未判决，考虑到消费者胜诉要求甲公司赔偿的可能性较大，甲公司为此确认了 500 000 元的预计负债。2019 年 2 月 20 日，在甲公司 2018 年度财务报告对外报出之前，法院判决消费者胜诉，要求甲公司支付赔偿款 700 000 元。

本例中，甲公司在 2018 年 12 月 31 日结账时已经知道消费者胜诉的可能性较大，但不知道法院判决的确切结果，因此确认了 500 000 元的预计负债。2019 年 2 月 20 日法院判决结果为甲公司预计负债的存在提供了进一步的证据。此时，按照 2018 年 12 月 31 日存在状况编制的财务报表所提供的信息已不能真实反映企业的实际情况，应据此对财务报表相关项目的数字进行调整。

(二) 资产负债表日后非调整事项

资产负债表日后非调整事项是指表明资产负债表日后发生的情况的事项。非调整事项的发生不影响资产负债表日企业的财务报表数字，只说明资产负债表日后发生了某些情况。对于财务报告使用者而言，非调整事项说明的情况有的重要，有的不重要。其中重要的非调整事项虽然不影响资产负债表日的财务报表数字，但可能影响资产负债表日以后的财务状况和经营成果，不加以说明将会影响财务报告使用者作出正确估计和决策，因此，需要适当披露。

企业发生的资产负债表日后非调整事项通常包括资产负债表日后发生重大诉讼、仲裁、承诺，资产负债表日后资产价格、税收政策、外汇汇率发生重大变化等。

【例 8-3】 甲公司 2018 年度财务报告于 2019 年 4 月 22 日经董事会批准对外公布。2019 年 2 月 27 日，甲公司与银行签订了 5 000 000 元的贷款合同，用于生产项目的技术改造，贷款期限自 2019 年 3 月 1 日起至 2020 年 12 月 31 日止。

本例中，甲公司向银行贷款的事项发生在 2019 年度，且在公司 2018 年度财务报告尚未批准对外公布的期间内，即该事项发生在资产负债表日后事项所涵盖的期间内。该事项在 2018 年 12 月 31 日尚未发生，与资产负债表日存在的状况无关，不影响资产负债表日企业的财务报表数字。但是，该事项属于重要事项，会影响公司以后期间的财务状况和经营成果，因此，需要在附注中予以披露。

【例 8-4】 甲公司 2018 年 10 月向乙公司出售一批原材料，价款为 2 000 000 元，根据销售合同，乙公司应在收到原材料后 3 个月内付款。至 2018 年 12 月 31 日，乙公司尚未付款。假定甲公司在编制 2018 年度财务报告时有两种情况：(1) 2018 年 12 月 31 日甲公司根据掌握的资料判断，乙公司有可能破产清算，估计该应收账款将有 20% 无法收回，故按 20% 的比例计提坏账准备；2019 年 1 月 21 日，甲公司收到通知，乙公司已被宣告破产清算，甲公司估计有 70% 的债权无法收回。(2) 2018 年 12 月 31 日乙公司的财务状况良好，甲公司预计应收账款可按时收回；2019 年 1 月 21 日，乙公司发生重大火灾，导致甲公司 50% 的应收账款无法收回。

2019 年 4 月 22 日，甲公司的财务报告经批准对外公布。

本例中，（1）导致甲公司应收账款无法收回的事实是乙公司财务状况恶化，该事实在资产负债表日已经存在，乙公司被宣告破产只是证实了资产负债表日乙公司财务状况恶化的情况。因此，乙公司破产导致甲公司应收款项无法收回的事项属于调整事项。（2）导致甲公司应收账款损失的因素是火灾，火灾是不可预计的，应收账款发生损失这一事实在资产负债表日以后才发生。因此，乙公司发生火灾导致甲公司应收款项发生坏账的事项属于非调整事项。

在理解资产负债表日后事项的会计处理时，还需要明确以下两个问题：

第一，如何确定资产负债表日后某一事项是调整事项还是非调整事项，是对资产负债表日后事项进行会计处理的关键。调整和非调整事项是一个广泛的概念，就事项本身而言，可以有各种各样的性质，只要符合企业会计准则中对这两类事项的判断原则即可。另外，同一性质的事项可能是调整事项，也可能是非调整事项，这取决于该事项表明的情况是在资产负债表日或资产负债表日以前已经存在或发生，还是在资产负债表日后才发生的。

第二，企业会计准则以列举的方式说明了资产负债表日后事项中，哪些属于调整事项，哪些属于非调整事项，但并没有列举详尽。实务中，会计人员应按照资产负债表日后事项的判断原则，确定资产负债表日后发生的事项中哪些属于调整事项，哪些属于非调整事项。

（三）资产负债表日后调整事项与非调整事项的判断标准

资产负债表日后发生的某一事项是调整事项还是非调整事项，取决于该事项表明的情况在资产负债表日或资产负债表日以前是否已经存在。若该情况在资产负债表日或之前已经存在，则属于调整事项；反之，则属于非调整事项。

第二节　资产负债表日后调整事项的会计处理

一、资产负债表日后调整事项的处理原则

企业发生的资产负债表日后调整事项，应当调整资产负债表日的财务报表。对于年度财务报告而言，由于资产负债表日后事项发生在报告年度次年，报告年

度的有关账目已经结转，特别是损益类科目在结账后已无余额，因此，年度资产负债表日后发生的调整事项，应具体分别以下情况进行处理。

（一）涉及损益的事项

涉及损益的调整事项，通过"以前年度损益调整"科目核算。调整增加以前年度利润或调整减少以前年度亏损的事项，记入"以前年度损益调整"科目的贷方；调整减少以前年度利润或调整增加以前年度亏损的事项，记入"以前年度损益调整"科目的借方。

涉及损益的调整事项，如果发生在该企业资产负债表日所属年度（即报告年度）所得税汇算清缴前的，应调整报告年度应纳税所得额、应纳所得税税额；发生在该企业报告年度所得税汇算清缴后的，应调整本年度（即报告年度的次年）应纳税所得额、应纳所得税税额。

由于以前年度损益调整增加的所得税费用，记入"以前年度损益调整"科目的借方，同时贷记"应交税费——应交所得税""递延所得税负债"等科目；由于以前年度损益调整减少的所得税费用，记入"以前年度损益调整"科目的贷方，同时借记"应交税费——应交所得税""递延所得税资产"等科目。

调整完成后，将"以前年度损益调整"科目的贷方或借方余额，转入"利润分配——未分配利润"科目。"以前年度损益调整"科目如为贷方余额，借记"以前年度损益调整"科目，贷记"利润分配——未分配利润"科目；如为借方余额作相反的会计分录。"以前年度损益调整"科目结转后应无余额。

（二）涉及利润分配调整的事项

涉及利润分配调整的事项，直接在"利润分配——未分配利润"科目核算。

（三）不涉及损益及利润分配的事项

不涉及损益及利润分配的事项，调整相关科目。

（四）调整财务报表相关项目的数字

通过上述财务处理后，还应同时调整财务报表相关项目的数字，包括：①资产负债表日编制的财务报表相关项目的期末数或本年发生数；②当期编制的财务报表相关项目的期初数或上年数；③经过上述调整后，如果涉及财务报表附注内容的，还应当作出相应调整。

二、资产负债表日后调整事项的具体会计处理方法

为简化处理，如无特殊说明，本章所有的例子均假定如下：财务报告批准报

出日是次年 4 月 22 日，所得税税率为 25%，按净利润的 10% 提取法定盈余公积，提取法定盈余公积后不再作其他分配；调整事项按税法规定均可调整应缴纳的所得税，涉及递延所得税资产的，均假定未来期间很可能取得用来抵扣暂时性差异的应纳税所得额；不考虑报表附注中有关现金流量表项目的数字；所得税采用资产负债表债务法核算。

（一）资产负债表日后诉讼案件结案事项

资产负债表日后诉讼案件结案，法院判决证实了企业在资产负债表日已经存在现时义务，需要调整原先确认的与该诉讼案件相关的预计负债，或确认一项新负债。

资产负债表日后诉讼案件结案事项是指导致诉讼的事项在资产负债表日已经发生，但尚不具备确认负债的条件而未确认，资产负债表日后至财务报告批准报出日之间获得了新的或进一步的证据（法院判决结果），表明符合负债的确认条件。因此，应在财务报告中确认为一项新负债；或者在资产负债表日虽已确认，但需要根据判决结果调整已确认负债的金额。

【例 8-5】 甲公司与乙公司签订一项销售合同，合同中订明甲公司应在 2018 年 10 月向乙公司销售一批货物。由于甲公司未能按照合同发货，致使乙公司发生重大经济损失。2018 年 12 月乙公司将甲公司告上法庭，要求甲公司赔偿经济损失 540 000 元。该诉讼案件在 2018 年 12 月 31 日尚未判决，甲公司按或有事项准则对该诉讼事项确认预计负债 300 000 元，并反映在 12 月 31 日的财务报表中。2019 年 3 月 8 日，经法院一审判决，甲公司应赔偿乙公司经济损失 520 000 元，甲、乙双方均服从判决，不再上诉。判决当日，甲公司向乙公司支付赔偿款 520 000 元。甲、乙两公司 2018 年所得税汇算清缴均在 2019 年 5 月 15 日完成。税法规定，预计负债产生的损失不允许在预计时税前抵扣，只有在损失实际发生时，才允许税前抵扣。

本例中，2019 年 3 月 8 日的判决证实了甲、乙两公司在资产负债表日（即 2018 年 12 月 31 日）分别存在现时赔偿义务和获赔权利。因此，两公司都应将"法院判决"这一事项作为调整事项进行处理。甲公司和乙公司 2018 年所得税汇算清缴均在 2019 年 5 月 15 日完成。因此，应根据法院判决结果调整报告年度应纳税所得额和应纳所得税税额。

1. 根据上述资料，甲公司的会计处理如下：

（1）记录支付的赔款、调整预计负债和递延所得税资产时：

①结转预计负债时：

借：预计负债　　　　　　　　　　　　　　　　　　300 000

　　贷：其他应付款　　　　　　　　　　　　　　　　　300 000

②调整营业外支出时：

借：以前年度损益调整　　　　　　　　　　　　　　220 000

　　贷：其他应付款　　　　　　　　　　　　　　　　　220 000

③支付赔偿款时：

借：其他应付款　　　　　　　　　　　　　　　　　520 000

　　贷：银行存款　　　　　　　　　　　　　　　　　　520 000

注：资产负债表日后发生的调整事项如涉及现金收支项目的，均不调整报告年度资产负债表的货币资金项目和现金流量表正表各项目数字。本例中，虽然已支付了赔偿款，但在调整财务报表相关项目数字时，只需要调整上述第一、第二笔分录，不需要调整第三笔分录，第三笔分录作为 2019 年的会计事项处理。

（2）调整应交所得税和所得税费用时：

借：应交税费——应交所得税 [（300 000＋220 000）×25％]　130 000

　　贷：以前年度损益调整　　　　　　　　　　　　　　130 000

（3）冲减递延所得税资产，调整所得税费用时：

借：以前年度损益调整　　　　　　　　　　　　　　75 000

　　贷：递延所得税资产（300 000×25％）　　　　　　　75 000

注：2018 年年末因确认预计负债 300 000 元时已确认相应的递延所得税资产，资产负债表日后事项发生后结平预计负债导致递延所得税资产不复存在，故应冲销相应记录。

（4）将"以前年度损益调整"科目余额转入未分配利润时：

借：利润分配——未分配利润　　　　　　　　　　　165 000

　　贷：以前年度损益调整（220 000－130 000＋75 000）　165 000

（5）调减盈余公积时：

借：盈余公积　　　　　　　　　　　　　　　　　　16 500

　　贷：利润分配——未分配利润（165 000×10％）　　　16 500

（6）调整报告年度财务报表相关项目的数字时：

①调整资产负债表相关项目的年末数（见表 8-1）。

表 8-1   **资产负债表（局部）**

编制单位：甲公司   2018 年 12 月 31 日   金额单位：元

资产	年末余额	年初余额	负债和所有者权益	年末余额	年初余额
……	…	…	……	…	…
递延所得税资产	…－75 000	…	应交税费	…－130 000	…
……			其他应付款	…＋520 000	…
			预计负债	…－300 000	…
			盈余公积	…－16 500	…
			未分配利润	…－148 500	…
资产总计	…－75 000	…	负债和所有者权益总计	…－75 000	…

②调整利润表相关项目的本年金额（见表 8-2）。

表 8-2   **利润表（局部）**

编制单位：甲公司   2018 年度   金额单位：元

项目	本年金额	上年金额
一、营业收入	…	…
……	…	…
……	…	…
二、营业利润（亏损以"－"号列示）	…	…
减：营业外支出	…＋220 000	…
三、利润总额（亏损以"－"号列示）	…－220 000	…
减：所得税费用	…－55 000	…
四、净利润（亏损以"－"号列示）	…－165 000	…
五、其他综合收益的税后净额	…	…
六、综合收益总额	…－165 000	…
七、每股收益	…	…

③调整所有者权益变动表相关项目的本年金额（见表 8-3）。

表 8-3   **所有者权益变动表（局部）**

编制单位：甲公司   2018 年度   金额单位：元

项目	本年金额				上年金额			
	……	盈余公积	未分配利润	……	……	盈余公积	未分配利润	……
一、上年年末余额	……	…	…	……	……	…	…	……
加：会计政策变更	……	－	－	……	……	－	－	……
前期差错更正	……	－	－	……	……	－	－	……

续表

项目	本年金额				上年金额			
	……	盈余公积	未分配利润	……	……	盈余公积	未分配利润	……
二、本年年初余额	……	…	…	……	……	…	…	……
三、本年增减变动金额（减少以"—"填列）	……	…—16 500	…—148 500	……	……	…	…	……
（一）综合收益总额	……	…	…—165 000	……	……	…	…	……
……	……	…	…	……	……	…	…	……
（三）利润分配	……	…—16 500	…+16 500	……	……	…	…	……
1. 提取盈余公积	……	…—16 500	…+16 500	……	……	…	…	……
……	……	……	…	……	……	…	…	……
四、本年年末余额	……	…—16 500	…—148 500	……	……	…	…	……

2. 根据上述资料，乙公司的会计处理如下：

（1）记录收到的赔款时：

①调整营业外收入时：

借：其他应收款　　　　　　　　　　　　　　　　　　　520 000

　　贷：以前年度损益调整　　　　　　　　　　　　　　　　520 000

②收到赔偿款时：

借：银行存款　　　　　　　　　　　　　　　　　　　　520 000

　　贷：其他应收款　　　　　　　　　　　　　　　　　　　520 000

说明：本例中，虽然收到了赔偿款并存入银行，但在调整财务报表相关项目数字时，只需要调整上述第一笔分录，不需要调整第二笔分录，第二笔分录作为2019年的会计事项处理。

（2）调整应交所得税和所得税费用时：

借：以前年度损益调整　　　　　　　　　　　　　　　　130 000

　　贷：应交税费——应交所得税　　　　　　　　　　　　　130 000

（3）将"以前年度损益调整"科目余额转入未分配利润时：

借：以前年度损益调整　　　　　　　　　　　　　　　　390 000

　　贷：利润分配——未分配利润（520 000—130 000）　　　390 000

（4）补提盈余公积时：

借：利润分配——未分配利润　　　　　　　　　　　　　39 000

　　贷：盈余公积　　　　　　　　　　　　　　　　　　　　39 000

（5）调整报告年度财务报表相关项目的数字时：

①调整资产负债表相关项目的年末数（见表 8-4）。

表 8-4 　　　　　　　　　　　　**资产负债表（局部）**

编制单位：乙公司　　　　　　　　　2018 年 12 月 31 日　　　　　　　　　　金额单位：元

资产	年末余额	年初余额	负债和所有者权益	年末余额	年初余额
……	…	…	……	…	…
其他应收款	…＋520 000	…	应交税费	…＋130 000	…
……		…	盈余公积	…＋39 000	…
			未分配利润	…＋351 000	…
资产总计	…＋520 000	…	负债和所有者权益总计	…＋520 000	…

②调整利润表相关项目的本年金额（见表 8-5）。

表 8-5 　　　　　　　　　　　　　　**利润表（局部）**

编制单位：乙公司　　　　　　　　　　2018 年度　　　　　　　　　　　金额单位：元

项目	本年金额	上年金额
一、营业收入	…	…
……	…	…
二、营业利润（亏损以"—"号列示）	…	…
加：营业外收入	…＋520 000	…
……	…	…
三、利润总额（亏损以"—"号列示）	…＋520 000	…
减：所得税费用	…＋130 000	…
四、净利润（亏损以"—"号列示）	…＋390 000	…
五、其他综合收益的税后净额	…	…
六、综合收益总额	…＋390 000	…
七、每股收益	…	…

③调整所有者权益变动表相关项目的本年金额（见表 8-6）。

表 8-6 　　　　　　　　　　　　**所有者权益变动表（局部）**

编制单位：乙公司　　　　　　　　　　2018 年度　　　　　　　　　　金额单位：元

项目	本年金额				上年金额			
	……	盈余公积	未分配利润	……	……	盈余公积	未分配利润	……
一、上年年末余额	……	…	…	……	……	…	…	……

续表

项目		本年金额				上年金额		
	······	盈余公积	未分配利润	······	······	盈余公积	未分配利润	······
加：会计政策变更	······	—	—	······	······	—	—	······
前期差错更正	······	—	—	······	······	—	—	······
二、本年年初余额	······	···	···	······	······	···	···	······
三、本年增减变动金额（减少以"—"填列）	······	···＋39 000	···＋351 000	······	······	···	···	······
（一）综合收益总额	······	···	···＋390 000	······	······	···	···	······
······	······	···	···	······	······	···	···	······
（三）利润分配	······	···＋39 000	···－39 000	······	······	···	···	······
1. 提取盈余公积	······	···＋39 000	···－39 000	······	······	···	···	······
······	······	···	···	······	······	···	···	······
四、本年年末余额	······	···＋39 000	···＋351 000	······	······	···	···	······

（二）资产负债表日后资产减值事项

资产负债表日后资产减值是指在资产负债表日，根据当时的资料判断某项资产可能发生了损失或减值，但没有最后确定是否会发生，因而按照当时最佳估计金额反映在财务报表中。但在资产负债表日至财务报告批准报出日之间，所取得的确凿证据能证明该事实成立，即某项资产已经发生了损失或减值，则应对资产负债表日所作的估计予以修正。

【例8-6】 甲公司2018年9月销售给乙公司一批产品，含税货款565 000元。乙公司于10月份收到所购货物并验收入库。按照合同规定，乙公司应于收到所购货物后一个月内付款。由于乙公司财务困难，到2018年12月31日仍未付款。甲公司考虑因乙公司财务困难近期内难以偿还债务，于2018年12月31日对该项应收账款按10％的比例提取坏账准备，为56 500元。12月31日该项"应收账款"科目的余额为565 000元，"坏账准备"科目的余额为56 500元，该项应收账款已按508 500元列示于资产负债表"应收账款"项目中。甲公司于2019年3月6日收到法院通知，乙公司已宣告破产清算，无力偿还所欠部分货款。甲公司预计可收回应收账款的50％。于2019年5月15日完成2018年所得税汇算清缴，甲公司预计今后3年内有足够的应纳税所得额用以抵扣可抵扣暂时性差异。

根据上述资料，甲公司的会计处理如下：

本例中，根据资产负债表日后事项中的调整事项和非调整事项的判断原则，甲公司在2019年3月6日收到法院通知后，首先可判断该事项属于资产负债表日后调整事项，并根据调整事项的处理原则和方法进行处理。

（1）补提坏账准备，调整信用减值损失时：

借：以前年度损益调整   226 000

  贷：坏账准备 [565 000×(1−50%−10%)] 226 000

（2）确认递延所得税资产，调整所得税费用时：

借：递延所得税资产   56 500

  贷：以前年度损益调整   56 500

说明：按照税法规定，如有证据表明资产已发生永久性或实质性损害时，允许在所得税前抵扣；不符合国务院财政、税务主管部门规定的各项资产减值准备支出，不得在所得税前扣除。调整后应收账款的账面价值为 282 500 元，计税基础为 565 000 元，产生可抵扣暂时性差异 282 500 元（565 000−282 500）；由于在年末计提坏账准备时已确认可抵扣暂性差异 56 500 元（565 000×10%）；故资产负债表日后期间要确认可抵扣暂时性差异 226 000 元（282 500−56 500），相应确认递延所得税资产 56 500 元（226 000×25%）。

（3）将"以前年度损益调整"科目余额转入未分配利润时：

借：利润分配——未分配利润   169 500

  贷：以前年度损益调整（226 000−56 500） 169 500

（4）调减盈余公积时：

借：盈余公积（169 500×10%）   16 950

  贷：利润分配——未分配利润   16 950

（5）调整报告年度财务报表相关项目的数字时：

①调整资产负债表相关项目的年末数（见表 8-7）。

表 8-7   资产负债表（局部）

编制单位：甲公司   2018 年 12 月 31 日   金额单位：元

资产	年末余额	年初余额	负债和所有者权益	年末余额	年初余额
……	……	…	……	…	…
应收账款	…−226 000	…	盈余公积	…−16 950	…
递延所得税资产	…+56 500	…	未分配利润	…−152 550	…
……	…	…	……	…	…
资产总计	…−169 500	…	负债和所有者权益总计	…−169 500	…

②调整利润表相关项目的本年金额（见表 8-8）。

表 8-8　　　　　　　　　　**利润表（局部）**

编制单位：甲公司　　　　　　　　　2018 年度　　　　　　　　金额单位：元

项目	本年金额	上年金额
一、营业收入	…	…
……	…	…
减：信用减值损失	…＋226 000	…
二、营业利润（亏损以"－"号列示）	…－226 000	…
……	…	…
三、利润总额（亏损以"－"号列示）	…－226 000	…
减：所得税费用	…－56 500	…
四、净利润（亏损以"－"号列示）	…－169 500	…
五、其他综合收益的税后净额	…	…
六、综合收益总额	…－169 500	…
七、每股收益	…	…

③调整所有者权益变动表相关项目的本年金额（见表 8-9）。

表 8-9　　　　　　　　　　**所有者权益变动表（局部）**

编制单位：甲公司　　　　　　　　　2018 年度　　　　　　　　金额单位：元

项目	本年金额				上年金额			
	……	盈余公积	未分配利润	……	……	盈余公积	未分配利润	……
一、上年年末余额	……	…	…	……	……	…	…	……
加：会计政策变更	……	—	—	……	……	—	—	……
前期差错更正	……	—	—	……	……	—	—	……
二、本年年初余额	……	…	…	……	……	…	…	……
三、本年增减变动金额（减少以"－"填列）	……	…－16 950	…－152 550	……	……	…	…	……
（一）综合收益总额	……	…	…－169 500	……	……	…	…	……
……	……	…	…	……	……	…	…	……
（三）利润分配	……	…－16 950	…＋16 950	……	……	…	…	……
1. 提取盈余公积	……	…－16 950	…＋16 950	……	……	…	…	……
……	……	…	…	……	……	…	…	……
四、本年年末余额	……	…－16 950	…－152 550	……	……	…	…	……

（三）资产负债表日后进一步确定了资产负债表日前购入资产的成本或售出资产的收入事项

1. 在资产负债表日后进一步确定资产的成本事项

若资产负债表日前购入的资产已经按暂估金额等入账，资产负债表日后获得证据，可以进一步确定该资产的成本，则应对已入账的资产成本进行调整。

【例 8-7】 甲公司 2018 年 9 月新建的一栋办公楼达到预定可使用状态，转入固定资产价值 19 000 000 元（不含税）。2019 年 2 月 12 日竣工结算，办公楼价值为 20 080 000 元（不含税）。假设该办公楼预计使用年限为 30 年，预计净残值为零。甲公司 2019 年 5 月 15 日完成 2018 年所得税汇算清缴。

根据上述资料，甲公司的会计处理如下：

甲公司于 2019 年 2 月 12 日办理竣工决算进一步确定了资产的成本，属于资产负债表日后调整事项，应根据调整事项的处理原则和方法进行处理。

（1）调整固定资产账面价值时：

借：固定资产（20 080 000－19 000 000） 1 080 000

应交税费——应交增值税（进项税额） 108 000

贷：应付账款 1 188 000

（2）补提折旧，调整管理费用时：

借：以前年度损益调整 9 000

贷：累计折旧（1 080 000÷30÷12×3） 9 000

（3）调整应交所得税和所得税费用时：

借：应交税费——应交所得税 2 250

贷：以前年度损益调整（9 000×25%） 2 250

（4）将"以前年度损益调整"科目余额转入未分配利润时：

借：利润分配——未分配利润 6 750

贷：以前年度损益调整 6 750

（5）调减盈余公积时：

借：盈余公积（6 750×10%） 675

贷：利润分配——未分配利润 675

（6）调整报告年度财务报表相关项目的数字时：

①调整资产负债表相关项目的年末数（见表 8-10）。

表 8-10 资产负债表（局部）

编制单位：甲公司 2018 年 12 月 31 日 金额单位：元

资产	年末余额	年初余额	负债和所有者权益	年末余额	年初余额
……	…	…	……	…	…

续表

资产	年末余额	年初余额	负债和所有者权益	年末余额	年初余额
固定资产	···+1 071 000	···	应付账款	···+1 188 000	···
······	···	···	应交税费	···−110 250	···
			盈余公积	···−675	···
			未分配利润	···−6 075	···
资产总计	···+1 071 000	···	负债和所有者权益总计	···+1 071 000	···

②调整利润表相关项目的本年金额（见表 8-11）。

表 8-11　　　　　　　　　　利润表（局部）

编制单位：甲公司　　　　　　2018 年度　　　　　　金额单位：元

项目	本年金额	上年金额
一、营业收入	···	···
······	···	···
减：管理费用	···+9 000	···
二、营业利润（亏损以"−"号列示）	···−9 000	···
······	···	···
三、利润总额（亏损以"−"号列示）	···−9 000	···
减：所得税费用	···−2 250	···
四、净利润（亏损以"−"号列示）	···−6 750	···
五、其他综合收益的税后净额	···	···
六、综合收益总额	···−6 750	···
七、每股收益	···	···

③调整所有者权益变动表相关项目的本年金额（见表 8-12）。

表 8-12　　　　　　　　所有者权益变动表（局部）

编制单位：甲公司　　　　　　2018 年度　　　　　　金额单位：元

项目	本年金额				上年金额			
	······	盈余公积	未分配利润	······	······	盈余公积	未分配利润	······
一、上年年末余额	······	······	······	······	······	······	······	······
加：会计政策变更	······	—	—	······	······	—	—	······
前期差错更正	······	—	—	······	······	—	—	······
二、本年年初余额	······	···	···	······	······	···	···	······

续表

项目	本年金额				上年金额			
	……	盈余公积	未分配利润	……	……	盈余公积	未分配利润	……
三、本年增减变动金额（减少以"－"填列）	……	…－675	…－6 075	……	……	…	…	……
（一）综合收益总额	……	…	…－6 750	……	……	…	…	……
（三）利润分配	……	…－675	…＋675	……	……	…	…	……
1. 提取盈余公积	……	…－675	…＋675	……	……	…	…	……
……	……	…	…	……	……	…	…	……
四、本年年末余额	……	…－675	…－6 075	……	……	…	…	……

2. 资产负债表所属期间或以前期间所售商品的退回事项

企业在资产负债表日已根据收入确认条件，确认资产销售收入并结转了相关成本，即在资产负债表日企业已确认了销售，并在财务报表上予以反映，但在资产负债表日后至财务报告批准报出日之间获得关于资产收入的进一步证据，如发生销售退回等，此时也应调整财务报表相关项目的金额。

需要说明的是，资产负债表日后发生的销售退回，既包括报告年度或报告中期销售的商品在资产负债表日后发生的销售退回，也包括以前期间销售的商品在资产负债表日后发生的销售退回。

资产负债表所属期间或以前期间所售商品在资产负债表日后退回的，应作为资产负债表日后调整事项处理。发生于资产负债表日后至财务报告批准报出日之间的销售退回事项，可能发生于该企业年度所得税汇算清缴之前，也可能发生于该企业年度所得税汇算清缴之后，其会计处理如下。

（1）资产负债表日后事项中涉及报告年度所属期间的销售退回发生于该企业报告年度所得税汇算清缴之前的，应调整报告年度利润表的收入、成本等，并相应调整报告年度的应纳税所得额以及报告年度应交所得税额等。

【例8-8】 甲公司为增值税一般纳税人，其产品适用的增值税税率为13%，2018年12月13日销售一批商品给丙公司，取得不含税收入1 000 000元，甲公司发出商品后，按照正常情况已确认收入，并结转成本800 000元，该笔货款至当年12月31日尚未收到。2018年12月20日接到丙公司通知，丙公司在验收货物时，发现该批产品存在严重的质量问题需要退货。甲公司在12月31日编制资产负债表时，按应收账款年末余额的5%计提坏账准备56 500元，按1 073 500

元（1 130 000—56 500）列示于资产负债表的"应收账款"项目内。2019 年 1 月 15 日，由于产品质量问题，本批货物被退回。按税法规定，公司计提的坏账准备不允许在税前扣除，本年度除应收丙公司账款计提的坏账准备外，无其他纳税调整事项。甲公司 2019 年 5 月 15 日完成 2018 年所得税汇算清缴。

根据上述资料，甲公司的会计处理如下：

甲公司于 2019 年 1 月 15 日发生 2018 年 12 月 13 日销售的商品被退回事项，根据资产负债表日后事项中的调整事项和非调整事项的判断标准，判断该事项属于调整事项，并根据调整事项的处理原则和方法进行处理。

(1) 调减主营业务收入时：

借：以前年度损益调整 1 000 000

应交税费——应交增值税（销项税额） 130 000

贷：应收账款 1 130 000

(2) 调减主营业务成本时：

借：库存商品 800 000

贷：以前年度损益调整 800 000

(3) 调减坏账准备和信用减值损失时：

借：坏账准备（1 130 000×5%） 56 500

贷：以前年度损益调整 56 500

(4) 调整原已确认的递延所得税资产和所得税费用时：

借：以前年度损益调整 14 125

贷：递延所得税资产 14 125

说明：原应收账款的账面价值为 1 073 500 元（1 130 000—56 500），计税基础为 1 130 000 元，产生可抵扣暂时性差异 56 500 元（1 130 000—1 073 500），按 25% 的税率计算，原已确认递延所得税资产 14 125 元（56 500×25%），现将其冲回。

(5) 调整应交所得税和所得税费用时：

借：应交税费——应交所得税 [(1 000 000—800 000)×25%] 50 000

贷：以前年度损益调整 50 000

(6) 将"以前年度损益调整"科目余额转入未分配利润时：

借：利润分配——未分配利润 107 625

贷：以前年度损益调整

（1 000 000—800 000—56 500＋14 125—50 000） 107 625

（7）调减盈余公积时：

借：盈余公积（107 625×10%） 10 763

贷：利润分配——未分配利润 10 763

（8）调整报告年度财务报表相关项目的数字时：

①调整资产负债表相关项目的年末数（见表8-13）。

表 8-13　　　　　　　　　　　　　　　**资产负债表（局部）**

编制单位：甲公司　　　　　　　　　2018 年 12 月 31 日　　　　　　　　　金额单位：元

资产	年末余额	年初余额	负债和所有者权益	年末余额	年初余额
……	…	…	……	…	…
应收账款	…−1 073 500	…	应交税费	…−180 000	…
存货	…+800 000	…	盈余公积	…−10 763	…
递延所得税资产	…−14 125	…	未分配利润	…−96 862	…
……	…	…			
资产总计	…−287 625	…	负债和所有者权益总计	…−287 625	…

②调整利润表相关项目的本年金额（见表8-14）。

表 8-14　　　　　　　　　　　　　　　**利润表（局部）**

编制单位：甲公司　　　　　　　　　　2018 年度　　　　　　　　　金额单位：元

项目	本年金额	上年金额
一、营业收入	…−1 000 000	…
减：营业成本	…−800 000	…
信用减值损失	…−56 500	…
……	…	…
二、营业利润（亏损以"−"号列示）	…−143 500	…
……	…	…
三、利润总额（亏损以"−"号列示）	…−143 500	…
减：所得税费用	…−35 875	…
四、净利润（亏损以"−"号列示）	…−107 625	…
五、其他综合收益的税后净额	…	…
六、综合收益总额	…−107 625	…
七、每股收益	…	…

③调整所有者权益变动表相关项目的本年金额（见表8-15）。

表 8-15　　　　　　　　　　所有者权益变动表（局部）

编制单位：甲公司　　　　　　　　　2018 年度　　　　　　　　　金额单位：元

项目	本年金额				上年金额			
	……	盈余公积	未分配利润	……	……	盈余公积	未分配利润	……
一、上年年末余额	……	……	……	……	……	……	……	……
加：会计政策变更	……	—	—	……	……	……	……	……
前期差错更正	……	—	—	……	……	……	……	……
二、本年年初余额	……	……	……	……	……	……	……	……
三、本年增减变动金额（减少以"—"填列）	……	…—10 763	…—96 862	……	……	……	……	……
（一）综合收益总额	……	……	…—107 625	……	……	……	……	……
……	……	……	……	……	……	……	……	……
（三）利润分配	……	…—10 763	…+10 763	……	……	……	……	……
1. 提取盈余公积	……	…—10 763	…+10 763	……	……	……	……	……
……	……	……	……	……	……	……	……	……
四、本年年末余额	……	…—10 763	…—96 862	……	……	……	……	……

（2）资产负债表日后事项中涉及报告年度所属期间的销售退回发生于该企业报告年度所得税汇算清缴之后的，应调整报告年度利润表的收入、成本等，但按照税法规定在此期间的销售退回所涉及的应交所得税，应作为本年度的纳税调整事项。

【例 8-9】　（承例 8-8）假定甲公司 2019 年 4 月 15 日，由于产品质量问题，甲公司该批货物被退回，但 2019 年 4 月 10 日已完成了 2018 年所得税汇算清缴。

根据上述资料，甲公司的会计处理如下：

由于销售退回发生在资产负债表日后期间，且发生在报告年度汇算清缴所得税之后，2018 年多交所得税 50 000 元〔(1 000 000－800 000)×25%〕，只能在2019 年所得税申报时抵扣，因此应计入递延所得税资产。

确认当期递延所得税资产和所得税费用时：

借：递延所得税资产   50 000

  贷：以前年度损益调整   50 000

根据上述分录，参照例 8-8 调整报告年度财务报表相关项目的数字（略）。

（四）资产负债表日后发现财务报表舞弊或差错事项

资产负债表日后发现财务报表舞弊或差错是指在资产负债表日后期间发现报告期或以前期间存在的财务舞弊或差错。企业发生这一事项后，应当将其作为资产负债表日后调整事项，调整报告期间的财务报告相关项目的数字。一般来说，财务舞弊均是重要事项，但发生的差错，可能是重要差错，也可能是非重要差错。

【例 8-10】 甲公司于 2019 年 3 月 5 日，发现 2018 年 3 月管理用固定资产漏提折旧 3 000 000 元。甲公司 2018 年度所得税申报在 2019 年 5 月 15 日完成。

根据上述资料，甲公司的会计处理如下：

2019 年 3 月 5 日，发现报告期间 2018 年漏提管理用固定资产折旧 3 000 000 元，为重要差错，属于资产负债表日后调整事项，应调整报告期 2018 年财务报表的相关项目。

(1) 补提折旧，调整管理费用时：

借：以前年度损益调整   3 000 000

  贷：累计折旧   3 000 000

(2) 调整应交所得税和所得税费用时：

借：应交税费——应交所得税（3 000 000×25%） 750 000

  贷：以前年度损益调整   750 000

(3) 将"以前年度损益调整"科目余额转入未分配利润时：

借：利润分配——未分配利润   2 250 000

  贷：以前年度损益调整   2 250 000

(4) 调减盈余公积时：

借：盈余公积（2 250 000×10%）   225 000

  贷：利润分配——未分配利润   225 000

(5) 调整报告年度财务报表相关项目的数字时：

①调整资产负债表相关项目的年末数（见表 8-16）。

表 8-16   资产负债表（局部）

编制单位：甲公司   2018 年 12 月 31 日   金额单位：元

资产	年末余额	年初余额	负债和所有者权益	年末余额	年初余额
…… ·	…	…	……	…	…
固定资产	…－3 000 000	…	应交税费	…－750 000	…
……	…	…	盈余公积	…－225 000	…
			未分配利润	…－2 025 000	…
资产总计	…－3 000 000	…	负债和所有者权益总计	…－3 000 000	…

②调整利润表相关项目的本年金额（见表 8-17）。

表 8-17   利润表（局部）

编制单位：甲公司   2018 年度   金额单位：元

项目	本年金额	上年金额
一、营业收入	…	…
……	…	…
减：管理费用	…＋3 000 000	…
二、营业利润（亏损以"－"号列示）	…－3 000 000	…
……	…	…
三、利润总额（亏损以"－"号列示）	…－3 000 000	…
减：所得税费用	…－750 000	…
四、净利润（亏损以"－"号列示）	…－2 250 000	…
五、其他综合收益的税后净额	…	…
六、综合收益总额	…－2 250 000	…
七、每股收益	…	…

③调整所有者权益变动表相关项目的本年金额（见表 8-18）。

表 8-18   所有者权益变动表（局部）

编制单位：甲公司   2018 年度   金额单位：元

项目	本年金额				上年金额			
	……	盈余公积	未分配利润	……	……	盈余公积	未分配利润	……
一、上年年末余额	……	…	…	……	……	…	…	……
加：会计政策变更	……	－	－	……	……	－	－	……

续表

项目	……	本年金额		……	……	上年金额		……
	……	盈余公积	未分配利润	……	……	盈余公积	未分配利润	……
前期差错更正	……	—	—	……	……	—	—	……
二、本年年初余额	……	……	……	……	……	……	……	……
三、本年增减变动金额（减少以"－"填列）	……	…－225 000	…－2 025 000	……	……	……	……	……
（一）综合收益总额	……	……	…－2 250 000	……	……	……	……	……
……	……	……	……	……	……	……	……	……
（三）利润分配	……	…－225 000	…＋225 000	……	……	……	……	……
1. 提取盈余公积	……	…－225 000	…＋225 000	……	……	……	……	……
……	……	……	……	……	……	……	……	……
四、本年年末余额	……	…－225 000	…－2 025 000	……	……	……	……	……

第三节 资产负债表日后非调整事项的会计处理

一、资产负债表日后非调整事项的处理原则

资产负债表日后发生的非调整事项，是表明资产负债表日后发生的情况的事项，与资产负债表日存在状况无关，不应当调整资产负债表日的财务报表。但有的非调整事项对财务报告使用者具有重大影响，如不加以说明，将不利于财务报告使用者作出正确估计和决策。因此，应在财务报表附注中进行披露。

二、资产负债表日后非调整事项的具体会计处理办法

资产负债表日后发生的非调整事项，应当在报表附注中披露每项重要的资产负债表日后非调整事项的性质、内容及其对财务状况和经营成果的影响。无法作出估计的，应当说明原因。

资产负债表日后非调整事项的主要内容如下。

（一）资产负债表日后发生重大诉讼、仲裁和承诺事项

资产负债表日后发生的重大诉讼、仲裁和承诺事项，对企业影响较大，为防

止误导投资者及其他财务报告使用者，应当在财务报表附注中披露。

（二）资产负债表日后资产价格、税收政策和外汇汇率发生重大变化事项

资产负债表日后发生的资产价格、税收政策和外汇汇率的重大变化，虽然不会影响资产负债表日财务报表相关项目的数据，但对企业资产负债表日后期间的财务状况和经营成果有重大影响，应当在报表附注中予以披露。

【例 8-11】 甲公司 2018 年 9 月采用融资租赁方式从美国购入某重型机械设备，租赁合同规定，该重型机械设备的租赁期为 15 年，年租金 500 000 美元。甲公司在编制 2018 年度财务报表时已按 2018 年 12 月 31 日的汇率对该笔长期应付款进行了折算。假设国家规定从 2019 年 1 月 1 日起进行外汇管理体制改革，外汇管理体制改革后，人民币对美元的汇率发生重大变化。

本例中，甲公司在资产负债表日已经按照当天的资产计量方式进行处理，或按规定的汇率对有关账户进行调整，因此，无论资产负债表日后汇率如何变化，均不影响资产负债表日的财务状况和经营成果。但是，如果资产负债表日后外汇汇率发生重大变化，应对由此产生的影响在报表附注中进行披露。

（三）资产负债表日后因自然灾害导致资产发生重大损失事项

资产负债表日后发生的自然灾害导致的资产重大损失，不是企业主观上能够决定的，是不可抗力造成的。但这一事项对企业财务状况所产生的影响，如不加以披露，有可能使财务报告使用者产生误解，导致作出错误的决策。因此，资产负债表日后自然灾害导致的资产重大损失应作为非调整事项在财务报表附注中进行披露。

【例 8-12】 甲公司 2018 年 12 月购入商品一批，共计 50 000 000 元，至 2018 年 12 月 31 日该批商品已全部验收入库，货款也已通过银行支付。2019 年 2 月 7 日，甲公司所在地发生地震，该批商品全部毁损。

自然灾害导致资产重大损失对企业资产负债表日后财务状况的影响较大，如果不加以披露，有可能使财务报告使用者作出错误的决策，因此应作为非调整事项在报表附注中进行披露。本例中地震发生于 2019 年 2 月 7 日，属于资产负债表日后才发生或存在的事项，应当作为非调整事项在 2018 年度报表附注中进行披露。

（四）资产负债表日后发行股票和债券以及其他巨额举债事项

企业在资产负债表日后发行股票、债券以及向银行或非银行金融机构举借巨

额债务都是比较重大的事项，虽然这一事项与企业资产负债表日的存在状况无关，但这一事项的披露能使财务报告使用者了解与此有关的情况及可能带来的影响。因此，应当在报表附注中进行披露。

（五）资产负债表日后资本公积转增资本事项

资产负债表日后，企业以资本公积转增资本将会改变企业的资本（或股本）结构，影响较大，虽然这一事项与企业资产负债表日的存在状况无关，但应对这一事项作出披露，以使财务报告使用者了解企业资本公积转增资本可能会给投资者带来的影响。

（六）资产负债表日后发生巨额亏损事项

资产负债表日后发生巨额亏损将会对企业报告期以后的财务状况和经营成果产生重大影响，应当在财务报表附注中及时披露该事项，以便为投资者和其他财务报告使用者作出正确决策提供信息。

（七）资产负债表日后发生企业合并或处置子公司事项

资产负债表日后企业合并或处置子公司的行为可以影响股权结构、经营范围等方面，对企业未来的生产经营活动能产生重大影响，应当在报表附注中进行披露。

（八）资产负债表日后，企业利润分配方案中拟分配的以及经审议批准宣告发放的股利或利润事项

资产负债表日后，企业制定利润分配方案，拟分配或经审议批准宣告发放股利或利润的行为，并不会导致企业在资产负债表日形成现时义务，虽然该事项的发生可导致企业负有支付股利或利润的义务，但支付义务在资产负债表日尚不存在，不应该调整资产负债表日的财务报告。因此，该事项为非调整事项。但为便于财务报告使用者更充分地了解相关信息，企业需要在财务报告中适当披露该信息。

自测题

一、名词解释

1. 资产负债表日后事项
2. 资产负债表日后调整事项

3. 资产负债表日后非调整事项

二、简答题

1. 如何理解资产负债表日后事项的定义?

2. 如何确定资产负债表日后事项涵盖的期间?

3. 如何理解资产负债表日后调整事项的处理原则和方法?

4. 如何理解资产负债表日后非调整事项的处理原则和方法?

三、单项选择题

1. 股份有限公司财务报告批准报出日是指（　　）。

A. 股东大会审议批准日

B. 注册会计师出具审计报告日

C. 董事会批准财务报告报出日

D. 对财务报告的内容负有法律责任的单位将财务报告向企业外部公布日

2. 资产负债表日后事项包括自年度资产负债表日至财务报告批准报出日之间发生的（　　）。

A. 所有有利和不利事项

B. 调整事项

C. 非调整事项

D. 所有有利事项中的调整事项和非调整事项

3. 下列关于资产负债表日后调整事项的表述中，正确的是（　　）。

A. 资产负债表日或以前已经存在的事项

B. 资产负债表日或以前已经存在、资产负债表日后得以证实的事项

C. 资产负债表日或以前已经存在、资产负债表日后得以证实，且对资产负债表日存在状况编制的财务报表产生影响的事项

D. 资产负债表日不存在，但其发生对分析财务状况有重大影响的事项

4. 下列关于资产负债表日后非调整事项的表述中，正确的是（　　）。

A. 资产负债表日后新发生的事项

B. 资产负债表日后新发生的事项，且对理解和分析财务报告有重大影响的事项

C. 资产负债表日或以前已经存在，但对编制财务报告没有影响的事项

D. 资产负债表日或以前已经存在，但资产负债表日后发生变化的事项

5. 某上市公司 2018 年度财务报告批准报出日为 2019 年 4 月 22 日。公司在

2019 年 1 月 1 日至 4 月 22 日发生的下列事项中，属于资产负债表日后调整事项的是（   ）。

  A. 公司在一起历时半年的诉讼中败诉，支付赔偿金 500 000 元，公司在上年末已确认预计负债 300 000 元

  B. 因遭受火灾，上年购入的存货发生毁损 1 000 000 元

  C. 公司董事会提出 2018 年度利润分配方案为每 10 股送 3 股股票股利

  D. 公司支付 2018 年度财务报告审计费 400 000 元

6. 下列资产负债表日后事项中，属于调整事项的是（   ）。

  A. 发行企业债券   B. 报告期销售商品的销售退回

  C. 外汇汇率发生重大变化   D. 董事会提出分派现金股利方案

7. 2019 年 2 月 8 日，甲公司发现 2017 年度一项非重要前期差错，在 2018 年度财务报告批准报出前，甲公司应（   ）。

  A. 不需调整，只将其作为 2019 年 2 月份的业务进行处理

  B. 调整 2018 年度财务报表期初数和上年数

  C. 调整 2019 年度财务报表期初数和上年数

  D. 调整 2018 年度财务报表期末数和本年发生数

8. 甲公司 2019 年 2 月 6 日应收乙企业账款 5 000 000 元，双方约定在当年的 3 月 6 日偿还，但 2019 年 4 月 20 日乙企业宣告破产无法偿付欠款，则甲公司在 2018 年度资产负债表上，对这 5 000 000 元款项（   ）。

  A. 应作为非调整事项处理   B. 应作为调整事项处理

  C. 不需要反映   D. 应作为 2019 年发生的业务反映

9. 2019 年 4 月 8 日（2018 年财务报告报出前），董事会提出本年的利润分配方案：按 10% 提取法定盈余公积，分配现金股利 1 000 000 元。对此项业务，甲公司应将其在 2018 年的财务报告中，作为（   ）。

  A. 非调整事项处理   B. 调整事项处理

  C. 不需要反映   D. 2019 年发生的业务反映

10. "以前年度损益调整"科目用来核算（   ）。

  A. 本年度发现的以前年度非重要前期差错涉及损益调整的事项

  B. 资产负债表日后事项中的非调整事项涉及损益调整的事项

  C. 本年度发现的以前年度重要前期差错涉及损益调整的事项

  D. 本年度发现的以前年度重要前期差错涉及利润分配调整的事项

11. A公司 2018 年的财务报告于 2019 年 4 月 22 日对外公告。2019 年 2 月 8 日，A公司 2018 年 9 月 10 日销售给 B 公司的一批商品因质量问题而退货。该批商品的售价为 1 000 000 元、增值税 130 000 元、成本为 800 000 元，B公司货款未支付。经核实 A 公司已同意退货，所退商品已入库。该事项发生后，A公司已作为资产负债表日后调整事项处理，所得税税率为 25%，在进行财务报表调整时影响 2018 年净损益的金额是（　　）元。

A. 200 000　　　　　　　　B. 330 000

C. 150 000　　　　　　　　D. 108 900

12. 甲公司 2018 年度财务报告批准报出日为 2019 年 4 月 22 日。2018 年 12 月 27 日甲公司销售一批产品，折扣条件是 10 天内付款折扣 2%，购货方次年 1 月 3 日付款，取得现金折扣 1 000 元。该项业务对甲公司 2018 年度财务报表无重大影响。甲公司正确的处理是（　　）。

A. 作为资产负债表日后事项的调整事项

B. 作为资产负债表日后事项的非调整事项

C. 直接反映在 2019 年当期财务报表中

D. 在 2019 年财务报表附注中说明

13. 资产负债表日至财务报告批准报出日之间发生的调整事项在进行调整处理时，下列项目中不能调整的是（　　）。

A. 货币资金项目　　　　　　B. 应收账款项目

C. 所有者权益项目　　　　　D. 涉及损益的项目

14. 下列资产负债表日后事项中，属于资产负债表日后调整事项的是（　　）。

A. 日后税收政策发生重大变化

B. 外汇汇率或税收政策发生重大变化

C. 日后发生巨额亏损

D. 资产负债表日已发生的诉讼结案事项

15. A公司 2018 年 10 月份与乙公司签订一项供销合同，由于 A 公司未按合同发货，致使乙公司发生重大经济损失。A公司被乙公司起诉，至 2018 年 12 月 31 日法院尚未判决。A公司 2018 年 12 月 31 日在资产负债表中的"预计负债"项目反映了 10 000 000 元的赔偿款。2019 年 3 月 5 日经法院判决，A公司须偿付乙公司经济损失 12 000 000 元。A公司不再上诉，已支付赔偿款。A公司 2018 年财务报告批准报出日为 2019 年 4 月 22 日，报告年度资产负债表有关项目调整的正确处理方法是（　　　）。

  A. "预计负债"项目调增 2 000 000 元，"其他应付款"项目为零

  B. "预计负债"项目调减 10 000 000 元，"其他应付款"项目调增 12 000 000 元

  C. "预计负债"项目调增 2 000 000 元，"其他应付款"项目调增 12 000 000 元

  D. "预计负债"项目调减 2 000 000 元，"其他应付款"项目调增 2 000 000 元

四、多项选择题

1. 下列于年度资产负债表日至财务报告批准报出日之间发生的事项中，属于资产负债表日后事项的有（　　　）。

  A. 按期履行报告年度签订的商品购销合同

  B. 发生重大诉讼案件

  C. 出售重要的子公司

  D. 火灾造成重大损失

2. 下列于年度资产负债表日至财务报告批准报出日之间发生的事项中，属于资产负债表日后事项的有（　　　）。

  A. 支付生产工人工资   B. 重大固定资产发生严重减值

  C. 股票和债券的发行   D. 外汇汇率发生重大变化

3. 下列于年度资产负债表日至财务报告批准报出日之间发生的事项中，属于资产负债表日后调整事项的有（　　　）。

  A. 支付货款   B. 发现以前年度的重要前期差错

  C. 股票和债券的发行   D. 上年度售出商品发生退货

4. 上市公司在其年度资产负债表日后至财务报告批准报出日前发生的下列事项中，属于非调整事项的有（　　　）。

  A. 因发生火灾导致存货严重损失

  B. 以前年度售出商品发生退货

  C. 因市场汇率变动导致外币存款严重贬值

  D. 董事会提出现金股利分配方案

5. 股份有限公司自资产负债表日至财务报告批准报出日之间发生的下列事项中，属于非调整事项的有（　　　）。

  A. 公司与另一公司合并

  B. 公司董事会提出股票股利分配方案

C. 董事会作出与债权人进行债务重组决议

D. 公开发行股票

6. 甲公司在资产负债表日至财务报告批准报出日之间发生的下列事项中，属于资产负债表日后非调整事项的有（　　）。

A. 发生重大仲裁

B. 甲公司的股东 A 公司将持有甲公司 55％的股份转让给 B 公司

C. 外汇汇率发生较大变动

D. 税收政策发生重大变化

7. 某上市公司自资产负债表日至财务报告批准对外报出日之间发生的下列事项中，属于该公司资产负债表日后非调整事项的有（　　）。

A. 以前年度销售退回　　　　　　B. 用资本公积转增资本

C. 按每股净资产公开增发普通股　D. 持有交易性金融资产大幅度升值

8. 甲股份有限公司 2018 年度财务报告于 2019 年 4 月 20 日批准报出。公司发生的下列事项中，必须在其 2018 年度财务报表附注中披露的有（　　）。

A. 2019 年 1 月 7 日，从该公司董事持有 51％股份的公司购货 8 000 000 元

B. 2019 年 1 月 21 日，公司遭受水灾造成存货重大损失 5 000 000 元

C. 2019 年 1 月 30 日，发现上年应计入财务费用的借款利息 1 000 元误计入在建工程

D. 2019 年 2 月 1 日，公司向一家网络公司投资 5 000 000 元，从而持有该公司 50％的股份

9. 资产负债表日后发生的调整事项分别按以下（　　）情况进行账务处理。

A. 涉及损益的事项，通过"以前年度损益调整"科目核算

B. 涉及利润分配调整的事项，直接在"利润分配——未分配利润"科目核算

C. 不涉及损益以及利润分配的事项，调整相关科目

D. 通过上述账务处理后，还应同时调整财务报表相关项目的数字

10. 某上市公司财务报告批准报出日为 2019 年 4 月 19 日，该公司在 2019 年 3 月份发生的下列事项中，应作为资产负债表日后调整事项处理的有（　　）。

A. 2019 年 1 月份销售的商品，在 2019 年 3 月份被退回

B. 发现 2018 年无形资产少摊销 500 元

C. 发现 2018 年固定资产少提折旧 200 000 元

D. 发现 2017 年固定资产少提折旧 100 000 元

11. 关于对资产负债表日后事项的处理的表述，下列各项中正确的有（　　）。

A. "调整事项"存在于资产负债表日或以前，资产负债表日后提供了进一步说明的证据

B. "非调整事项"是资产负债表日以后才发生的事项，不影响资产负债表日存在状况，但对理解和分析财务报表有重大影响的事项

C. 要根据"调整事项"和"非调整事项"对资产负债表日存在状况的有关金额作出重新估计

D. 要根据"调整事项"对资产负债表日存在状况的有关金额作出重新估计

12. 2018 年甲公司为乙公司的 5 000 000 元债务提供 70% 的担保，乙公司因到期无力偿还债务被起诉。至 2018 年 12 月 31 日，法院尚未作出判决，甲公司根据有关情况预计很可能承担部分担保责任。2019 年 4 月 22 日甲公司财务报告批准报出之前法院作出判决。甲公司承担全部担保责任，需为乙公司偿还债务的 70%，甲公司已执行判决，甲公司正确的处理包括（　　）。

A. 2018 年 12 月 31 日按照很可能承担的担保责任确认预计负债

B. 2018 年 12 月 31 日对此预计负债作出披露

C. 2019 年 4 月 22 日按照资产负债表日后"非调整事项"处理，作出说明

D. 2019 年 4 月 22 日按照资产负债表日后"调整事项"处理，调整财务报表相关项目

13. 对于资产负债表日后非调整事项，应在报表附注中披露的有（　　）。

A. 非调整事项的内容

B. 非调整事项可能对财务状况的影响

C. 非调整事项可能对经营成果的影响

D. 非调整事项无法估计上述影响的原因

14. 在报告年度资产负债表日至财务报告批准报出日之间发生的下列事项中，属于资产负债表日后调整事项的有（　　）。

A. 发现报告年度财务报表存在严重舞弊

B. 发现报告年度会计处理存在重要前期差错

C. 国家发布对企业经营业绩将产生重大影响的产业政策

D. 发现某商品销售合同在报告年度资产负债表日已成为亏损合同的证据

15. 甲股份有限公司 2018 年度财务报告经董事会批准对外公布的日期为 2019 年 4 月 1 日，实际对外公布的日期为 2019 年 4 月 3 日。该公司 2019 年 1 月

1 日至 4 月 3 日发生的下列事项中，不应当作为资产负债表日后事项中调整事项的有（　　）。

A. 3 月 1 日，发现 2018 年 10 月接受捐赠获得的一项固定资产尚未入账

B. 3 月 11 日，临时股东大会决议购买乙公司 51％的股权并于 4 月 2 日执行完毕

C. 4 月 2 日，甲公司为从工商银行借入 80 000 000 元长期借款而签订重大资产抵押合同

D. 2 月 1 日，与丁公司签订的债务重组协议执行完毕，该债务重组协议是甲公司于 2019 年 1 月 5 日与丁公司签订的

16. 中金股份有限公司 2018 年度财务报告于 2019 年 4 月 19 日批准报出。公司发生的下列事项中，必须在其 2018 年度报表附注中披露的有（　　）。

A. 2018 年 11 月 1 日，从该公司董事持有 51％股份的公司购货 9 000 000 元

B. 2019 年 1 月 30 日，公司遭受水灾造成存货重大损失 6 000 000 元

C. 2019 年 2 月 1 日，公司向一家网络公司投资 6 000 000 元，从而持有该公司 50％的股份

D. 2019 年 1 月 30 日，发现上年应计入财务费用的借款利息 2 000 元误计入在建工程

五、判断题

1. 资产负债表日后事项是资产负债表日后期间发生的所有有利和不利事项。（　　）

2. 企业发生的前期差错更正不是资产负债表日后事项。（　　）

3. 资产负债表日后调整事项应当采用追溯调整法进行调整。（　　）

4. 资产负债表日后非调整事项应当采用未来适用法进行处理。（　　）

5. 资产负债表日后新发生的且对理解和分析财务报表有重大影响的事项属于资产负债表日后调整事项。（　　）

6. 企业对资产负债表日后事项中的有利和不利事项应当采用不同的方法进行处理。（　　）

7. 资产负债表日后发生的调整事项如涉及现金收支项目的，均不调整报告年度资产负债表的货币资金项目和现金流量表主表及补充资料各项目数字。（　　）

8. 同样是资产负债表日至财务报告批准报出日之间发生的资产减损事项，可能是调整事项，也可能是非调整事项。（　　）

9. 对于资产负债表日后事项中的调整事项，应视同财务报表所属期间的交易或事项进行会计处理。（　　　）

10. 资产负债表日后至财务报告批准报出日之间发生的调整事项，应当调整报告年度财务报表相关项目的年初数。（　　　）

11. 资产负债表日后期间发生的现金折扣应按照非调整事项处理，日后期间发生的销售折让应按照日后调整事项处理。（　　　）

12. 企业在资产负债表日后期间发生严重火灾，烧毁仓库一栋，这一事项属于非调整事项。（　　　）

13. 资产负债表日后事项必须在财务报表附注中进行披露。（　　　）

六、核算题

A 公司 2018 年度所得税汇算清缴于 2019 年 5 月 15 日完成，所得税采用资产负债表债务法核算，所得税税率为 25%，公司按净利润的 10% 提取法定盈余公积，提取法定盈余公积后不再作其他分配，调整事项按税法规定均可调整应缴纳的所得税，涉及递延所得税资产的，均假定未来期间很可能取得用来抵扣暂时性差异的应纳税所得额。公司自 2019 年 1 月 1 日至 4 月 22 日财务报告批准报出日之间发生如下资产负债表日后事项：

（1）2 月 28 日接到通知，某一债务企业宣告破产，其所欠货款 300 000 元的 60% 不能偿还。公司在 2018 年 12 月 31 日以前已被告知该债务企业资不抵债，濒临破产，并计提坏账准备 30 000 元。

（2）4 月 1 日，公司 2018 年 10 月销售的一批产品被退回，该批产品销售价格为 100 000 元，增值税为 13 000 元，销售成本为 78 000 元，货款未退。

（3）公司于 2019 年 3 月经批准发行 5 年期面值总额为 8 000 000 元的公司债券，债券票面利率为 6%，企业以 9 000 000 元的价格发行，并于 2019 年 3 月底之前发行结束。

（4）经董事会决定，公司于 2019 年 4 月 1 日以 2 000 000 元的价格购买了一家子公司。

要求：

1. 判断上述资产负债表日后期间发生的事项中，哪些属于调整事项，哪些属于非调整事项？

2. 对资产负债表日后调整事项进行相关账务处理。

3. 调整财务报表相关项目的数字。

附录　　自测题参考答案

第一章　非货币性资产交换

三、单项选择题

1. D　2. D　3. A　4. A　5. A　6. C　7. B　8. A

四、多项选择题

1. AC　2. ABCE　3. BE　4. ABCE　5. ABCD　6. BCE

7. BD　8. CD　9. BCD　10. ABCDE

五、判断题

1. √　2. √　3. ×　4. ×　5. ×　6. √　7. ×　8. √

9. ×　10. ×

六、核算题

1. 根据上述资料，甲公司的会计处理如下：

甲公司以其库存商品与乙公司的长期股权投资进行交换，该项交易中不涉及补价，属于非货币性资产交换。该项资产交换具有商业实质，同时，换出资产的公允价值能够可靠计量，因此，该项非货币性资产交换应以换出资产公允价值为基础计量换入资产的成本，并确认交换损益。

（1）计算该项资产交换换入资产的成本。

换入资产的入账价值＝1 300 000×（1＋13％）＝1 300 000＋169 000

$$＝1 469 000（元）$$

（2）计算该项资产交换产生的损益。

该项非货币性资产交换确认的损益＝1 300 000－（1 200 000－8 000）＝108 000（元）

（3）会计分录。

借：长期股权投资　　　　　　　　　　　　　　　　1 469 000

贷：主营业务收入		1 300 000
应交税费——应交增值税（销项税额）		169 000
借：主营业务成本		1 192 000
存货跌价准备		8 000
贷：库存商品		1 200 000

2. 根据上述资料，乙公司的会计处理如下：

分析：该项资产交换涉及支付补价 30 000 元，支付的补价 30 000 元÷（换出资产的公允价值 430 000 元＋支付的补价 30 000 元）＝6.52%＜25%，属于非货币性资产交换。

该项非货币性资产交换具有商业实质，同时，换出的股票投资的公允价值能够可靠计量，乙公司应以公允价值为基础确定换入资产的成本，并确认产生的损益。

（1）计算该项资产交换换入资产的成本。

$$\text{换入资产的入账价值} = 430\,000 + 30\,000 - 400\,000 \times 13\%$$

$$= 430\,000 + 30\,000 - 52\,000 = 408\,000（元）$$

（2）计算该项资产交换产生的损益。

$$\text{该项非货币性资产交换确认的损益} = 430\,000 - 420\,000 = 10\,000（元）$$

（3）会计分录。

借：固定资产	408 000
应交税费——应交增值税（进项税额）	52 000
贷：交易性金融资产	420 000
投资收益	10 000
银行存款	30 000

3. 分析：该项资产交换涉及收付补价 400 000 元。

对收取补价的甲公司而言，收取的补价占换出资产公允价值的比例小于 25% ｛400 000÷[4 800 000×（1+13%）]＝7.37%｝，属于非货币性资产交换。

对支付补价的乙公司而言，支付的补价占换出资产公允价值与支付的补价之和的比例小于 25% ｛400 000÷[4 900 000×（1+13%）＋400 000]＝6.74%｝，属于非货币性资产交换。

该项非货币性资产交换具有商业实质，同时，换入、换出资产的公允价值均能够可靠计量，甲、乙公司应以公允价值为基础确定换入资产的总成本，确认产生的相关损益。同时，按照各单项换入资产的公允价值占换入资产公允价值总额的比例，确定各单项资产的成本。

根据上述资料，甲公司的会计处理如下：

（1）计算。

①计算增值税额。

换出厂房、机床和存货的增值税销项税额＝（1 000 000＋800 000＋3 000 000）×13%＝4 800 000×13%＝624 000（元）

换入办公楼、轿车和客运汽车的增值税进项税额＝（4 200 000＋500 000＋200 000）×13%＝4 900 000×13%＝637 000（元）

②计算换入资产、换出资产公允价值总额。

换出资产公允价值总额＝1 000 000＋800 000＋3 000 000＝4 800 000（元）

换入资产公允价值总额＝4 200 000＋500 000＋200 000＝4 900 000（元）

③计算换入资产总成本。

换入资产总成本＝4 800 000－400 000＋624 000－637 000＝4 387 000（元）

④计算确定换入各项资产的公允价值占换入资产公允价值总额的比例。

办公楼公允价值占换入资产公允价值总额的比例＝4 200 000÷4 900 000＝85.71%

轿车公允价值占换入资产公允价值总额的比例＝500 000÷4 900 000＝10.20%

客运汽车公允价值占换入资产公允价值总额的比例＝1－85.71%－10.20%＝4.09%

⑤计算确定换入各项资产的成本。

办公楼的成本＝4 387 000×85.71%＝3 760 098（元）

轿车的成本＝4 387 000×10.20%＝447 474（元）

客运汽车的成本＝4 387 000－3 760 098－447 474＝179 428（元）

⑥计算该项资产交换产生的损益。

非货币性资产交换损益＝4 800 000－[(1 500 000－300 000)＋

(1 200 000－600 000)＋2 400 000]

＝4 800 000－4 200 000＝600 000(元)

（2）会计分录。

借：固定资产清理　　　　　　　　　　　　　　　　1 800 000

　　累计折旧——厂房　　　　　　　　　　　　　　　 300 000

　　　　　　——机床　　　　　　　　　　　　　　　 600 000

　　贷：固定资产——厂房　　　　　　　　　　　　　　　 1 500 000

　　　　　　　　——机床　　　　　　　　　　　　　　　 1 200 000

借：固定资产——办公楼　　　　　　　　　　　　　　3 760 098

　　　　　　——轿车　　　　　　　　　　　　　　　 447 474

　　　　　　——客运汽车　　　　　　　　　　　　　 179 428

　　应交税费——应交增值税（进项税额）　　　　　　 637 000

　　银行存款　　　　　　　　　　　　　　　　　　　 400 000

　　贷：固定资产清理　　　　　　　　　　　　　　　　 1 800 000

　　　　其他业务收入　　　　　　　　　　　　　　　　 3 000 000

　　　　应交税费——应交增值税（销项税额）　　　　　　 624 000

借：其他业务成本　　　　　　　　　　　　　　　　　2 400 000

　　贷：原材料　　　　　　　　　　　　　　　　　　　 2 400 000

根据上述资料，乙公司的会计处理如下：

（1）计算。

①计算增值税额。

换出办公楼、轿车和客运汽车的增值税销项税额＝（4 200 000＋500 000＋200 000）×13%＝4 900 000×13%＝637 000(元)

换入厂房、机床和存货准予抵扣的增值税进项税额＝（1 000 000＋800 000＋3 000 000）×13%＝4 800 000×13%＝624 000(元)

②计算换入资产、换出资产公允价值总额。

换入资产公允价值总额＝1 000 000＋800 000＋3 000 000＝4 800 000(元)

换出资产公允价值总额＝4 200 000＋500 000＋200 000＝4 900 000(元)

③计算换入资产总成本。

换入资产总成本＝4 900 000＋400 000＋637 000－624 000＝5 313 000（元）

④计算确定换入各项资产的公允价值占换入资产公允价值总额的比例。

厂房公允价值占换入资产
公允价值总额的比例 ＝1 000 000÷4 800 000＝20.83%

机床公允价值占换入资产
公允价值总额的比例 ＝800 000÷4 800 000＝16.67%

原材料公允价值占换入资产
公允价值总额的比例 ＝1－20.83%－16.67%＝62.50%

⑤计算确定换入各项资产的成本。

厂房的成本＝5 313 000×20.83%＝1 106 698（元）

机床的成本＝5 313 000×16.67%＝885 677（元）

原材料的成本＝5 313 000－1 106 698－885 677＝3 320 625（元）

⑥计算该项资产交换产生的损益。

非货币性资产交换损益＝4 900 000－[（4 500 000－500 000）＋

(1 000 000－400 000)＋（300 000－80 000)]

＝4 900 000－4 820 000＝80 000（元）

(2) 会计分录。

借：固定资产清理		4 820 000
累计折旧——办公楼		500 000
——轿车		400 000
——客运汽车		80 000
贷：固定资产——办公楼		4 500 000
——轿车		1 000 000
——客运汽车		300 000
借：固定资产——厂房		1 106 698
——机床		885 677
原材料		3 320 625
应交税费——应交增值税（进项税额）		624 000
贷：固定资产清理		4 820 000

银行存款	400 000
资产处置损益	80 000
应交税费——应交增值税（销项税额）	637 000

第二章　债务重组

三、单项选择题

1. D　2. A　3. A　4. A　5. D　6. A　7. C　8. C
9. A　10. B　11. D　12. B

四、多项选择题

1. ABCD　2. BD　3. BCDE　4. ACDE　5. ACD　6. CD
7. AE　8. ABE　9. BCD　10. BC

五、判断题

1. ×　2. ×　3. ×　4. ×　5. ×　6. ×　7. ×　8. ×　9. √

六、核算题

1. 根据上述资料，债权人 A 公司的会计处理如下：

（1）2018 年 1 月 1 日，重组债权时：

①债转股清偿债务。

借：长期股权投资	960 000
营业外支出——债务重组损失	40 000
贷：应收账款	1 000 000

②修改其他债务条件偿债。

重组债权的账面价值 $= 2\,000\,000 \times (1+13\%) + 2\,000\,000 \times (1+13\%) \times 6\% \times 6 \div 12 - 1\,000\,000$

$= 2\,260\,000 + 67\,800 - 1\,000\,000 = 1\,327\,800(元)$

将来应收金额 $= 1\,327\,800 - 67\,800 + (1\,327\,800 - 67\,800) \times 2\% \times 2$

$= 1\,260\,000 + 25\,200 \times 2 = 1\,310\,400(元)$

将来应收金额的现值 $= 25\,200 \times 0.943\,4 + 1\,260\,000 \times 0.890\,0 + 25\,200 \times 0.890\,0$

$= 23\,774 + 1\,121\,400 + 22\,428 = 1\,167\,602(元)$

债务重组损失＝1 327 800－1 167 602＝160 198（元）

③会计分录。

借：应收账款——债务重组 1 167 602

    营业外支出——债务重组损失 160 198

    贷：应收账款 1 327 800

（2）2018 年 12 月 31 日，收到利息时：

借：银行存款 25 200

    贷：应收账款——债务重组 23 774

        财务费用 1 426

（3）2019 年 12 月 31 日，收到本息时：

借：银行存款 1 285 200

    贷：应收账款——债务重组 1 143 828

        财务费用 141 372

根据上述资料，债务人 B 公司的会计处理如下：

（1）2018 年 1 月 1 日，重组债务时：

①债转股清偿债务。

借：应付账款 1 000 000

    贷：股本（1×300 000） 300 000

        资本公积——股本溢价（3.2×300 000－1×300 000） 660 000

        营业外收入——债务重组利得 40 000

②修改其他债务条件清偿债务。

重组债务的账面价值＝2 000 000×(1＋13％)＋2 000 000×(1＋13％)×6％×

        6÷12－1 000 000

        ＝2 260 000＋67 800－1 000 000＝1 327 800（元）

将来应付金额＝1 327 800－67 800＋(1 327 800－67 800)×2％×2

        ＝1 260 000＋25 200×2＝1 310 400（元）

将来应付金额的现值＝25 200×0.943 4＋1 260 000×0.890 0＋25 200×0.890 0

        ＝23 774＋1 121 400＋22 428＝1 167 602（元）

债务重组利得＝1 327 800－1 167 602＝160 198（元）

③会计分录。

借：应付账款   1 327 800

 贷：应付账款——债务重组   1 167 602

  营业外收入——债务重组利得   160 198

（2）2018 年 12 月 31 日，偿付利息时：

借：应付账款——债务重组   23 774

  财务费用   1 426

 贷：银行存款   25 200

（3）2019 年 12 月 31 日，偿付本息时：

借：应付账款——债务重组   1 143 828

  财务费用   141 372

 贷：银行存款   1 285 200

2. 根据上述资料，债务人甲公司的会计处理如下：

（1）2018 年 1 月 1 日，重组债务时：

①用现金清偿债务。

借：应付账款   1 000 000

 贷：银行存款   1 000 000

②修改其他债务条件清偿债务。

重组债务的账面价值＝10 000 000－1 000 000＝9 000 000（元）

将来应付金额＝9 000 000×（1－20％）＋9 000 000×（1－20％）×3％

   ＝7 200 000＋216 000＝7 416 000（元）

将来应付金额的现值＝7 200 000×0. 890 0＋216 000×0. 890 0

     ＝6 408 000＋192 240＝6 600 240（元）

债务重组利得＝9 000 000－6600 240＝2 399 760（元）

③会计分录。

借：应付账款   9 000 000

 贷：应付账款——债务重组   6 408 000

  预计负债   192 240

  营业外收入——债务重组利得   2 399 760

（2）2019 年 12 月 31 日，偿付本息时：

①如果 2018 年盈利。

    借：应付账款——债务重组   6 408 000

         预计负债   192 240

         财务费用   815 760

        贷：银行存款   7 416 000

②如果 2018 年未盈利。

    借：应付账款——债务重组   6 408 000

         预计负债   192 240

         财务费用   815 760

        贷：银行存款   7 200 000

           营业外收入——其他   216 000

根据上述资料，债权人乙公司的会计处理如下：

（1）2018 年 1 月 1 日，重组债权时：

①受让现金偿债。

    借：银行存款   1 000 000

        贷：应收账款   1 000 000

②修改其他债务条件偿债。

重组债权的账面价值＝10 000 000－1 000 000＝9 000 000（元）

将来应收金额＝9 000 000×（1－20%）＝7 200 000（元）

将来应收金额的现值＝7 200 000×0.890 0＝6 408 000（元）

债务重组损失＝9 000 000－6 408 000＝2 592 000（元）

③会计分录。

    借：应收账款——债务重组   6 408 000

       营业外支出——债务重组损失   2 592 000

        贷：应收账款   9 000 000

（2）2019 年 12 月 31 日，收取本息时：

①如果甲公司 2018 年盈利。

    借：银行存款   7 416 000

        贷：应收账款——债务重组   6 408 000

| 财务费用 | 792 000 |
| 营业外收入——其他 | 216 000 |

②如果甲公司 2018 年未盈利。

借：银行存款	7 200 000
贷：应收账款——债务重组	6 408 000
财务费用	792 000

第三章　或有事项

三、单项选择题

1. C　2. A　3. D　4. B　5. A　6. B　7. A　8. C
9. A　10. C

四、多项选择题

1. BCE　2. ABCDE　3. AC　4. ABC　5. CE　6. ABD
7. AD　8. ABC　9. BCDE　10. AD

五、判断题

1. √　2. √　3. ×　4. ×　5. ×　6. √　7. ×　8. ×
9. √　10. √

六、核算题

（1）根据上述资料，A 银行的会计处理如下：

对 A 银行的或有事项不应确认。应当披露。B 公司不按期还款被起诉，事实清楚，B 公司很可能败诉，为此，A 银行很可能获得收取罚息和诉讼费的权利。从谨慎的原则出发，不应确认一项资产，只能作相关披露。

（2）根据上述资料，B 公司的会计处理如下：

对 B 公司的或有事项应当要确认。B 公司因不按期还款而被起诉，因很可能败诉而承担了现时义务，该义务的履行很可能导致经济利益流出企业，并且该义务的金额能够可靠地计量，因此，2019 年 12 月 31 日，B 公司应确认一项金额为 410 000 元 [（400 000＋420 000）÷2] 的预计负债，其中包括预计诉讼费用 20 000 元，并在附注中进行披露。

借：营业外支出——罚息支出	390 000
管理费用——诉讼费	20 000
贷：预计负债——未决诉讼	410 000

在利润表中，所确认的管理费用 20 000 元应与企业发生的其他管理费用合并反映，所确认的"营业外支出" 390 000 元应与公司发生的其他营业外支出合并反映。在资产负债表中，所确认的预计负债 410 000 元应与企业发生的其他预计负债合并反映。

第四章　借款费用

三、单项选择题

1. A　2. C　3. D　4. A　5. D　6. B　7. A　8. A　9. C　10. C

四、多项选择题

1. ABDE　2. BDE　3. ABC　4. ABD　5. ABC　6. AB　7. ABCDE
8. ABCD　9. DE　10. ABCE

五、判断题

1. ×　2. √　3. ×　4. √　5. √　6. ×　7. √　8. √　9. ×
10. √

六、核算题

1. 根据上述资料，甲公司的会计处理如下：

(1) 计算 2019 年上半年借款费用资本化金额并编制相关会计分录。

①上半年资产累计支出加权平均数 $= 2\,000\,000 \times 180 \div 180 + 500\,000 \times 75 \div 180 + 3\,000\,000 \times 50 \div 180$

$= 3\,041\,667$（元）

②一般借款实际发生的利息金额 $= 8\,000\,000 \times 6\% \div 2 = 240\,000$（元）

③借款利息应予资本化的金额 $= 3\,041\,667 \times 6\% \div 2 = 91\,250$（元）

④借款利息应予费用化的金额 $= 240\,000 - 91\,250 = 148\,750$（元）

⑤会计分录。

借：在建工程 　　　　　　　　　　　　　　　　　　　　 91 250

　　财务费用——利息支出 　　　　　　　　　　　　　　 148 750

　　贷：应付利息 　　　　　　　　　　　　　　　　　　　 240 000

(2) 计算 2019 年下半年借款费用资本化金额并编制相关会计分录。

①下半年资产累计支出加权平均数 $= (2\,000\,000 + 500\,000 + 3\,000\,000) \times 180 \div 180 +$

$1\,000\,000 \times 160 \div 180 + 500\,000 \times 30 \div 180$

$= 6\,472\,222$（元）

②一般借款实际发生的利息金额=8 000 000×6%÷2=240 000(元)

③借款利息应予资本化的金额=6 472 222×6%÷2=194 167(元)

④借款利息应予费用化的金额=240 000-194 167=45 833(元)

⑤会计分录。

借：在建工程   194 167

　　财务费用——利息支出   45 833

　　贷：应付利息   240 000

2. 根据上述资料，甲公司的会计处理如下：

(1)2017 年 1 月 1 日，取得借款时：

借：银行存款——美元(1 800 000 美元)(1 800 000×6.869 3) 12 364 740

　　贷：长期借款——美元(本金)(1 800 000 美元)   12 364 740

(2)2017 年 1 月 1 日，支出工程款时：

借：在建工程   6 182 370

　　贷：银行存款——美元(900 000 美元)(900 000×6.869 3)   6 182 370

(3)2017 年 7 月 1 日，支出工程款时：

借：在建工程   6 101 370

　　贷：银行存款——美元(900 000 美元)(900 000×6.779 3)   6 101 370

(4)2017 年 12 月 31 日，借款利息资本化时：

借款利息=1 800 000×8%=144 000(美元)

借：在建工程   936 907

　　贷：应付利息——美元（144 000 美元）(144 000×6.506 3)   936 907

(5) 2017 年 12 月 31 日，外币借款本息汇兑差额资本化时：

外币借款本息
汇兑差额 $=1\,800\,000\times(6.506\,3-6.869\,3)+144\,000\times(6.506\,3-6.506\,3)$

$\qquad =-653\,400+0=-653\,400(元)$

借：长期借款——美元（本金）   653 400

　　贷：在建工程   653 400

(6) 2017 年 12 月 31 日，工程完工结转固定资产时：

借：固定资产   12 567 247

　　贷：在建工程   12 567 247

(7) 2017 年 12 月 31 日，支付利息时：

借：应付利息——美元（144 000 美元）（144 000×6.506 3）　　　936 907

　　贷：银行存款——美元（144 000 美元）　　　936 907

(8) 2018 年 12 月 31 日，借款利息费用化时：

借：财务费用——利息支出　　　990 072

　　贷：应付利息——美元（144 000 美元）（144 000×6.875 5）　　　990 072

(9) 2018 年 12 月 31 日，外币借款本息汇兑差额费用化时：

$$\text{外币借款本息汇兑差额} = 1\,800\,000×(6.875\,5-6.506\,3)+144\,000×(6.875\,5-6.875\,5)$$

$$=664\,560+0=664\,560(元)$$

借：财务费用——汇兑差额　　　664 560

　　贷：长期借款——美元（本金）　　　664 560

(10) 2018 年 12 月 31 日，到期还本付息时：

借：长期借款——美元（本金）（1 800 000 美元）　　　12 375 900

　　应付利息——美元（144 000 美元）　　　990 072

　　贷：银行存款——美元（1 944 000 美元）　　　13 365 972

第五章　所得税

三、单项选择题

1. A　2. A　3. A　4. B　5. B　6. C　7. C　8. D　9. A

10. C　11. D　12. A　13. C　14. D　15. C　16. C

四、多项选择题

1. ACD　2. AB　3. CD　4. ABC　5. ABC　6. AD　7. ABC

8. AB　9. BD　10. CD　11. ABC　12. BCD

五、判断题

1. ×　2. √　3. ×　4. ×　5. ×　6. ×　7. ×　8. √

9. ×　10. ×　11. √　12. ×　13. √　14. √

六、核算题

1. 根据上述资料，甲公司的会计处理如下：

(1) 计算 2014 年末至 2019 年末因该固定资产形成或转回的递延所得税

资产。

甲公司每年因固定资产账面价值与其计税基础不同应予确认的递延所得税情况如表1所示。

表1 因固定资产账面价值与其计税基础不同应予确认的递延所得税情况表 金额单位：元

项目	2014 年末	2015 年末	2016 年末	2017 年末	2018 年末	2019 年末
实际成本①	500 000	500 000	500 000	500 000	500 000	500 000
累计会计折旧②	0	200 000	320 000	392 000	446 000	500 000
账面价值 ③＝①－②	500 000	300 000	180 000	108 000	54 000	0
累计计税折旧④	0	100 000	200 000	300 000	400 000	500 000
计税基础 ⑤＝①－④	500 000	400 000	300 000	200 000	100 000	0
可抵扣暂时性差异 ⑥＝⑤－③	0	100 000	120 000	92 000	46 000	0
适用税率⑦	25％	25％	25％	25％	25％	25％
递延所得税资产余额 ⑧＝⑥×⑦	0	25 000	30 000	23 000	11 500	0
当期递延所得税资产增加额 ⑨＝⑧期末－⑧期初	0	25 000	5 000	－7 000	－11 500	－11 500

（2）编制会计分录。

①2014 年资产负债表日。

2014 年末，该项固定资产的账面价值与其计税基础均为 500 000 元，两者之间不存在暂时性差异，不需要确认递延所得税资产，即不需要进行账务处理。

②2015 年资产负债表日。

借：递延所得税资产   25 000

    贷：所得税费用——递延所得税费用   25 000

③2016 年资产负债表日。

借：递延所得税资产   5 000

    贷：所得税费用——递延所得税费用   5 000

④2017 年资产负债表日。

借：所得税费用——递延所得税费用   7 000

　　　　贷：递延所得税资产　　　　　　　　　　　　　　　　　　7 000

　　⑤2018 年资产负债表日。

　　　　借：所得税费用——递延所得税费用　　　　　　　　　　11 500

　　　　　　贷：递延所得税资产　　　　　　　　　　　　　　　　11 500

　　⑥2019 年资产负债表日。

　　　　借：所得税费用——递延所得税费用　　　　　　　　　　11 500

　　　　　　贷：递延所得税资产　　　　　　　　　　　　　　　　11 500

2. 根据上述资料，甲公司的会计处理如下：

(1) 2019 年度应交所得税。

应纳税所得额＝1 150 000＋(400 000－500 000)＋20 000＋

　　　　　　　　(3 000 000×5÷15－3 000 000÷5)＋50 000

　　　　　　＝1 150 000－100 000＋20 000＋(1 000 000－600 000)＋50 000

　　　　　　＝1 520 000(元)

应交所得税＝1 520 000×25％＝380 000(元)

(2) 2019 年度递延所得税。

该公司 2019 年资产负债表相关项目金额及其计税基础如表 2 所示。

表 2　　　　　　　资产负债表相关项目金额及其计税基础情况表　　　　　金额单位：元

项　目	账面价值	计税基础	暂时性差异	
			可抵扣暂时性差异	应纳税暂时性差异
交易性金融资产	500 000	400 000		100 000
存货	1 980 000	2 000 000	20 000	
固定资产	2 000 000	2 400 000	400 000	
固定资产原价	3 000 000	3 000 000		
减：累计折旧	1 000 000	600 000		
预计负债	50 000	0	50 000	
总计	—	—	470 000	100 000

递延所得税负债增加额＝100 000×25％－0＝25 000(元)

递延所得税资产增加额＝470 000×25％－0＝117 500(元)

递延所得税＝25 000－117 500＝－92 500(元)

（3）利润表中应确认的所得税费用。

所得税费用＝380 000－92 500＝287 500（元）

（4）会计分录。

借：所得税费用——当期所得税费用   380 000

    递延所得税资产   117 500

  贷：应交税费——应交所得税   380 000

    所得税费用——递延所得税费用   92 500

    递延所得税负债   25 000

第六章　外币折算

三、单项选择题

1. A　2. B　3. C　4. D　5. A　6. B　7. B　8. A　9. C　10. C
11. B　12. A

四、多项选择题

1. ABCE　2. AC　3. ABC　4. AB　5. AB　6. BCDE　7. AB
8. ABDE　9. BCD　10. ABC　11. ABCE

五、判断题

1. ×　2. ×　3. ×　4. ×　5. ×　6. √　7. √　8. ×
9. √　10. √

六、核算题

根据上述资料，甲公司的会计处理如下：

（1）编制 2019 年 9 月份外币交易发生时的会计分录。

①发生外币销售业务时：

借：应收账款——美元（100 000 美元）（100 000×7.085 5）   708 550

  贷：主营业务收入   708 550

②发生外币贷款业务时：

借：银行存款——美元（200 000 美元）（200 000×7.115 3）   1 423 060

  贷：短期借款——美元（200 000 美元）   1 423 060

③发生外币兑换业务时：

借：银行存款——美元（100 000 美元）（100 000×7.084 6）   708 460

　　　　　　财务费用——汇兑差额　　　　　　　　　　　　　　　　　　1 000

　　　　　　　贷：银行存款——人民币（100 000×7.094 6）　　　　　709 460

　　④取得外币交易性金融资产时：

　　　　借：交易性金融资产——成本　　　　　　　　　　　　　　　707 300

　　　　　贷：银行存款——美元（100 000 美元）（100 000×7.073 0）　707 300

（2）计算 2019 年 9 月份发生的汇兑损益并编制相关会计分录。

①计算 9 月份发生的汇兑损益。

根据上述会计处理，9 月 30 日按当日即期汇率折算的有关货币性项目的记账本位币余额与记账本位币的账面余额，如表 1 所示。

表 1　　　　　　　　　　货币性项目账户期末汇兑损益计算表　　　　　金额单位：元

货币性项目	外币余额（美元）	期末账面余额	期末汇率	按期末即期汇率折算的记账本位币余额（人民币）	汇兑差额
银行存款	480 000	3 427 424	7.072 9	3 394 992	−32 432
应收账款	230 000	1 638 609	7.072 9	1 626 767	−11 842
短期借款	200 000	1 423 060	7.072 9	1 414 580	−8 480
应付账款	90 000	643 887	7.072 9	636 561	−7 326

②会计分录。

　　　　借：短期借款——美元　　　　　　　　　　　　　　　　　8 480

　　　　　　应付账款——美元　　　　　　　　　　　　　　　　　7 326

　　　　　　财务费用——汇兑差额　　　　　　　　　　　　　　28 468

　　　　　贷：银行存款——美元　　　　　　　　　　　　　　　32 432

　　　　　　　应收账款——美元　　　　　　　　　　　　　　　11 842

第七章　会计政策、会计估计变更和差错更正

三、单项选择题

1．A　2．A　3．D　4．A　5．D　6．C　7．A　8．A　9．B

10．C　11．A

四、多项选择题

1．BC　2．ABCD　3．ABC　4．ABD　5．ABCD　6．ABC

7．ABCD　8．BCD　9．AD　10．ABCD　11．ABC

五、判断题

1. √ 2. × 3. √ 4. √ 5. √ 6. √ 7. √ 8. ×

9. × 10. ×

六、核算题

1. 根据上述资料，甲公司的会计处理如下：

自 2007 年 1 月 1 日起，对坏账核算由直接转销法改按备抵法，属于会计政策变更，应当采用追溯调整法进行会计处理。

（1）编制 2007 年 1 月 1 日会计政策变更累积影响数计算表（见表1）。

表 1   累积影响数计算表   金额单位：元

时间	按原会计政策（直接转销法）确定的管理费用①	按新会计政策（备抵法）确定的资产减值损失②	所得税前差异③＝－（②－①）	所得税影响④	累积影响数（所得税后差异）⑤＝③－④
2005 年	0	20 000	－20 000	－6 600	－13 400
2006 年	20 000	50 000	－30 000	－9 900	－20 100
合计	20 000	70 000	－50 000	－16 500	－33 500

（2）对该项会计政策变更进行账务处理。

①对 2005 年有关事项的调整分录。

（a）调整坏账准备。

借：利润分配——未分配利润   13 400

     递延所得税资产   6 600

   贷：坏账准备   20 000

（b）调整盈余公积。

借：盈余公积   1 340

   贷：利润分配——未分配利润   1 340

②对 2006 年有关事项的调整分录。

（a）调整坏账准备。

借：利润分配——未分配利润   20 100

     递延所得税资产   9 900

   贷：坏账准备   30 000

（b）调整盈余公积。

借：盈余公积   2 010

　　贷：利润分配——未分配利润　　　　　　　　　　　　　　　　　　　2 010

（3）调整财务报表相关项目。

　　甲公司在列报 2007 年财务报表时，应调整 2007 年资产负债表有关项目的年初数、利润表有关项目的上年金额，所有者权益变动表有关项目的上年金额和本年金额也应进行调整。

　　①调整资产负债表相关项目的年初数（见表 2）。

表 2　　　　　　　　　　　　　　　　资产负债表（局部）

编制单位：甲公司　　　　　　　　　　2007 年 12 月 31 日　　　　　　　　　金额单位：元

资产	年末余额	年初余额	负债和所有者权益	年末余额	年初余额
……	…	…	……	…	…
应收账款	…	…－50 000	盈余公积	…	…－3 350
递延所得税资产	…	…＋16 500	未分配利润	…	…－30 150
……	…	…			
资产总计	…	…－33 500	负债和所有者权益总计	…	…－33 500

　　②调整利润表相关项目的上年金额（见表 3）。

表 3　　　　　　　　　　　　　　　　利润表（局部）

编制单位：甲公司　　　　　　　　　　2007 年度　　　　　　　　　　　　　金额单位：元

项目	本年金额	上年金额
一、营业收入	…	…
……	…	…
减：资产减值损失	…	…＋30 000
二、营业利润（亏损以"－"号列示）	…	…－30 000
……	…	…
三、利润总额（亏损以"－"号列示）	…	…－30 000
减：所得税费用	…	…－9 900
四、净利润（亏损以"－"号列示）	…	…－20 100
五、其他综合收益的税后净额	…	…
六、综合收益总额	…	…－20 100
七、每股收益	…	…

　　③调整所有者权益变动表相关项目的上年金额和本年金额（见表 4）。

表 4 　　　　　　　　　　　　　所有者权益变动表（局部）

编制单位：甲公司　　　　　　　　　　　　2007 年度　　　　　　　　　　　金额单位：元

项目		本年金额				上年金额		
	……	盈余公积	未分配利润	……	……	盈余公积	未分配利润	……
一、上年年末余额	……	…	…	……	……	…	…	……
加：会计政策变更	……	…−3 350	…−30 150	……	……	…−1 340	…−12 060	……
前期差错更正	……	—	—	……	……	—	—	……
二、本年年初余额	……	…−3 350	…−30 150	……	……	…−1 340	…−12 060	……
三、本年增减变动金额（减少以"−"填列）	……	…	…	……	……	…−2 010	…−18 090	……
（一）综合收益总额	……	…	…	……	……	…	…−20 100	……
……	……	…	…	……	……	…	…	……
（三）利润分配	……	…	…	……	……	…−2 010	…+2 010	……
1. 提取盈余公积	……	…	…	……	……	…−2 010	…+2 010	……
……	……	…	…	……	……	…	…	……
四、本年年末余额	……	…−3 350	…−30 150	……	……	…−3 350	…−30 150	……

2. 根据上述资料，甲公司的会计处理如下：

（1）区分上述业务是属于会计政策变更、会计估计变更，还是前期差错更正。

①变更固定资产预计使用寿命，为会计估计变更。

②2019 年 6 月 10 日发现 2017 年度一台管理用设备少提折旧 1 000 元，为不重要的前期差错。

③2019 年 6 月 10 日发现 2018 年度漏计了一项无形资产的摊销费用 100 000 元，为重要的前期差错，应按重要前期差错更正方法予以更正。

（2）对上述业务区分情况进行相关账务处理。

①会计估计变更，应采用未来适用法进行处理。

会计估计不调整以前各期折旧，也不计算会计估计变更的累积影响数。会计估计变更以后发生的经济业务改按新估计的使用寿命和净残值计算确定年折旧额。

按原会计估计各年计提的折旧额=(31 000−1 000)÷6

=5 000(元)

$$\begin{aligned}\text{按新会计估计各年} &= (31\,000 - 5\,000 \times 2 - 1\,000) \div (4 - 2) \\ \text{计提的折旧额} \\ &= 10\,000(元)\end{aligned}$$

借：管理费用　　　　　　　　　　　　　　　　　　　　　　10 000

　　贷：累计折旧　　　　　　　　　　　　　　　　　　　　　　10 000

②不重要的前期差错，作为当期的事项处理。

借：管理费用　　　　　　　　　　　　　　　　　　　　　　1 000

　　贷：累计折旧　　　　　　　　　　　　　　　　　　　　　　1 000

③重要的前期差错，应按追溯重述法进行更正。

（a）补计摊销，调整管理费用时：

借：以前年度损益调整　　　　　　　　　　　　　　　　　　100 000

　　贷：累计摊销　　　　　　　　　　　　　　　　　　　　　　100 000

（b）调减递延所得税负债和所得税费用时：

借：递延所得税负债　　　　　　　　　　　　　　　　　　　25 000

　　贷：以前年度损益调整　　　　　　　　　　　　　　　　　　25 000

注：因 2018 年度所得税申报时扣除了该项摊销费用，致使无形资产的账面价值与计税基础不一致，形成了应纳税暂时性差异，从而确认递延所得税负债 25 000 元（100 000×25%）。2019 年 6 月 10 日发现漏计摊销并更正，无形资产的账面价值与计税基础归于一致，因此，应冲减已确认的递延所得税负债。

（c）将"以前年度损益调整"科目余额转入未分配利润时：

借：利润分配——未分配利润　　　　　　　　　　　　　　　75 000

　　贷：以前年度损益调整　　　　　　　　　　　　　　　　　　75 000

（d）调减盈余公积时：

借：盈余公积　　　　　　　　　　　　　　　　　　　　　　7 500

　　贷：利润分配——未分配利润　　　　　　　　　　　　　　　7 500

（3）调整财务报表相关项目。

会计估计变更和不重的前期差错，不需要调整财务报表数据，以下就重要的前期差错调整财务报表相关项目的数据。

①调整资产负债表相关项目的年初数（见表 5）。

表 5 资产负债表（局部）

编制单位：甲公司　　　　　2019 年 12 月 31 日　　　　　金额单位：元

资产	年末余额	年初余额	负债和所有者权益	年末余额	年初余额
……	…	…	……	…	…
无形资产	…	…－100 000	递延所得税负债	…	…－25 000
……	…	…	盈余公积	…	…－7 500
			未分配利润	…	…－67 500
资产总计	…	…－100 000	负债和所有者权益总计	…	…－100 000

②调整利润表相关项目的上年金额（见表 6）。

表 6 利润表（局部）

编制单位：甲公司　　　　　2019 年度　　　　　金额单位：元

项目	本年金额	上年金额
一、营业收入	…	…
……	…	…
减：管理费用	…	…＋100 000
二、营业利润（亏损以"－"号列示）	…	…－100 000
……	…	…
三、利润总额（亏损以"－"号列示）	…	…－100 000
减：所得税费用	…	…－25 000
四、净利润（亏损以"－"号列示）	…	…－75 000
五、其他综合收益的税后净额	…	…
六、综合收益总额	…	…－75 000
七、每股收益	…	…

③调整所有者权益变动表相关项目的上年金额和本年金额（见表 7）。

表 7 所有者权益变动表（局部）

编制单位：甲公司　　　　　2019 年度　　　　　金额单位：元

项目	本年金额				上年金额			
	……	盈余公积	未分配利润	……	……	盈余公积	未分配利润	……
一、上年年末余额	……	……	……	……	……	…	…	……
加：会计政策变更	……	－	……	……	……	－	……	……

续表

项目	本年金额				上年金额			
	……	盈余公积	未分配利润	……	……	盈余公积	未分配利润	……
前期差错更正	……	…−7 500	…−67 500	……		—	—	……
二、本年年初余额	……	…−7 500	…−67 500	……	……	……	……	……
三、本年增减变动金额（减少以"—"填列）	……	…	…	……	……	…−7 500	…−67 500	……
（一）综合收益总额	……	…	…	……	……	…	…−75 000	……
……	……	…	…	……	……	…	…	……
（三）利润分配	……	…	…	……	……	…−7 500	…＋7 500	……
1. 提取盈余公积	……	…	…	……	……	…−7 500	…＋7 500	……
……	……	…	…	……	……	…	…	……
四、本年年末余额	……	…−7 500	…−67 500	……	……	…−7 500	…−67 500	……

第八章　资产负债表日后事项

三、单项选择题

1. C　2. A　3. C　4. B　5. A　6. B　7. A　8. A　9. A
10. C　11. C　12. C　13. A　14. D　15. B

四、多项选择题

1. BCD　2. BCD　3. BD　4. ACD　5. ABCD　6. ABCD
7. BCD　8. ABD　9. ABCD　10. CD　11. ABD　12. ABD
13. ABCD　14. ABD　15. BCD　16. ABC

五、判断题

1. ×　2. ×　3. ×　4. ×　5. ×　6. ×　7. ×　8. √
9. √　10. ×　11. ×　12. √　13. ×

六、核算题

根据上述资料，A公司的会计处理如下：

1. 判断上述事项是属于资产负债表日后调整事项，还是属于非调整事项。

（1）2019年2月28日接到通知，公司应收货款300 000元的60％不能收回，是在资产负债表日后进一步发生的资产减值事项，属于资产负债表日后调整事项。

（2）2019 年 4 月 1 日，公司 2018 年 10 月销售的一批产品被退回，是在资产负债表日后发生的报告年度销售产品的销售退回，属于资产负债表日后调整事项。

（3）公司于 2019 年 3 月经批准于 2019 年 3 月底之前发行结束面值总额为 8 000 000 元的公司债券，是在资产负债表日后发生的发行债券事项，属于资产负债表日后非调整事项。

（4）经公司董事会决定，公司于 2019 年 4 月 1 日以 2 000 000 元的价格购买了一家子公司，是在资产负债表日后发生的企业合并事项，属于资产负债表日后非调整事项。

2. 对资产负债表日后调整事项进行相关账务处理。

（1）对资产进一步减值事项进行账务处理。

①补提坏账准备，调整信用减值损失时：

　　借：以前年度损益调整　　　　　　　　　　　　　　　150 000
　　　　贷：坏账准备（300 000×60％－30 000）　　　　　　　150 000

②确认递延所得税资产，调整所得税费用时：

　　借：递延所得税资产　　　　　　　　　　　　　　　　37 500
　　　　贷：以前年度损益调整　　　　　　　　　　　　　　37 500

说明：调整后应收账款的账面价值为 120 000 元，计税基础为 300 000 元，产生可抵扣暂时性差异 180 000 元（300 000－120 000）；由于在年末计提坏账准备时已确认了可抵扣暂时性差异 30 000 元；故资产负债表日后期间要确认可抵扣暂时性差异 150 000 元（180 000－30 000），同时相应确认递延所得税资产 37 500 元（150 000×25％）。

③将"以前年度损益调整"科目的余额转入未分配利润时：

　　借：利润分配——未分配利润　　　　　　　　　　　　112 500
　　　　贷：以前年度损益调整（150 000－37 500）　　　　　112 500

④调减盈余公积时：

　　借：盈余公积　　　　　　　　　　　　　　　　　　　11 250
　　　　贷：利润分配——未分配利润　　　　　　　　　　　11 250

（2）对销售退回事项进行账务处理。

①调减主营业务收入时：

　　借：以前年度损益调整　　　　　　　　　　　　　　　100 000
　　　　应交税费——应交增值税（销项税额）　　　　　　　13 000

　　　　贷：其他应付款　　　　　　　　　　　　　　　　　　　　　　113 000

②调减主营业务成本时：

　　借：库存商品　　　　　　　　　　　　　　　　　　　　　　　78 000

　　　　贷：以前年度损益调整　　　　　　　　　　　　　　　　　　　78 000

③调整应交所得税和所得税费用时：

　　借：应交税费——应交所得税［(100 000－78 000)×25％］　　　5 500

　　　　贷：以前年度损益调整　　　　　　　　　　　　　　　　　　　5 500

④将"以前年度损益调整"科目余额转入未分配利润时：

　　借：利润分配——未分配利润　　　　　　　　　　　　　　　　16 500

　　　　贷：以前年度损益调整　　　　　　　　　　　　　　　　　　16 500

⑤调减盈余公积时：

　　借：盈余公积　　　　　　　　　　　　　　　　　　　　　　　1 650

　　　　贷：利润分配——未分配利润　　　　　　　　　　　　　　　　1 650

3. 调整财务报表相关项目。

(1) 调整资产负债表相关项目的年末数（见表 1）。

表 1　　　　　　　　　　　　　资产负债表（局部）

编制单位：**A** 公司　　　　　　　2018 年 12 月 31 日　　　　　　　金额单位：元

资产	年末余额	年初余额	负债和所有者权益	年末余额	年初余额
……	…	…	……	…	…
应收账款	…－150 000	…	应交税费	…－18 500	…
存货	…＋78 000	…	其他应付款	…＋113 000	…
递延所得税资产	…＋37 500	…	盈余公积	…－12 900	…
……	…	…	未分配利润	…－116 100	…
资产总计	…－34 500	…	负债和所有者权益总计	…－34 500	…

(2) 调整利润表相关项目的本年金额（见表 2）。

表 2　　　　　　　　　　　　　利润表（局部）

编制单位：**A** 公司　　　　　　　2018 年度　　　　　　　　　金额单位：元

项目	本年金额	上年金额
一、营业收入	…－100 000	…
减：营业成本	…－78 000	…
信用减值损失	…＋150 000	…
……	…	…

续表

项目	本年金额	上年金额
二、营业利润（亏损以"一"号列示）	…—172 000	…
……	…	…
三、利润总额（亏损以"一"号列示）	…—172 000	…
减：所得税费用	…—43 000	…
四、净利润（亏损以"一"号列示）	…—129 000	…
五、其他综合收益的税后净额	…	…
六、综合收益总额	…—129 000	…
七、每股收益	…	…

（3）调整所有者权益变动表相关项目的本年金额（见表3）。

表3　　　　　　　　　　　所有者权益变动表（局部）

编制单位：A公司　　　　　　　　　　2018年度　　　　　　　　　　金额单位：元

项目	本年金额				上年金额			
	……	盈余公积	未分配利润	……	……	盈余公积	未分配利润	……
一、上年年末余额	……	…	…	……	……	…	…	……
加：会计政策变更	……	—	—	……	……	—	—	……
前期差错更正	……	—	—	……	……	—	—	……
二、本年年初余额	……	…	…	……	……	…	…	……
三、本年增减变动金额（减少以"一"填列）	……	…—12 900	…—116 100	……	……	…	…	……
（一）综合收益总额	……	…	…—129 000	……	……	…	…	……
……	……	…	…	……	……	…	…	……
（三）利润分配	……	…—12 900	…+12 900	……	……	…	…	……
1. 提取盈余公积	……	…—12 900	…+12 900	……	……	…	…	……
……	……	…	…	……	……	…	…	……
四、本年年末余额	……	…—12 900	…—116 100	……	……	…	…	……

参考文献

[1] 中国注册会计师协会. 会计 [M]. 北京：中国财政经济出版社，2019.

[2] 裴淑红. 高级财务会计 [M]. 3 版. 北京：中国市场出版社，2016.

[3] 裴淑红. 高级财务会计 [M]. 2 版. 北京：中国市场出版社，2013.

[4] 裴淑红. 高级财务会计 [M]. 北京：中国市场出版社，2009.

[5] 裴淑红，王海霞. 中级财务会计 [M]. 北京：中国市场出版社，2018.

[6] 裴淑红，张兰. 财务会计综合实训 [M]. 2 版. 北京：中国市场出版社，2013.

[7] 裴淑红，张兰. 财务会计综合实训 [M]. 北京：中国市场出版社，2010.

[8] 裴淑红，财务会计操作实务 [M]. 北京：中国市场出版社，2008.

[9] 裴淑红，杨金玉，黄毅勤，裴欣然. 税务会计 [M]. 北京：中国市场出版社，2014.

[10] 裴淑红，原晓青，李军. 税法 [M]. 北京：中国市场出版社，2013.

[11] 裴淑红，李军，杨金玉. 纳税申报实务 [M]. 北京：中国市场出版社，2013.

[12] 裴淑红，靳姗姗，杨金玉，武献杰. 企业所得税年度纳税申报综合实训 [M]. 北京：中国市场出版社，2019.